高品质住宅标准与案例

王清勤　主编

中国建筑科学研究院有限公司　组织编写

中国建筑工业出版社

图书在版编目（CIP）数据

高品质住宅标准与案例／王清勤主编；中国建筑科学研究院有限公司组织编写．—北京：中国建筑工业出版社，2024.3
 ISBN 978-7-112-29546-3

Ⅰ．①高… Ⅱ．①王…②中… Ⅲ．①住宅建设—案例—中国 Ⅳ．① F299.233.5

中国国家版本馆 CIP 数据核字（2023）第 253091 号

本书以高品质住宅为对象，以"理论指导实践，实践验证理论"为指导思想，从现状趋势、技术水平、标准制度、实践应用等方面，对支撑高品质住宅建设的技术发展现状进行系统总结，对未来发展趋势进行深入分析，对全面了解国内外住宅建设发展形势、开拓高品质住宅技术创新理念、助力住房城乡建设事业稳步发展提供有力参考。全书逻辑清晰、深入浅出，便于读者进一步加深对高品质住宅的了解，可供住宅开发建设、规划、设计者们参考使用。

责任编辑：徐仲莉　王砾瑶
责任校对：张惠雯

高品质住宅标准与案例
王清勤　主编
中国建筑科学研究院有限公司　组织编写

*

中国建筑工业出版社出版、发行（北京海淀三里河路9号）
各地新华书店、建筑书店经销
北京建筑工业印刷有限公司制版
北京圣夫亚美印刷有限公司印刷

*

开本：787毫米×1092毫米　1/16　印张：21¾　字数：513千字
2024年4月第一版　2024年4月第一次印刷
定价：**85.00**元
ISBN 978-7-112-29546-3
（42125）

版权所有　翻印必究
如有内容及印装质量问题，请联系本社读者服务中心退换
电话：（010）58337283　QQ：2885381756
（地址：北京海淀三里河路9号中国建筑工业出版社604室　邮政编码：100037）

·《高品质住宅标准与案例》编写委员会·

主　编：王清勤

副主编：黄世敏　姜　波　李小阳　曾　宇　张　蔚　赵彦革　赵　力
　　　　马静越

委　员：

（以下按姓氏笔画排序）

于　震	丁一凡	马千里	马恩成	王　帅	王　果	王　迪	王　娜
王　贺	王　涵	王　静	王　潇	王育娟	王冠璎	王晓朦	王博雅
仇丽婷	卢　求	卢建伟	史有涛	毕敏娜	朱荣鑫	朱娟花	伍止超
刘艺蓉	刘文利	刘东卫	刘丛红	刘青云	刘若凡	刘霁娇	闫国军
许　瑛	孙建超	苏辰光	杜甜甜	李小宝	李文藤	李伟兴	李步波
李叔洵	李国柱	李垚曦	李昶锋	李晓萍	李雪刚	杨思宇	肖　娜
吴伟伟	吴伟斌	吴丽丽	宋子琪	张　宁	张　昊	张　捷	张　然
张　淼	张　璐	张小峰	张玥明	张昕宇	张泽伟	张惠锋	张渤钰
张靖岩	陈　凯	陈　瑜	陈钊贤	陈相平	陈程芊	范东叶	范国跃
林建平	林润泉	和　静	周天娇	周朝一	周燕珉	郑　婕	单治超
孟　冲	孟士婕	赵　钿	赵　颖	赵一楠	赵乃妮	赵启元	胡英娜
洪　源	洪敬忠	宫　婴	宫丽鹏	胥　劲	秦　姗	贾子玉	贾冠冠
徐韶霞	凌苏扬	高　成	高千雅	高文生	郭　诚	郭庆文	黄小坤
曹　博	常卫华	康井红	盖轶静	梁文胜	葛　楚	董晓蕾	韩　蕊
韩吉喆	程　骐	程　鹏	焦　燕	谢琳娜	强旭媛	潘　悦	薛　峰

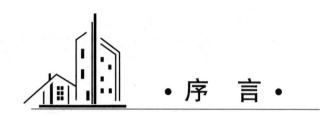

序 言

我国作为世界人口第一大国,高度重视人居事业的发展,在不同的历史时期,出台相应的政策,采取有效的措施,努力实现联合国人居大会提出的两个目标"人人享有适当的住房"和"住区的可持续发展",把住房制度改革和住宅建设当作大事来抓,人居环境和群众住房状况有了很大的提升和改善。2020年第七次全国人口普查数据表明,全国人均住房建筑面积由2010年的31.06m^2上升至41.76m^2。

实现住有所居、安居乐业,是人们追求美好生活的基础和前提。党的二十大报告提出以中国式现代化全面推进中华民族伟大复兴,高质量发展是全面建设社会主义现代化国家的首要任务,要加快构建新的发展格局,着力推动高质量发展。高质量发展是全方位、全覆盖的,包括人居环境要有明显改善,重点是三个方面:打造宜居、韧性、智慧城市;建设完整社区;提供高品质住宅,让群众能住上好房子。

高品质的住宅必须依靠高水平的设计引领,高水平的设计要以先进的标准规范为依据。住居建设的高质量发展是个巨大的系统工程,高质量发展的体系构建,必须经过系统的有序化过程,各类标准、各阶段的设计,是有序化必要的工具和保证。近年来与住宅高质量发展的相关标准的制定、修订工作加快进行,正在逐步健全和完善;设计质量和水平也有了长足的进步和提高,但在创新能力、先进性和国际化方面都尚待提升。我们要认真贯彻执行《国家标准化发展纲要》,不断健全、优化住居建设方面的标准化体系。这就要对现有标准加以整理、研究,缺项的标准应尽快补充,已实施的标准要修订、迭代、加快升级,以适应新时代高品质住宅建设要求。

为提高住宅建设的品质,各地结合实际开展了有益探索。北京市发布了《关于规范高品质商品住宅项目建设管理的通知》,重庆市出台了《重庆市中心城区高品质生活居住区行动指引》,江苏省南京市发布了《关于提升全市新建商品住宅规划品质要求的通知》等,分别从提升高标准商品住宅建设要求、引导城市品质提升、改善居住环境质量等方面提出有关要求。在相关政策的指导下,高品质住宅建设正有序地开展,并产生了许多优秀的案例，认真总结和交流这些好的经验和做法，对住居建设的高质量发展，会起到积极的促进作用。

我很高兴地看到，中国建筑科学研究院有限公司组织编写的《高品质住宅标准与案例》一书，对现行的住宅相关标准和优秀案例做了系统的收集整理及解读介绍，内容翔实、针对性强、覆盖面广，既有国内的、也有国外的，这对我国标准管理和住宅建设实践、建设高品质住宅，会起到有力的推动作用。希望编著者能持续跟踪这个课题，继续收集、充实相关标准和案例，并认真分析研究，对高品质住宅建设提出对策和建议，为我国高质量人居环境建设、助力"双碳"目标的实现，让广大群众住上好房子，作出更大的贡献。

2023 年 10 月 23 日

前言

住房问题既是民生问题，也是发展问题。新中国成立以来，尤其是改革开放以来，我国住房建设工作取得了历史性成就。2023年《中国住房存量研究报告》显示，1978~2020年中国城镇住宅存量从不到14亿m^2增至313.2亿m^2，城镇住房套数从约3100万套增至3.63亿套，套户比也从0.8增至1.09。经过长期的努力，我国基本解决了居民的住房问题，住房总量供不应求矛盾得到明显缓解。

当前，我国住宅产业发展已从总量短缺进入结构优化和品质提升的发展时期，人民群众对住宅的要求从"有没有"转向"好不好"。住宅建设已进入新的方位和起点，需要全面提升住宅品质与综合性能，推进好质量、好环境、好服务的住宅建设，强化居住品质，建设高品质住宅。高品质住宅是具有安全耐久、健康舒适、生活便利、资源节约和环境宜居的特性及可持续价值，并能充分满足居民高品质生活要求的住宅。

2022年，住房和城乡建设部、国家发展改革委印发《城乡建设领域碳达峰实施方案》明确提出，在2030年前进一步提高建筑品质和工程质量，大幅改善人居环境质量；同年，党的二十大报告指出，高质量发展是全面建设社会主义现代化国家的首要任务。全面提高设计建造供给质量水平，满足人民日益增长的美好生活需要，是建筑业高质量发展的当务之急。2023年1月，倪虹部长在全国住房和城乡建设工作会议上指出，要牢牢抓住让人民群众安居这个基点，以努力让人民群众住上更好的房子为目标，从好房子到好小区，从好小区到好社区，从好社区到好城区，进而把城市规划好、建设好、治理好。要着力在保障质量安全、为社会提供高品质建筑产品上作出新贡献，奋力开创新征程住房和城乡建设事业高质量发展新局面。

为全面贯彻落实党的二十大精神，完整、准确、全面贯彻新发展理念，坚持人民至上，以努力让人民群众住上更好的房子为目标，住宅相关的标准化体系建设工作不断加强（其中包括全文强制性工程建设规范《住宅项目规范》的编制工作），住宅示范项目建设积极推进。在此背景下，中国建筑科学研究院有限公司组织编撰了《高品质住宅标准与案例》，将住宅相关的国内外标准文章和工程示范案例汇编成册，以供我国高品质住宅的规划、设计、建设、评价及运行维护借鉴和参考，提升住宅水平与人居环境。

本书共分为四部分：

第一、二部分是国内外住宅相关标准介绍。国内标准篇涵盖了住宅设计、性能评价、装修评价、室内环境、建筑设备、绿色健康、既有住宅改造等，主要从编制背景、主要内容、技术亮点、标准实施情况四部分进行介绍；国外标准篇介绍了日本、英国、美国、新加坡、德国等国家的住宅标准体系内涵及发展现状。

第三、四部分是国内外的高品质住宅案例介绍。国内案例篇从项目概况、技术特点、标准应用情况、经验做法、思考与启示等方面详细展示了高品质住宅在设计、施工、运营等方面的宝贵经验；国外案例篇展示了亚洲、欧洲、美洲的高品质住宅项目，包含了保障性住宅、老年公寓、高端商业住宅、住宅综合体等不同类型，既有新建项目，也有改造项目，全方面地展示了国外住宅产业在高品质住宅设计方面的技术特点和经验做法，为中国的住宅规划设计带来一些思考和启发。

最后，对中国建筑设计研究院有限公司、中国建筑标准设计研究院有限公司、中国中建设计研究院有限公司、中国城市科学研究会等单位，以及所有为本书提供支持和帮助的专家、学者和机构表示衷心的感谢。由于编著者水平有限，加之时间仓促，本书难免存在不妥之处，恳请读者批评指正。希望本书能够为高品质住宅的设计、施工、评价、运维等相关单位及人员提供有益的参考和借鉴。

本书编委会

2023 年 10 月 12 日

目 录

第1篇 国内标准篇

工程建设强制性国家规范《住宅项目规范》要点解读 ··· 3
国家标准《住宅设计规范》GB 50096 要点解读 ··· 9
国家标准《住宅性能评定标准》GB/T 50362 要点解读 ·· 13
国家标准《绿色建筑评价标准》GB/T 50378 住宅建筑部分要点解读 ································ 21
国家标准《民用建筑隔声设计标准》GB 50118 住宅建筑部分要点解读 ······························ 27
行业标准《住宅整体厨房》JG/T 184、《住宅整体卫浴间》JG/T 183 要点解读 ···················· 33
地方标准《海南省安居房建设技术标准》DBJ 46—062 要点解读 ····································· 36
团体标准《住宅全装修评价标准》T/CRECC 02 要点解读 ··· 43
团体标准《既有住宅加装电梯工程技术标准》T/ASC 03 要点解读 ··································· 52
团体标准《既有居住建筑低能耗改造技术规程》T/CECS 803 要点解读 ····························· 59
团体标准《健康建筑评价标准》T/ASC 02 要点解读 ·· 64
团体标准《健康社区评价标准》T/CECS 650 T/CSUS 01 要点解读 ································· 70

第2篇 国外标准篇

英国"终生住宅"标准介绍 ··· 78
美国健康建筑标准和住房质量标准介绍 ·· 81
新加坡"组屋"标准介绍 ··· 85
日本长期优良住宅和百年住宅标准介绍 ·· 90
英国住宅隔声降噪法规与标准介绍 ··· 94
德国可持续住宅质量标识标准介绍 ··· 101

第3篇 国内案例篇

超低能耗装配式——北京焦化厂公租房项目 ·· 111

绿色人文——北京市韩庄子三里小区更新改造项目 118
户型灵活可变——北京市平房乡新村建设（三期）产业化住宅楼项目 131
生活便利——北京市北洼西里小区8号楼改造项目 137
宜居住区——北京中信锦园项目 145
健康低碳——北京市房山区长阳镇棚户区改造项目 154
绿色健康——北京当代万国城住宅项目 162
健康智能——中国·铁建太原花语堂9号楼项目 171
百年住宅——山东鲁能领秀城公园世家项目 179
绿色智慧装配式——青岛银丰松岭路商品住宅项目 188
可持续的装配式建筑——陕西天伦·云境天澄住宅项目 196
绿色健康宜居——张家港张地云栖雅苑项目 210
高耐久围护结构——上海万科中房翡翠滨江二期项目 217
全龄友好——昆明经投·湖山望（观林湖花园）项目 226

第4篇　国外案例篇

可持续住宅综合体——奥地利温塔尔特拉森住宅项目 235
绿色更新——德国弗赖堡高层公寓综合改造项目 241
"平台上的住宅"——荷兰"微型城市"住宅项目 245
水上庭院——荷兰斯莱晒什住宅项目 252
高品质、重服务——荷兰德普卢斯普伦堡老年公寓项目 259
模块化的绿色住宅——美国明星公寓项目 270
绿色阶梯——美国维阿韦德住宅项目 280
KSI住宅体系——日本赤羽台团地项目 290
多代同堂的花园住宅——新加坡杜生阁公共住宅项目 299
气候适应性住宅——新加坡"天际都市"住宅项目 307
公平与包容的设计——新加坡滨海北岸住宅项目 314
高品质的生活——英国城市大道250号高层住宅项目 326
零碳生态社区——英国贝丁顿住宅项目 332

第1篇 国内标准篇

标准是经济活动和社会发展的技术支撑，是国家基础性制度建设的重要方面，在推进国家治理体系和治理能力现代化中发挥着基础性、规范性、引领性作用。《国家标准化发展纲要》指出，要推动标准化与科技创新互动发展、提升产业标准化水平、完善绿色发展标准化保障、加快城乡建设和社会建设标准化进程、提升标准化对外开放水平、推动标准化改革创新、夯实标准化发展基础。

2023年全国住房和城乡建设工作会议明确部署，要全面贯彻新发展理念，牢牢抓住让人民群众安居这个基点，以努力让人民群众住上更好的房子为目标，从好房子到好小区，推动建筑业工业化、数字化、绿色化转型升级，奋力开创新征程住房和城乡建设事业高质量发展新局面。住宅建设与百姓生活息息相关，打造绿色、健康、智慧的高品质住宅是我国建筑业发展的重要方向，更是支撑我国社会城市发展需求、增进百姓民生福祉、提升人民生活品质的根本所在。当前，随着城镇化推进和经济社会发展，人民群众的"住房观"正在从"有房住"向"住好房"转变，对绿色、健康、智慧的高品质住宅需求日益增长。推动高品质住宅建设，全面提升新建住宅品质，努力让人民群众住上更好的房子，是推动从"住有所居"向"住有宜居"大步迈进的必经之路。

住宅标准化是稳步推进好房子建设的技术支撑、是持续引导高品质住宅建设发展的重要保障，我国针对住宅项目开展了系列标准的编制，形成了相对成熟的标准体系，涵盖住宅的设计、施工、运维、评价等多方面。本篇选取了13项住宅领域国内技术标准，包括1项工程建设强制性国家规范、4项国家标准、2项行业标准、1项地方标准和5项团体标准，编写了12篇文章，从我国标准体系中的各层级、住宅建设相关的各专业进行解读。

《住宅项目规范》从居住环境、建筑空间、结构安全、室内环境、建设设备等方面，明确住宅建设"兜底线，保基本"的基础性要求，是促进我国住宅高品质发展的根本保障。

《住宅设计规范》作为我国住宅领域印刷量最大的技术标准之一，经过四轮修订，为住宅设计、开发、建设、管理提供重要参考，在落实国家战略部署、提升住宅设计质量方面发挥了重要作用。

《住宅性能评定标准》基于住宅"适用、环境、经济、安全、耐久"五大性能，定义新时代下高品质住宅的内涵和外延，为住宅评定提供多维度、全过程、全专业的技术和方法保障。

《绿色建筑评价标准》历经"三版两修"，构建了"安全耐久、健康舒适、生活便利、资源节约、环境宜居"五维评价指标体系，对评估绿色建筑等级、保障绿色建筑质量、规范和引导绿色建筑健康发展奠定坚实基础。

《**民用建筑隔声设计标准**》聚焦建筑室内声环境这一重要环境指标，对住宅室内墙体及楼板的隔声要求进行修改提升，对于改善人民居住环境、提升生活品质作出重要支撑。

《**住宅整体厨房**》《**住宅整体卫浴间**》分别为我国首部有关住宅厨房、卫浴间的行业标准，从建筑设计、安装施工、工程验收，以及厨卫配套产品开发等方面明确技术要求，推动厨卫产品标准化、规模化、现代化生产。

《**海南省安居房建设技术标准**》以百姓的获得感、幸福感、安全感为出发点，以建设百姓"省心、安心、舒心"的好房子为目标，强调功能适用、户型合理、环境宜居、配套齐全，打造百姓可感知的高品质安居房。

《**住宅全装修评价标准**》遵循适用高效、健康舒适、节约能源、保护环境四大原则，为引导住宅全装修品质和性能的提升，促进住宅全装修向着适用、健康、绿色、舒适、智慧的方向发展保驾护航。

《**既有住宅加装电梯工程技术标准**》有效指导既有住宅加装电梯的评估、设计、施工、验收、运行和维护等工作，为提升既有住宅的使用功能，改善居住品质，增强人民幸福感和获得感提供助力。

《**既有居住建筑低能耗改造技术规程**》构建了既有居住建筑全过程低能耗改造技术体系，涵盖建筑、暖通空调、给水排水、电气等各专业，全面引导既有居住建筑低能耗改造健康发展。

《**健康建筑评价标准**》对于我国健康建筑行业理论技术研究、标准体系发展与项目推广落地具有重要的支撑作用，对助力"健康中国2030"、高品质住宅建设具有重要意义。

《**健康社区评价标准**》作为我国首部以健康社区为主题的标准，在助力健康城市建设、推动"健康中国"战略部署、捍卫人民健康、保障经济发展、维护社会和谐稳定发挥积极作用。

工程建设强制性国家规范《住宅项目规范》要点解读

1 编制背景

1.1 任务来源

2015年3月11日，国务院印发《深化标准化工作改革方案》，提出建立政府主导制定的标准与市场自主制定的标准协同发展、协调配套的新型标准体系；健全统一协调、运行高效、政府与市场共治的标准化管理体制；形成政府引导、市场驱动、社会参与、协同推进的标准化工作格局。2016年8月，住房和城乡建设部印发《深化工程建设标准化工作改革的意见》，明确要求进一步改革工程建设标准体制，健全标准体系，完善工作机制。

为满足工程建设需要，在《住房城乡建设部关于印发2017年工程建设标准规范制修订及相关工作计划的通知》中，《居住建筑建设规范》（现为《住宅项目规范》，以下简称《规范》）列为该计划的国家标准研编项目。同时，住房和城乡建设部标准定额司发布了《住房和城乡建设部分技术规范研编工作要求》，提出了13点研编工作要求，明确了标准定位、研编重点内容、分类及研编工作的重点内容。2018年，《规范》完成研编验收工作。2019年1月，住房和城乡建设部印发《2019年工程建设规范和标准编制及相关工作计划》，启动了《规范》正式编制工作。2021年8月，《规范》完成送审。由于《规范》尚未发布，本文基于《规范》（报批稿）相关内容编写。

1.2 编制意义

（1）推进住宅项目建设高质量发展

住宅项目建设量大面广、关系国计民生，是住房和城乡建设领域推动高质量发展的重要载体。当前，我国城镇化已从高速发展阶段进入高质量发展阶段，推动住宅建设从满足基本居住功能向绿色、健康、智慧、宜居的方向迈进，实现高质量、可持续发展是我国住房和城乡建设领域的一项重要任务。

（2）提升居民幸福感的保障

习近平总书记在党的十九大报告中明确指出，中国特色社会主义进入新时代，我国社会主要矛盾已经转化为人民日益增长的美好生活需要和不平衡不充分的发展之间的矛盾。住房和城乡建设领域强制性规范中，《规范》与基本民生保障中的住房问题关系最为密切，受关注度高，影响范围广。现行相关标准部分指标滞后，强制性条文分散且体系性不强，难以适应居民日益增长的美好生活需求。

《规范》从住宅项目规划、设计的源头出发，全流程着力做好民生保障工作，集中力量解决好住房、人居环境等方面居民的操心事、烦心事、揪心事。《规范》从政策性、先进性、集成性、强制性四方面定位于紧紧围绕以人民为中心：政策性方面，落实国家民生领域发展战略的要求，从人民的角度，切实把握人民群众对美好生活的向往，编制好新时代住宅项目建设规范；先进性方面，部分指标适度超前，对标国际，提升安全、绿色、生态、健康、宜居要求，注重科学性和前瞻性，促进住宅建筑建设水平整体提升；集成性方面，适用于城镇住宅，包括项目总量规模、规划布局、功能性能和关键技术要求等内容；强制性方面，把好工程建设"风险点"、技术措施"控制点"、政府监管"发力点"、保障民生"基本点"，控制性底线要求，确保能实施，可监督。

1.3 研究制定

（1）编制过程

《规范》编制分研究编制和正式编制两个阶段，于2016年11月启动研编，2018年7月完成研编验收并启动正式编制。同年12月形成征求意见稿，并于2019年2月和8月两次通过住房和城乡建设部门户网站公开征求意见。2021年8月30日，《规范》审查会在北京召开。住房和城乡建设部标准定额司、建筑节能与科技司、工程质量安全监管司的有关领导及审查专家、编制组部分成员通过现场和视频的形式参加了会议。会议成立了以刘加平院士为主任委员，崔愷院士和庄惟敏院士为副主任委员的审查专家委员会。审查专家组认真听取了编制组对规范编制的介绍，按照标准定额司规定的审查要求对规范内容进行了全面审查，一致同意《规范》通过审查。审查会议结束后，编制组结合审查专家组提出的意见和建议，对《规范》进行补充、修改与完善，形成《规范》报批文件上报至主管部门。

（2）研究情况

在长期的住宅项目建设实践中，现行住宅相关标准发挥了重要作用，但随着经济发展和社会进步，逐渐出现了一些人民群众关注度较高、诉求较为集中的问题，主要是：电梯紧邻卧室设置造成的噪声问题；楼板、隔墙板的隔声问题；老旧小区多层住宅无电梯，老年人下楼难；住宅区高空坠物伤人；旧城区日照问题突出，影响旧城区的规划设计；厨房烟道排烟不畅，串烟串味；小区车辆乱停，堵塞消防通道等。规范编制组以问题为导向，展开了一系列针对性专题研究，主要包括：国内外住宅室内声学标准、电梯配置水平提升、既有住宅加装电梯、规划与总平面设计、南方地区集中供暖可行性研究等，为《规范》内容确定提供了技术支撑。

2 主要内容

《规范》由7章构成。总则部分主要阐述规范的制定目的、适用范围、住宅项目建设目标和基本原则。基本规定部分为总体要求，从规模布局、建设要求、使用维护的角度，提出了住宅项目建设在安全、健康、适用、绿色、宜居，以及其他涉及公众利益方面必须达到的性能或功能要求。最后分专业领域阐述了住宅项目建设全过程必须达到的关键技术要求，设置了5个章节，明确了居住环境、建筑空间、结构安全、室内环境、建筑设备等关键性控制技术指标和要求内容。各章节的重点内容如下：

2.1 总则

本章规定了制定本规范的目的、适用范围、住宅项目建设的基本原则、合规判定等。

2.2 基本规定

本章明确了住宅项目建设和使用维护过程中需要满足的各项基本规定与要求，分为规模与布局、建设要求和使用维护三节。

"规模与布局"首次提出了住宅项目的组成和规模划分。"建设要求"从安全、环保、卫生和健康等角度，将住宅项目作为一个完整的对象，提出了住宅项目规划选址、居住环境、无障碍、建筑空间（套型）、使用安全与健康、结构安全、消防安全等方面必须满足的功能或性能要求。"使用维护"对住宅项目建成后使用和维护的要点作了规定。

2.3 居住环境

本章针对住宅项目居住环境作出了系统规定，包括空间环境、场地、配套设施三方面内容。

"空间环境"对居住街坊（基本居住单元）的空间环境关键控制指标进行组合控制，引导住宅项目建设合理控制开发强度和建筑高度，在节约集约用地的基础上营造宜居适度的居住空间环境。"场地"规定了场地存在噪声、光以及土壤等污染时应采取相应措施保障场地安全、降低不良影响；明确了居住街坊应设置集中绿地及其配建控制标准、最小宽度、日照标准等规定。"配套设施"规定了住宅项目配套设施建设应根据居住人口规模和设施服务半径综合确定的基本原则等。

2.4 建筑空间

本章针对住宅项目建筑空间作出了详细规定，包括套内空间和公共空间。

"套内空间"对包括套内各空间（卧室、起居室、厨房、卫生间、阳台、过道等）的面积、净高、净宽、配置、构造做法等技术要求作出了规定。"公共空间"主要规定了住宅公共区域（公共走廊、公共楼梯、电梯、公共出入口、设备间、管道井等）的尺度、配置、构造做法等技术要求。

2.5 结构安全

本章规定了住宅建筑结构的基本性能要求，规定了住宅建筑结构设计安全等级、结构设计和抗震设计原则、住宅周边永久性边坡的安全要求、钢筋混凝土结构楼板厚度以及地基承载力和变形要求。

2.6 室内环境

本章对室内的声环境、光环境、热环境3个方面作出规定。

"声环境"主要规定了卧室、起居室内噪声级限值及其与相邻房间之间的隔声性能，楼板、外墙、外门窗空气声隔声性能等要求；"光环境"主要规定了日照标准、采光、照明光源色温、照度、一般显色指数等要求；"热环境"对住宅保温、隔热、防潮，以及卧室、起居室、厨房自然通风开口面积等重要指标进行了规定。

2.7 建筑设备

本章包括给水排水，供暖、通风和空调，燃气，电气和智能化5个专业领域，内容涵盖了住宅建筑设备配置的关键技术要求。

"给水排水"对住宅项目利用市政供水水压、用水计量、排水安全等涉及用水健康、节水、节能、卫生等方面提出了要求；"供暖、通风和空调"提出了供暖空调设施配置、室内供暖温度、温度调节、热膨胀补偿、无外窗卫生间机械通风等安全、健康方面的底线性要求；"燃气"提出了住宅燃气表设置、燃气管道敷设、燃具设置和防排烟等方面涉及节能、安全、健康方面的底线性要求；"电气"分别是住宅用电负荷等级分类和对电能表及配电箱的设置、电源配电回路设置、防雷措施和等电位联结的强制性要求；"智能化"分别就通信系统、有线电视系统、智能化系统同步实施建设，家居配电箱的要求作出了规定。

3 技术亮点

《规范》的研制紧密结合新时代居民获得感、幸福感提升的需求，同时凸显了"落实改革、接轨国际、功能完整"的鲜明特征，并在现行标准的基础上，突出了"安全耐久、健康舒适、生活便利、环境宜居、资源节约"等主要特点。

3.1 全文条文强制，落实标准改革

为贯彻落实住房和城乡建设领域改革与完善工程建设标准体系的要求，《规范》以住宅项目作为一个完整的对象，对住宅项目建设的目标、规模、功能、性能以及涉及人身健康和生命财产安全、生态环境安全、工程质量安全等各方面作出全面管控，取代现行分散的强制性条文。

3.2 立足国内发展，兼具国际视野

《规范》对我国现有住宅相关工程建设标准和强制性条文的覆盖范围、可行性、可操作性和实施经验深入梳理分析、辩证继承，同时对英国、美国、德国、澳大利亚等国外相关法规、规范、标准开展比对分析，注重与国际接轨，根据需要规定必须达到的基本功能、性能要求及关键技术措施。

3.3 保证功能完整，强化住宅作用

《规范》首次规定了住宅项目的组成和规模，并提出了居住街坊空间环境控制指标及室外场地、配套设施分级配置要求，通过合理布局和配套设置，建立人、建筑与环境的和谐关系；提出了住宅基本功能性能，落实住宅建筑安全、适用、宜居、绿色和耐久等发展目标，结构完整，内容充实，保障住宅功能完整性，满足人民日益增长的美好生活需要。

3.4 确保安全耐久，兜住质量底线

针对公共区域地滑易摔倒、高空坠物伤人等情况，《规范》明确公共部位地面摩擦系数应大于 0.6，将预留空调室外安装位置提升为强制性规定，防范安装人员和用户日常维护等坠亡事故发生。针对外墙外保温脱落砸车伤人等问题，提升外保温系统的设计工作年限不应低于 25 年为强制性要求，强化保障人身安全和财产安全。

3.5 保证健康舒适，提升居住环境

为提升居民的生活质量和空间感受，同时有助于自然通风、提升空气品质，《规范》将卧室、起居室室内净高从 2.40m 提高到 2.50m。在《建筑环境通用规范》GB 55016—2021 已将卧室等睡眠房间噪声控制提升到不大于 30dB 的基础上，借鉴英国、丹麦、瑞典和波兰的标准做法，新增对电梯、水泵、变压器等设备低频噪声限值的规定。为了保证住宅邻里之间的私密性和免受噪声干扰，《规范》还规定了卧室分户墙和分户楼板的空气声隔声性能不应小于 50dB，起居室分户墙和分户楼板空气声隔声性能不应小于 48dB，楼板撞击声隔声性能不应大于 65dB 的要求，总体上达到国际领先水平。此外，为推动全面开展生活垃圾分类工作，按照垃圾分类基本要求，《规范》明确生活垃圾收集点应满足垃圾分类收集需求并有便于识别的标志，厨余垃圾收集容器应具备可封闭的功能。

3.6 关注生活便利，突出智慧生活

为适应我国老龄化趋势，满足残疾人、医疗救援、生活搬运重物等需求，《规范》将现行标准中入户层七层及以上的住宅应设置电梯的要求修改为二层及以上，并规定四层及四层以上的住宅建筑应设不少于 1 台可容纳担架的电梯。首次要求住宅出入口、城市或镇区道路系统相互联通，并满足急救、消防及运输车辆的通达要求。新增应预留快递箱（柜）安装条件、垃圾收集点应具有便识标志的强制性要求。在建筑智能化建设方面，为保障信息化社会的基础设施需要，实现住宅的便捷式管理，《规范》对住宅的无线通信（信息网络、广播电视、移动通信覆盖）、安全防护（安防视频监控、门禁）、智能系统（智能化设备用房、地下智能化系统管道）方面作出了具体底线性要求。

3.7 确保环境宜居，强化以人为本

为达成住宅全龄友好的发展目标，《规范》首次明确每个居住单元应设置无障碍出入口，且出入口应与老年人和儿童活动场地形成完整的无障碍步行系统，应与城市或镇区

道路的步行系统无障碍衔接；明确出入口平台净深度不应小于1.50m、上方应设置雨篷等要求。

3.8 注重资源节约，贯彻绿色发展

面向应对气候变化、推动绿色发展的新要求，《规范》明确住宅项目应配置新能源汽车充电设施或预留安装条件。为实现居民用能个性化，提高居住舒适性及自由度，明确了住宅建筑的用水分户计量、燃气分户计量或预留安装位置的要求。

4 结语

《规范》将住宅项目作为一个完整对象，明确规定了住宅项目规模、布局、功能、性能等要求，系统完整、可操作性强；在考虑地方差异的情况下，借鉴国外经验，注重中国特色，保障居民生命财产安全、人身健康、工程质量、公众权益和公共利益，促进能源资源利用，满足社会经济基本要求，为住宅项目建设提供基本遵循，是落实住宅项目建设高质量发展的体现。

《规范》编制工作紧紧围绕国务院发布《深化标准化工作改革方案》与住房和城乡建设部的相关要求，完善"兜底线，保基本"的各项指标要求，形成更加全面的内容，坚持以人民为中心，坚持以保障人民群众的安全与利益为出发点，切实把握人民群众对美好生活的向往，将实现好、维护好、发展好最广大人民根本利益作为编制工作的出发点和落脚点。《规范》的编制，在提升人民群众的获得感、幸福感和安全感方面具有十分重要的意义。

作者：王清勤；赵力；李小阳；吴伟伟；仇丽娉（中国建筑科学研究院有限公司）

国家标准《住宅设计规范》GB 50096 要点解读

1 编制背景

住宅是与人的生存息息相关的建筑类型，不同阶段人们对居住条件的要求明显不同，几十年来我国的居住状况由解决"有无问题"发展到"小康居住"，进而向"节能省地、技术集成"方向发展。

1987年实施的《住宅建筑设计规范》GBJ 96—1986，是我国首部专门针对住宅设计的国家标准。该规范的实施正值我国住宅建设高速发展时期，在保障住宅具备基本的生活条件，提高住房成套率等方面发挥了重要作用。1999年经修订后更名为《住宅设计规范》GB 50096—1999。随着我国住房商品化改革不断深化，城市居民住房条件逐步改善，广大居住者对住宅设计质量、工程质量方面的要求也越来越高，《住宅设计规范》GB 50096—1999 于 2003 年重新进行局部修订。

2008年11月，住房和城乡建设部组织中国建筑设计研究院等单位开展《住宅设计规范》新一轮修订工作。在标准定额司组织协调下，编制组在全国分片区开展调研并征求各地意见，分专业与相关标准规范协调，召开有关专题论证会十余次，收到电子邮件、电话、信函等方式反馈的意见共数千条，在广泛分析国内外有关标准、科研成果，深入开展调查研究以及广泛征求意见的基础上，结合我国住宅建设、使用和管理的实际，形成《住宅设计规范》GB 50096—2011 版本。

《住宅设计规范》GB 50096—2011（以下简称《规范》）是该规范的第4个版本。结合人民群众对于住宅的使用需求，适度调整部分技术规定和指标，大量增加新技术内容。主要解决三方面问题，一是《规范》实施过程中的问题，二是与相关标准规范的矛盾，三是正确引导中小套型住宅设计与开发建设。

《规范》作为一部国家标准，其技术内容的选择、条文表述的尺度都要考虑到全国各类地区的适用性。但是，我国各个地区的气候条件、经济发展水平的差异较大，在《规范》的执行中难免出现一些具体问题。修编期间正值我国保障性住房国策的实施，编制组始终与保障性住房相关标准的编制组保持沟通。但是，由于保障性住房中的"廉租房""公共租赁房"等在使用周期、分配政策、建设程序方面与普通住宅有较大差别，《规范》作为"技术标准规范"，特别重视其自身的长期有效作用。经研究，编制组明确提出《规范》在设计理念、技术指标和具体措施等方面，有许多不适合保障性住房中"廉租房"和"公共租赁房"的设计要求。

2 主要内容

《规范》共计 8 章 30 节 218 条，主要技术内容是：总则、术语、基本规定、技术经济指标计算、套内空间、共用部分、室内环境、建筑设备。重点修订及论证内容有以下几个方面。

2.1 简化技术经济指标计算

技术经济指标计算方法是《规范》修订重点论证的问题。套型建筑面积的计算方法取消"使用面积系数"，改为"以全楼建筑面积为基数的计算比值"。这一做法可避免陷入"分摊"问题。

《规范》侧重于住宅方案设计阶段对套型空间的面积分配，以及单元组合控制套型规模，强调建筑设计阶段面积计算与其他阶段略有不同，侧重于以楼栋为单位的施工图设计，系数从标准层的概念改为整栋楼的概念，阳台面积计算顺应当前控制套型规模的政策，按 50% 折算。

2.2 对最小套型面积标准进行修改

一方面，《规范》综合考虑我国住宅部品技术产业化、集成化和家电设备技术更新等因素，各种住宅部品及家电尺寸有所减小，对各功能空间尺度的要求也相应减小。将原规范规定的使用面积不宜小于 $34m^2$ 的套型使用面积改为 $30m^2$。

另一方面，《规范》明确基本功能空间不等于房间，没有要求独立封闭，有时不同的功能空间会部分重合或相互借用。当起居功能空间和卧室功能空间合用时，称为兼起居的卧室。所以，本次规定由兼起居的卧室、厨房和卫生间等组成的住宅套型，使用面积最小值为 $22m^2$。

但是，通过与《保障性住房建设标准》编制组共同论证的结果看，《规范》的低限面积指标，不宜直接用于保障性住房建设。保障性住房中的"廉租房""公共租赁房"等在使用周期、分配政策、建设程序方面与普通住宅有一定差别，因此，《规范》回避了相关术语，强调技术规范长期有效性。

2.3 剔除不属于单体设计的内容

《规范》剔除了原规范中"垃圾道设置""地下车库"等不属于住宅单体设计的内容。各地对《规范》垃圾收集设施的规定意见较多，给水排水专业对设"封闭垃圾收集间"的清洗给水排水问题意见强烈。住宅小区中垃圾收集设施大量被新的垃圾处理系统取代，属于规划设计和管理的内容，《规范》均予以考虑并修改。

同时，《规范》明确了对地下车库只规定"当地下车库与住宅建筑直接连接时"的情况，不涉及小区中独立设计的车库。

2.4 重点增加的内容

《规范》重点增加了"层数计算""信报箱设置""排气道"等内容。

适当规定层高，编制组认为以层数限制高度对住宅还是现实可行的。特别对"住宅的层数与电梯的设置"问题进行论证。

住宅信报箱设计的规定经过专题调研，已具备列入《规范》的条件。《住宅信报箱工程技术规范》有专项调研报告，《中华人民共和国邮政法》要求配套验收，其结论充分支持增加本内容为强制性条文。

增加共用排气道内容，提出了预留孔洞和安装条件、负压通风、防止窜气等基本技术措施的规定。《规范》编制单位在多年的工程实践中总结提炼部分技术措施，并编制了《住宅排气道》国家标准图集，在此基础上《规范》新增关于排气道设计的条文。

《规范》还对中高层电梯、连廊设置，以及空调室外机位置设计等问题提出有关规定，并作了专题论证研究。

3 技术亮点

《规范》强调"以人为核心"，遵循适用、安全、卫生、经济的原则，以及节能、环保等方面的要求，在修订过程中，增加了大量相关专业的新内容，强调了住宅设计中多专业综合协调，引导住宅设计向"适老化""精细化""智能化""绿色、健康"等方向发展。同时《规范》编制组系统地调查、研究、总结我国城市住宅建设的实践经验，充分分析论证了城市居民对居住条件改善的要求，对2003年版本存在的问题进行了全面修改。

主要的技术创新点是：对执行中小套型政策不够明确的技术条文进行修改，完善技术经济指标的计算方法，增加了住宅节能和工业化等新要求，加入了提高室内环境质量的各项设计指标等。

《规范》简化了技术经济指标计算。套型建筑面积的计算方法取消"使用面积系数"，改为以全楼建筑面积为基数的"计算比值"。这一做法可避免陷入"分摊"问题，并避免与其他规范矛盾，给地方和设计人员更多的余地。

《规范》要求设计必须满足节能要求，合理利用能源外，还要结合各地能源条件，采用常规能源与可再生能源结合的供能方式。要求住宅应设置分户水表、分户热计量装置、分户燃气表和分户电能表，要求卫生器具和配件采用节水型产品，套内采暖设施应配置室温自动调控装置，套内空调系统应设置分室或分户温度控制设施等。

《规范》要求每户卧室、起居室、厨房应有直接天然采光、自然通风。居住空间朝西、朝东外窗采取外遮阳措施。电梯不应紧邻卧室布置，不宜与起居室紧邻布置，否则需采取有效的隔声减振措施。不仅地下室、半地下室采取防水防潮措施，对屋面、地面、外墙、外窗也应采取防止雨水、冰雪融化水侵入室内的措施，还要求屋面与外墙的内表面不应出现结露现象，要求底层、靠外墙、靠卫生间的壁柜内部应采取防潮措施。

4 实施情况

《规范》在我国住房商品化的过程中发挥了重要作用,不仅是每个从事建筑设计人员必备的技术规范,而且是相关开发、建设、管理人员的重要技术参考文件,甚至成为购房者民事仲裁的参考文献,应用非常广泛。本次《规范》修订住房和城乡建设部给予了高度重视,连续两年(2011年及2012年)被列为住房和城乡建设部年度工程建设标准规范宣贯培训的重点项目;同时受到社会各界广泛关注,2011年11月由中国建筑工业出版社出版发行,首次印刷数就达12万册,此外,《规范》编制组已完成近百场次公开宣贯培训(不含设计、开发单位内部培训),覆盖全国30个省/自治区/直辖市(新疆、西藏未单独举办),共计培训人员6000人次以上。

与此同时,《规范》落实了国家建设资源节约型、环境友好型社会的战略部署,以及落实节能减排等重大战略决策,引导住宅设计向控制套型规模,采用节能省地、高技术集成等方向发展,及时修改了套型面积计算方法、面积指标以及室内环境量化指标,增加了大量节能设计内容,产生很大的环境效益。

5 结语

随着时间的推移、科技的进步,标准规范需要不断修订更新,使其符合时代发展的需要,做到与时俱进。住宅建筑标准化工作目标,一要紧紧贯彻国家建设方针政策,使政策通过标准规范得以贯彻;二要完善住宅建筑标准规范的系列性,除主导的全文强制性规范外,还需要建立推荐性标准和团体标准体系;三要在编制住宅标准规范过程中融入新技术、新工艺、新材料、新设备,通过科学研究实验,提高标准规范的水平;四要及时更新住宅标准规范,以适应发展需要。

我国正处在社会经济发展的大好形势,基本建设形势也不例外,《规范》在住宅建筑标准规范领域已取得优异成绩,但相关从业者仍须努力进取,发挥国家梯队优势,为国家经济建设作出更大贡献。

作者:林建平;王贺;张蔚;胡英娜;宋子琪(中国建筑设计研究院有限公司)

国家标准《住宅性能评定标准》GB/T 50362 要点解读

住宅作为人们生活的重要载体，其性能、品质关乎百姓的切身利益。当前，我国住宅建设快速发展、居住品质不断提升、功能性能不断完善，对保障人民群众安居乐业和促进经济社会发展发挥了重要作用。2023年1月，全国住房和城乡建设工作会议提出"努力提升品质、建设好房子"的工作要求，强调"以努力让人民群众住上更好的房子为目标，从好房子到好小区，从好小区到好社区，从好社区到好城区，进而把城市规划好、建设好、治理好"。

本文结合国家标准《住宅性能评定标准》GB/T 50362的修订工作，基于住宅"适用性能、环境性能、经济性能、安全性能、耐久性能"五大性能，解读新时代下"好房子"标准的内涵和外延；同时，对标准如何助力建设"新一代好房子"进行思考和展望。

1 修订背景

国家标准《住宅性能评定技术标准》GB/T 50362—2005于2006年3月1日实施[1]，在实施期间，对保障住宅品质，营造舒适、安全、卫生的居住环境发挥了重要作用。随着新理念、新技术、新工艺与新产品的不断发展，国家相关标准不断完善，2005版的标准难以满足新时代下住宅性能评定的需要。2013年11月，住房和城乡建设部印发《2014年工程建设标准规范制订修订计划》，《住宅性能评定技术标准》GB/T 50362—2005列入了修订计划。

在修订过程中，标准化工作的理念不断发展，工程建设标准体制进行了深化改革。2015年3月，国务院印发《深化标准化工作改革方案》，拉开了中国标准化工作改革的序幕。2015年10月，党的十八届五中全会提出"创新、协调、绿色、开放、共享"的发展理念。2016年2月，《中共中央 国务院关于进一步加强城市规划建设管理工作的若干意见》提出"适用、经济、绿色、美观"的建筑方针。2017年10月，党的第十九次全国代表大会报告指出，坚持以人民为中心的发展思想，结合我国社会主要矛盾变化，以落实"加快生态文明体制改革，建设美丽中国"国家战略为方向，不断满足人民日益增长的美好生活需要。2019年9月，国务院办公厅转发住房和城乡建设部《关于完善质量保障体系提升建筑工程品质的指导意见》指出，要不断提高工程质量抽查符合率和群众满意度，进一步提升建筑工程品质总体水平。2020年7月，住房和城乡建设部等七部门联合印发

《绿色建筑创建行动方案》，将提高住宅健康性能作为重点任务之一。2022年10月，党的第二十次全国代表大会上的报告指出，要推动绿色发展，增进民生福祉，提高人民生活品质。

在上述基础上，标准编制组经广泛调查研究，认真总结实践经验，参考有关国际标准和国外先进标准，并在广泛征求意见的基础上完成标准内容修订，即《住宅性能评定标准》GB/T 50362—2022（以下简称《标准》），并于2023年2月1日实施。该标准旨在系统促进"新一代好房子"建设，全面提升住宅工程品质，促进住宅建设向"绿色、低碳、健康、智慧、宜居"方向迈进，不断满足人民群众对美好生活的需要。

2 主要内容

《标准》共分8章，主要技术内容包括总则、术语、基本规定、适用性能、环境性能、经济性能、安全性能、耐久性能。其中，适用范围拓展到集中建设的农村住宅，即适用于新建和改建的城镇住宅和集中建设的农村住宅的性能评审及认定。

2.1 性能评定指标体系

《标准》建立以性能要素为一级评定指标，分别为适用性能、环境性能、经济性能、安全性能、耐久性能，各一级指标下细分多项二级指标，如图1所示。

图1 《标准》性能评定指标体系

2.2 评定要求与等级划分

（1）评定要求

住宅性能评定工作由评审机构组织接受过住宅性能评定工作培训、熟悉《标准》，并具有相关专业执业资格的专家进行。评审工作采用回避制度。评审工作完成后，评审机构应将评审结果提交至相应的住宅性能认定机构进行认定。其中，评定对象为单栋住宅或住区；评定单栋住宅，凡涉及所处公共环境的指标，应以对公共环境的评价结果为准。

就评价环节而言，住宅性能评定工作按照初评、中期检查、终评3个环节进行。初评在初步设计或施工图设计完成后进行，中期检查在主体结构施工阶段进行，终评在项目竣工验收备案后进行。其中，初评审查项目的适用性能、环境性能和经济性能，中期检查和终评需审查项目的五大性能。

（2）等级划分

《标准》中适用性能和环境性能满分各为 250 分，经济性能和安全性能满分各为 200 分，耐久性能满分为 100 分，总计满分 1000 分。其中，各性能的最终得分为本组专家评分的平均值。

通过住宅性能评定的住宅称为 A 级住宅，即：① 含有"☆"的子项全部得分；② 适用性能和环境性能得分不低于 150 分，经济性能和安全性能得分不低于 120 分，耐久性能得分不低于 60 分。A 级住宅按照得分由低到高划分为 1A、2A、3A 三个等级，不同等级得分要求见表 1。

不同等级得分要求 表 1

等级	得分要求	备注
1A 级	总分等于或高于 600 分但低于 750 分	且应满足 A 级住宅条件
2A 级	总分等于或高于 750 分但低于 850 分	
3A 级	总分等于或高于 850 分，且满足所有含有"★"的子项	

注：带"☆"项为 A 级住宅的一票否决项，带"★"项为 3A 级住宅的一票否决项，详见《标准》附录。

3 技术亮点

3.1 优化评价等级和评价方法

《住宅性能评定技术标准》GB/T 50362—2005 将住宅综合性能等级分为 A 级和 B 级，为进一步提升住宅工程品质，《标准》修订过程中取消了 B 级评定等级。新旧标准中虽均将 A 级住宅细分了 3 个等级，但新标准调整了 2A 级性能的分数要求，即将下限分值 720 分提高至 750 分，详见表 2。

新旧标准中评价等级和评价方法的对比 表 2

住宅综合性能等级	GB/T 50362—2005		GB/T 50362—2022	
A 级	含有"☆"的子项全部得分，且适用性能和环境性能得分等于或高于 150 分，经济性能和安全性能得分等于或高于 120 分，耐久性能得分等于或高于 60 分	1A 级：600 分≤得分＜720 分	含有"☆"的子项全部得分；适用性能和环境性能不低于 150 分，经济性能和安全性能得分不低于 120 分，耐久性能得分不低于 60 分	1A 级：600 分≤得分＜750 分，且满足 A 级住宅条件
		2A 级：720 分≤得分＜850 分		2A 级：750 分≤得分＜850 分，且满足 A 级住宅条件
		3A 级：850 分≤得分，且满足所有含有"★"的子项		3A 级：850 分≤得分，满足所有含有"★"的子项，且满足 A 级住宅条件
B 级	含有"☆"的子项中有一项或多项未能得分		取消	
	虽含有"☆"的子项全部得分，但某方面性能未达到 A 级住宅得分要求			

3.2 聚焦室内无障碍设施与适老化相关内容

与旧版标准相比,《标准》将适用性能评价指标体系中"无障碍设施"评定条目,调整为"室内无障碍设施与适老化",并增加了与老龄化有关的要求和条文;同时,将"住区无障碍设施"分项调整至环境性能"绿地与活动场地"中,并增加了"设置无障碍停车位,数量和要求符合相关规范的要求"的相关规定。为全面提升住房品质,《标准》在住宅套内同层楼(地)面高差、套内过道净宽、卫生间及洗浴空间尺寸、电梯设置要求、单元公共出入口净宽等方面的指标进行适度提升和丰富,详见表3。

新标准中室内无障碍设施与适老化方面指标提升情况　　　　　表3

编号	技术指标	GB/T 50362—2005	GB/T 50362—2022
1	同层楼(地)面高差	≤20mm(户内)	≤15mm(套内)
2	门扇开启净宽	≥0.8m(户内)	≥0.8m(套内)
3	过道净宽	入户过道净宽≥1.2m,其他通道净宽≥1.0m	套内过道净宽≥1.2m
4	适老化	—	① 卫生间便器的前端或左右一侧与墙之间的距离≥0.5m; ② 洗浴空间短边净距≥1.4m
5	电梯	7层及以上住宅,每单元至少设一部可容纳担架的电梯,且为无障碍电梯	4层及以上住宅设置的电梯同时满足残障人士的使用要求
6	候梯厅至入户过道净宽	—	≥1.2m
7	单元公共出入口	有高差时设轮椅坡道和扶手,且坡度符合要求	净宽≥1.1m,有高差时设轮椅坡道和扶手,且宽度、坡度符合要求

3.3 适度提升建筑技术及产品性能指标相关内容

随着技术的快速发展和产品的更新换代,建筑技术性能不断提升、设备产品不断升级。《标准》在修订过程中,充分考虑地方特色和差异,积极吸纳成熟的新技术、新产品、新材料,并适度提升相应指标,旨在保障人们的生活品质,推动新时代住宅高质量发展,详见表4和表5。

新标准中建筑技术性能指标提升情况　　　　　表4

编号	技术指标	GB/T 50362—2005	GB/T 50362—2022
1	单元入口处门厅或进厅使用面积	Ⅲ 高层、中高层≥18m²,多层≥6m² Ⅱ 高层、中高层≥15m²,多层≥4.5m² Ⅰ 高层≥15m²,中高层≥10m²,多层≥3.5m²	Ⅲ 高层≥30m²,中高层≥20m²,多层≥8m² Ⅱ 高层≥25m²,中高层≥15m²,多层≥6m² Ⅰ 高层≥20m²,中高层≥10m²,多层≥4.5m²

续表

编号	技术指标	GB/T 50362—2005	GB/T 50362—2022
2	双人卧室开间/净宽	开间≥3.3m	净宽≥3m
3	贮/储藏空间（室）使用面积	≥3m²	占套型使用面积≥5%
4	起居室、卧室空间净高	≥2.4m，且≤2.8m	≥2.4m，且≤2.9m
5	窗墙面积比	符合当地现行建筑节能设计标准中窗墙面积比规定值	≤0.5
6	楼板计权标准化撞击声压级	★Ⅱ≤65dB，Ⅰ≤75dB	★Ⅱ≤60dB，Ⅰ≤65dB
7	楼板的空气声计权隔声量 分户墙空气声计权隔声量	★Ⅲ≥50dB，Ⅱ≥45dB，Ⅰ≥40dB	★Ⅲ≥55dB，Ⅱ≥50dB，Ⅰ≥45dB
8	含窗外墙的空气声计权隔声量	★Ⅲ≥40dB，Ⅱ≥35dB，Ⅰ≥30dB	★Ⅲ≥35dB，Ⅱ≥30dB，Ⅰ≥25dB
9	与卧室和客厅相邻的分室墙空气声计权隔声量	Ⅲ≥40dB，Ⅱ≥35dB，Ⅰ≥30dB	Ⅲ≥45dB，Ⅱ≥40dB，Ⅰ≥35dB
10	电梯设置	6层及以下多层住宅设电梯，☆7层及以上住宅设电梯	4层及以下多层住宅设电梯，☆4层及以上住宅设电梯
11	绿地率	Ⅱ≥35% Ⅰ≥30%	Ⅱ＞35%（高层）、＞30%（多层） Ⅰ 新建：达到35%（高层）、达到30%（多层），改建：达到25%
12	严寒、寒冷地区和夏热冬冷地区外墙的平均传热系数	Ⅲ $K \leq 0.70Q$ 或符合65%节能目标 Ⅱ $K \leq 0.85Q$ ☆Ⅰ $K \leq Q$	Ⅲ $K \leq 0.9Q$ Ⅱ $K \leq 0.95Q$ ☆Ⅰ $K \leq Q$
13	严寒、寒冷地区和夏热冬冷地区屋顶的平均传热系数	Ⅲ $K \leq 0.85Q$ 或符合65%节能目标 Ⅱ $K \leq 0.90Q$ ☆Ⅰ $K \leq Q$	Ⅲ $K \leq 0.9Q$ Ⅱ $K \leq 0.95Q$ ☆Ⅰ $K \leq Q$
14	可再生能源技术	—	根据当地气候和自然资源条件，合理利用可再生能源提供生活热水（R_{hw}）或采暖空调能量（R_{ch}）或发电量比例（R_e）：Ⅲ≥60%；Ⅱ 20%~60%；Ⅰ≤20%
15	新技术	—	选用预拌混凝土、预拌砂浆等工业化现浇施工技术 选用高强高性能混凝土、高强钢筋、预应力钢筋混凝土技术、粗钢筋连接、新型模板与脚手架、信息管理技术、BIM技术、整体厨房、整体卫生间

新标准中设备设施等方面性能指标提升情况　　　　表5

编号	产品分类	GB/T 50362—2005	GB/T 50362—2022
1	厨卫设备	厨房设备成套配置	采用工业化、标准化整体厨房设备，成套配置，并预留冰箱位置
		卫生沐浴、便溺、盥洗设施配套齐全	采用工业化、标准化的整体卫浴，沐浴、便溺、盥洗设施配套齐全
		—	设有家务间，洗衣、晾衣、熨烫等设施齐全，位置合理，上下水设施完善
		—	设施设备安装、使用、检修相对独立，不对上下层不同套型住户造成影响
2	给水系统	—	设专用饮用水系统
3	燃气设备	—	使用燃气的厨房设有燃气泄漏报警设备
4	空调设备	Ⅲ达到国家空调器能效等级标准中2级 Ⅱ达到国家空调器能效等级标准中3级 Ⅰ达到国家空调器能效等级标准中4级	Ⅲ达到国家空调器能效等级标准中1级 Ⅱ达到国家空调器能效等级标准中2级 Ⅰ达到国家空调器能效等级标准中3级
5	除布置洗衣机、冰箱、排风机械、空调器等处设专用单相三线插座外，电源插座数量	Ⅲ起居室、卧室、书房、厨房≥4组，餐厅、卫生间≥2组，阳台≥1组 Ⅱ起居室、卧室、书房、厨房≥3组，餐厅、卫生间≥2组，阳台≥1组 Ⅰ起居室、书房≥3组，卧室、厨房≥2组，卫生间≥1组，餐厅≥1组	起居室（厅）、兼起居室的卧室，单相两孔、三孔≥3组 卧室、书房，单相两孔、三孔≥2组 厨房，P54型单相两孔、三孔≥2组 卫生间，P54型单相两孔、三孔≥1组 光纤到户 每个房间有电视插座
6	照明与电气	照明方式合理 采用高效节能的照明产品（光源、灯具及附件） 设置节能控制型开关 照明功率密度（LPD）满足标准要求	公共区域（走廊、楼梯间、门厅、大堂、地下停车场等）照明系统采取分区、定时、感应等节能措施；选用节能型电梯，并采取智能控制措施；选用节能型电气设备
7	充电桩	—	设置车位时预留电动车充电桩
8	消防设施	—	住宅建筑内设置灭火器；高层住宅户内配置轻便消防水龙
9	灭火救援	—	高层住宅设置消防电梯
10	建筑材料	利用可再生材料	使用以废弃物为原料生产的建筑材料；主体结构采用可再生建筑材料，如钢材、木材、竹材等

3.4 完善耐久性能评价指标体系

《标准》在原来结构工程、装修工程、防水工程和防潮措施、管线工程、设备、门窗6个评定项目的基础上，调整为结构工程、地下防水工程、有防水要求的房间、屋面防水、装修工程、管线工程、设备工程、门窗、外墙保温9个评定项目。

在防水方面，增加"地下防水工程""有防水要求的房间""屋面防水"内容；其中"地下防水工程"评定包括防水设计、防水材料、防潮与防渗漏措施、地下防水工程质量4个分项,"有防水要求的房间"包括防水设计、防水材料、施工质量及验收、外观质量4个分项,"屋面防水"包括防水材料、防水工程质量、外观质量、成品保护4个分项。在保温方面,增加"外墙保温"内容,具体包括系统选型、系统组成材料质量、工程实体施工质量3个分项。

4 实施效果

4.1 响应当前建筑科技新理念新技术发展,助力实现人民美好生活

我国城镇化已从高速发展阶段进入高质量发展阶段,住宅建设从满足基本居住功能向绿色、低碳、健康、智慧、宜居的方向迈进。《标准》贯彻落实国家民生领域发展战略要求,坚持以保障人民群众的安全与利益为出发点,切实把握人民群众对美好生活的向往,将实现好、维护好、发展好最广大人民根本利益作为修订工作的出发点和落脚点。

《标准》借鉴国外经验,对标国际、国外先进标准,在考虑地方差异的情况下,注重中国特色,并充分吸收新理念、新技术等,在适用、环境、经济、安全、耐久等方面做到部分指标适度超前,进而促进住宅建筑建设水平全面提升。该领域专家组一致认为,《标准》为我国住宅性能评定及住宅品质提升提供了重要的技术依据,总体达到国际先进水平。

4.2 构建新时代住宅性能评定技术体系,推进"新时代好房子"建设

解决住宅质量通病是建设"好房子"的重要环节,各省市针对治理住宅工程质量通病发布了系列政策指南,如《河北省工程实体质量常见问题防治措施指南(2019版)》《广东省住宅工程质量常见问题防治操作指南(试行)》等;同时,以保险的形式为住宅工程质量保驾护航,如《北京市住宅工程质量潜在缺陷保险暂行管理办法》《关于推行江苏省住宅工程质量潜在缺陷保险试点的实施意见(试行)》《上海市住宅工程质量潜在缺陷保险实施细则》《广州市住宅工程质量潜在缺陷保险管理暂行办法》《四川省住宅工程质量潜在缺陷保险试点实施办法》等。

《标准》基于"适用性能、环境性能、经济性能、安全性能、耐久性能"五大性能构建了住宅性能评定技术体系,可为住宅提供多维度、全过程、全专业的技术和方法保障。《标准》与各地政策方针、管理办法等相配套实施,全面、系统推进"新一代好房子"建设。

4.3 兼顾住宅新建与改造行业高质量发展,提升住房综合性能

我国城镇化发展由大规模增量建设转为存量提质改造和增量结构调整并重,进入了从"有没有"转向"好不好"的时期。《中华人民共和国国民经济和社会发展第十四个五年规划和2035年远景目标纲要》指出,加快推进城市更新,改造提升老旧小区、老旧街区和

城中村等存量片区功能,推进老旧楼宇改造。

解决新建住宅和老旧小区改造等人民群众的操心事、烦心事、揪心事,实现住宅行业高质量发展仍是住房和城乡建设领域的一项重要任务。《标准》覆盖新建和改建的城镇住宅和集中建设的农村住宅,积极推动新建住宅高质量建设,重点关注既有存量与可持续住房建设,以"室内无障碍设施与适老化"积极应对老龄化,以"隔声性能""室外噪声和空气污染""水体与排水系统""室内污染物控制"积极应对环境品质,以"智能化系统"实现住宅智慧快速发展,进而全面提升我国住房综合性能。

5 结语

新时期背景下,良好的住宅性能是人们关注的焦点,住宅除了满足人们基本的使用功能外,还需满足人们对安全耐久、健康舒适、生活便利、资源节约、环境宜居等方面的需求。对住宅性能进行评定,是鼓励建造"好房子"、促进住宅产业现代化、保障消费者权益的有效途径。《标准》的修订,对于全面提升住宅发展质量、不断满足人民群众日益增长的美好生活需要、促进经济社会持续健康发展,具有重要而深远的意义。努力让人民群众住上更好的房子,仍需多领域相关机构(行业主管部门、政府相关机构、科研院所、高等院校、房地产开发企业、设计单位、施工企业、监理单位、检测机构、相关设备产品及材料商、物业管理单位、住户等)共同努力推动。

作者:王清勤;范东叶;贾冠冠(中国建筑科学研究院有限公司)

国家标准《绿色建筑评价标准》GB/T 50378 住宅建筑部分要点解读

1 编制背景

国家标准《绿色建筑评价标准》GB/T 50378于2006年首次发布，后续历经两次全面修订，先后于2014年和2019年发布。两版标准明确了绿色建筑的定义、评价指标和评价方法，对评估建筑绿色程度、保障绿色建筑质量、规范和引导我国绿色建筑健康发展发挥了极其重要的作用。在国家和地方的多项强有力举措下，使我国绿色建筑呈现跨越式发展，绿色建筑由推荐性、引领性、示范性向强制性方向转变。我国绿色建筑实践工作稳步推进、绿色建筑发展效益明显，从国家到地方、从政府到公众，全社会对绿色建筑的理念、认识和需求逐步提高，绿色建筑评价蓬勃开展。国家标准《绿色建筑评价标准》GB/T 50378—2019（以下简称《标准》）自实施以来，对规范绿色建筑发展起到重要作用，对高品质住宅的设计和建设具有重要指导意义。

2 主要内容

《标准》结合新时代需求，坚持以人民为中心的发展思想，始终把增进民生福祉作为发展的根本目的，以百姓为视角，构建了具有中国特色和时代特色的绿色建筑指标，具体为：安全耐久、健康舒适、生活便利、资源节约、环境宜居。图1为《标准》技术指标体系。

2.1 星级绿色建筑（住宅）附加技术要求

《标准》第3.2.8条对星级绿色建筑提出附加技术要求。除了全装修、围护结构热工性能（建筑供暖空调负荷）、节水器具用水效率等级、室内主要空气污染物浓度降低比例、外窗气密性能等技术要求外，对于住宅建筑特别提出严寒和寒冷地区住宅建筑外窗传热系数降低比例和住宅建筑隔声性能的要求。

对于全装修，要求在交付前，住宅建筑内部墙面、顶面、地面全部铺贴、粉刷完成，门窗、固定家具、设备管线、开关插座及厨房、卫生间固定设施安装到位。《标准》第3.2.8条中附加技术要求详见表1。

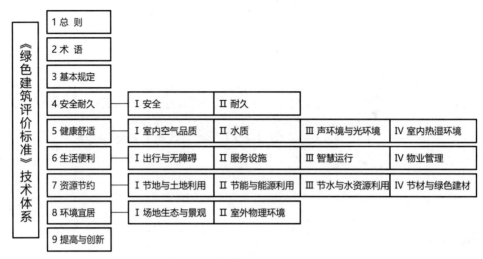

图 1 《标准》技术指标体系

《标准》第 3.2.8 条中附加技术要求　　　　　　　　　　　　　　表 1

类别	一星级	二星级	三星级
围护结构热工性能的提高比例，或建筑供暖空调负荷降低比例	围护结构提高 5%，或负荷降低 5%	围护结构提高 10%，或负荷降低 10%	围护结构提高 20%，或负荷降低 15%
严寒和寒冷地区住宅建筑外窗传热系数降低比例	5%	10%	20%
节水器具用水效率等级	3 级	2 级	2 级
住宅建筑隔声性能	—	室外与卧室之间、分户墙（楼板）两侧卧室之间的空气声隔声性能以及卧室楼板的撞击声隔声性能达到低要求标准限值和高要求标准限值的平均值	室外与卧室之间、分户墙（楼板）两侧卧室之间的空气声隔声性能以及卧室楼板的撞击声隔声性能达到高要求标准
室内主要空气污染物浓度降低比例	10%	20%	20%
外窗气密性能	符合国家现行相关节能设计标准的规定，且外窗洞口与外窗本体的结合部位应严密		

注：1. 围护结构热工性能的提高基准、严寒和寒冷地区住宅建筑外窗传热系数降低基准均为国家现行相关建筑节能设计标准的要求。
2. 住宅建筑隔声性能对应的标准为现行国家标准《民用建筑隔声设计规范》GB 50118。
3. 室内主要空气污染物包括氨、甲醛、苯、总挥发性有机物、氡、可吸入颗粒物等，其浓度降低基准为现行国家标准《室内空气质量标准》GB/T 18883 的有关要求。

2.2　安全耐久

安全耐久的要求主要有安全、耐久等方面。

安全要求：建筑场地应避开滑坡、泥石流等地质危险地段，易发生洪涝地区应有可靠的防洪涝基础设施，场地应无危险化学品、易燃易爆危险源的威胁，应无电磁辐射、含氡土壤的危害；建筑外墙、屋面、门窗、幕墙及外保温等围护结构应满足安全、耐久和防护的要求；鼓励采取措施提高阳台、外窗、窗台、防护栏杆等安全防护水平；鼓励采用具有安全防护功能的玻璃和门窗。

耐久要求：外遮阳、太阳能设施、空调室外机位、外墙花池等外部设施应与建筑主体结构统一设计、施工，并应具备安装、检修与维护条件；卫生间、浴室的地面应设置防水层，墙面、顶棚应设置防潮层；鼓励使用耐腐蚀、抗老化、耐久性能好的管材、管线、管件；鼓励采用耐久性能好、易维护的建筑结构材料、装饰装修建筑材料。

2.3 健康舒适

健康舒适的要求主要有室内空气品质、水质、声环境与光环境、室内热湿环境等方面。

室内空气品质要求：应采取措施避免厨房、卫生间、地下车库等区域的空气和污染物串通到其他空间，并应防止厨房、卫生间的排气倒灌；鼓励控制室内空气中的氨、甲醛、苯、总挥发性有机物、氡等污染物浓度比现行国家标准《室内空气质量标准》GB/T 18883 规定限值降低 20%；鼓励控制室内 $PM_{2.5}$ 年均浓度不高于 $25\mu g/m^3$、室内 PM_{10} 年均浓度不高于 $50\mu g/m^3$；鼓励选用满足国家现行绿色产品评价标准中对有害物质限量要求的装饰装修材料达到 5 类及以上。

水质要求：生活饮用水水质应满足现行国家标准《生活饮用水卫生标准》GB 5749 的要求；应制定水池、水箱等储水设施定期清洗消毒计划并实施，且生活饮用水储水设施每半年清洗消毒应不少于 1 次；应使用构造内自带水封的便器，且其水封深度应不小于 50mm；非传统水源管道和设备应设置明确、清晰的永久性标识。

声环境与光环境要求：室内噪声级，以及外墙、隔墙、楼板和门窗的隔声性能应满足现行国家标准的要求；鼓励采取措施优化主要功能房间的室内声环境；人员长期停留的场所应采用无危险类照明产品；鼓励住宅充分利用天然光，主要功能房间有眩光控制措施。

室内热湿环境要求：采用集中供暖空调系统的建筑，房间内的温度、湿度、新风量等设计参数应符合现行国家标准的有关规定，采用非集中供暖空调系统的建筑，应具有保障室内热环境的措施或预留条件；主要功能房间应具有现场独立控制的热环境调节装置；鼓励优化建筑空间和平面布局，改善自然通风效果；鼓励设置可调节遮阳设施，改善室内热舒适性。

2.4 生活便利

生活便利的要求主要有出行与无障碍、服务设施、智慧运行、物业管理等方面。

出行与无障碍要求：建筑、室外场地、公共绿地、城市道路相互之间应设置连贯的无障碍步行系统；场地人行出入口 500m 内应设有公共交通站点或配备联系公共交通站点的专用接驳车；停车场应具有电动汽车充电设施或具备充电设施的安装条件，并应合理设置电动汽车和无障碍汽车停车位；自行车停车场所应位置合理、方便出入。

服务设施要求：应提供便利的公共服务，鼓励住宅建筑场地出入口到达幼儿园、小学、中学、医院、群众文化活动设施及老年人日间照料设施的步行距离不大于300m、500m、1000m、1000m、800m和500m，鼓励场地周边500m范围内具有不少于3种商业服务设施；合理设置健身场地和空间，鼓励设置宽度不小于1.25m的专用健身慢行道，鼓励楼梯间具有天然采光和良好的视野。

智慧运行要求：建筑设备管理系统应具有自动监控管理功能；鼓励设置分类、分级用能自动远传计量系统及能源管理系统，实现对建筑能耗的监测、数据分析和管理；鼓励设置 PM_{10}、$PM_{2.5}$、CO_2 浓度的空气质量监测系统；鼓励设置用水远传计量系统、水质在线监测系统，以及具有家电控制、远程监控等功能的智能化服务系统等。

物业管理要求：鼓励制定完善的节能、节水、节材、绿化的操作规程、应急预案，实施能源资源管理激励机制；定期对建筑运营效果进行评估，鼓励制定绿色建筑运营效果评估的技术方案和计划，定期开展节能诊断评估；鼓励建立绿色教育宣传和实践机制，编制绿色设施使用手册，每年组织不少于2次的绿色建筑技术宣传、绿色生活引导、灾害应急演练等绿色教育宣传和实践活动。

2.5 资源节约

资源节约的要求主要有节地与土地利用、节能与能源利用、节水与水资源利用、节材与绿色建材等方面。

节地与土地利用要求：应节约集约利用土地，合理开发利用地下空间；鼓励采用机械式停车设施、地下停车库或地面停车楼等方式，且建筑地面停车位数量与住宅总套数的比率小于10%。

节能与能源利用要求：应结合场地自然条件和住宅建筑功能需求，对建筑进行节能设计；公共区域的照明系统应采用分区、定时、感应等节能控制，采光区域的照明控制应独立于其他区域的照明控制；垂直电梯应采取群控、变频调速或能量反馈等节能措施；鼓励使用更高能效的空调产品；鼓励结合当地气候和自然资源条件合理利用可再生能源。

节水与水资源利用要求：用水器具和设备应满足节水产品的要求，鼓励使用1级用水效率等级的卫生器具；鼓励采用节水灌溉系统；鼓励结合雨水综合利用设施营造室外景观水体且采用保障水体水质的生态水处理技术；鼓励采用非传统水源进行绿化灌溉、车库及道路冲洗、洗车、冲厕。

节材与绿色建材要求：建筑造型要素应简约，应无大量装饰性构件，住宅建筑的装饰性构件造价与建筑总造价的比例不应大于2%；鼓励建筑所有区域实施土建工程与装修工程一体化设计及施工；鼓励建筑装修选用工业化内装部品；鼓励绿色建材应用比例达到30%以上。

2.6 环境宜居

环境宜居的要求主要有场地生态与景观、室外物理环境等方面。

场地生态与景观要求：场地内不应有排放超标的污染源；场地的竖向设计应有利于雨水的收集或排放，应有效组织雨水的下渗、滞蓄或再利用；生活垃圾应分类收集，垃圾容器和收集点的设置应合理并应与周围景观协调；应合理选择绿化方式，植物种植应适应当地气候和土壤，且应无毒害、易维护，并应采用复层绿化方式；鼓励充分利用场地空间设置绿化用地，鼓励住宅建筑绿地率达到规划指标105%及以上，鼓励合理增加住宅建筑所在居住街坊内人均集中绿地面积。

室外物理环境要求：建筑规划布局应满足日照标准，且不得降低周边建筑的日照标准；室外热环境应满足国家现行有关标准的要求；建筑及照明设计应避免产生光污染；鼓励场地内风环境有利于室外行走、活动舒适和建筑的自然通风；鼓励住宅建筑场地中处于建筑阴影区外的步道、游憩场、庭院、广场等室外活动场地设有乔木、花架等遮阴措施的面积比例达到30%以上。

3 技术亮点

《标准》集成了建筑科技发展中的新技术、新理念，取得了良好的环境效益、社会效益和经济效益，技术亮点如下。

（1）构建绿色建筑评价五维指标体系

《标准》以建立新时代绿色建筑供给体系、推动绿色建筑高质量发展为目标，创新性地构建了"安全耐久、健康舒适、生活便利、资源节约、环境宜居"的绿色建筑评价五维指标体系。该体系更加强调健康舒适、全龄友好、宜居便捷、节资减排、智慧管理。健康舒适方面，提升了对空气品质、水质安全、声光热湿环境等要求；全龄友好方面，更加强调无障碍步行系统、公共场地无障碍设计等要求；宜居便捷方面，更加强调绿地覆盖、公共服务配套、场地生态等要求；节资减排方面，更加强调垃圾收集与处理、水资源节约、超低能耗等要求；智慧管理方面，更加强调实时监控、智能精准化服务等要求。五维绿色建筑技术体系拓展了绿色建筑的内涵，兼顾了城市和乡村、东部和西部的平衡发展需求，有效保障了绿色建筑技术措施落地和绿色建筑运行实效。

（2）建立绿色建筑低碳技术体系

《标准》以降低建筑全生命期的碳排放为目标，建立了以可再生能源、高性能围护结构、绿色建材、绿色施工为核心的绿色建筑低碳技术体系，首次在综合性建筑标准中提出进行建筑碳排放计算分析、采取措施降低单位建筑面积碳排放强度的要求。对围护结构热工性能、用能系统能效等设定了控制性、提升性、创新性的不同层级要求，大力鼓励以太阳能光伏、光热、地源热泵等在内的可再生能源应用，整体强化了绿色建筑的节能、可再生能源利用水平，提高了绿色建材、本地建材、绿色施工等方面的要求。

（3）创建绿色建筑室内环境保障系统

《标准》响应"健康中国"战略，以建设健康人居环境为目标，构建了以空气品质、水质、声环境、光环境、热湿环境为核心的绿色建筑室内环境保障系统。基于人群疾病负担理论首次提出了室内$PM_{2.5}$和PM_{10}年均浓度控制限值，要求室内主要空气污染物浓度降低10%~20%。提出了以全装修为前提，以各种装修材料、家具制品污染物释放特征为基础，以"总量控制"为原则的空气污染物预评估新方法。配备了空气质量及水质在线监测系统,室内环境质量全面提升,提高了建筑使用者对舒适性指标的量化可感知性。

(4) 开创绿色建筑智能运行维护技术体系

《标准》为顺应建筑智能化趋势,以提高建筑管理精细化、使用智慧化为目标,提出配置建筑能源、空气质量、水质在线监测系统,具有家电控制、照明控制、设备控制、安全报警等建筑服务功能,鼓励运用智慧化手段进行物业管理、应用建筑信息模型技术优化建筑设计、施工和运行,系统给出了建筑智能化的技术要求,提高了建筑管理的精细化和使用的智慧化水平。

4 实施情况

《标准》作为我国首部多目标、多层次的绿色建筑综合性技术标准,在推进绿色建筑高质量发展方面发挥了重要作用,有效指导全国27个省、市、自治区及香港、澳门等地区制定地方标准,规范和引导我国绿色建筑发展。

《标准》作为我国绿色建筑设计、施工、检测、验收、运维全过程系列标准的"母标准",有效带动我国绿色建筑实现了从无到有、从局部到全面、从跟跑到领跑的巨变,在贯彻落实国家绿色发展理念,推动城市高质量发展中发挥重要作用。

《标准》作为全国绿色建筑设计、施工图审查和评价工作的重要依据,为广大设计人员和标识评价专家提供了指导和依据,促进了我国绿色建筑的高质量发展,取得了良好的环境效益、社会效益和经济效益。

截至2022年底,全国累计建成绿色建筑面积超过100亿 m^2,2022年当年城镇新建绿色建筑占新建建筑的比例达到90%左右,绿色建材评价认证和推广应用稳步推进,政府采购支持绿色建筑和绿色建材应用试点持续深化。

5 结语

作为推动城市高质量发展的重点标准之一,国家标准《绿色建筑评价标准》GB/T 50378已经历经"三版两修"。根据住房和城乡建设部《关于印发2022年工程建设规范标准编制及相关工作计划的通知》,由中国建筑科学研究院有限公司会同有关单位开展《标准》局部修订工作。新一轮局部修订工作将进一步完善新时代绿色建筑技术体系,增强绿色建筑低碳效应,强化健康舒适、资源节约、环境宜居等与百姓生活息息相关的指标措施,以建筑科技赋能绿色建筑,进一步提升住宅品质,有力支撑好房子建设,满足人民群众美好生活需要。

作者:王清勤;李国柱;姜波;孟冲;马静越;王帅(中国建筑科学研究院有限公司)

国家标准《民用建筑隔声设计标准》GB 50118 住宅建筑部分要点解读

1 编制背景

1.1 任务来源

根据住房和城乡建设部《关于印发 2019 年工程建设规范和标准编制及相关工作计划的通知》,《民用建筑隔声设计规范》(以下简称《标准》)列入制修订计划,主要修订内容包括调整住宅建筑空气声隔声和撞击声隔声性能指标的低限要求,增加住宅建筑含窗外墙的隔声性能要求;研究增加建筑室内外振源振动等引起的结构噪声限值和控制措施等。由于《标准》尚未发布,本文基于《标准》(报批稿)相关内容编写。

1.2 修订思路和原则

(1)明确民用建筑隔声设计的底线要求

在《民用建筑隔声设计规范》GB 50118—2010(以下简称《标准》(2010 版))中,对各类型建筑的指标要求划分了不同的等级。学校建筑各类声学指标只有一个等级,旅馆建筑有三个等级,其他类型建筑有两个等级。本次修订依据"国家标准管底线"的原则,将所有类型的声学指标均调整为只有一个等级。

(2)和强制性工程建设规范相协调

《标准》修订过程中,我国正启动工程建设领域强制性工程建设规范的研编和编制工作。《标准》中的主要内容应与强制性工程建设规范协调一致。

2 主要内容

《标准》是我国建筑声学领域的一本基础标准,规定了住宅建筑、学校建筑、医院建筑、旅馆建筑、办公建筑、商业建筑六种建筑类型的隔声设计相关内容,本文主要就住宅建筑部分进行解读。

2.1 室内噪声限值

在《标准》(2010版)中,对于住宅建筑或其他类型建筑的室内噪声限值,不区分噪声来源,规定了一个统一限值。在住宅建筑部分,强制性条文规定卧室昼间噪声级不应大于45dB,夜间噪声级不应大于37dB,起居室噪声级不应大于45dB。另外还规定了高要求住宅卧室昼间噪声级不应大于40dB,夜间噪声级不应大于30dB,起居室噪声级不应大于40dB。

此外,《标准》(2010版)的室内噪声限值不区分噪声源类型,是住宅建筑所有噪声源应达到的要求。实施过程中,发现不同类型的噪声源,由于其噪声频谱特性、作用时段、测量方法、居住者是否能控制等多重因素的影响,如果对室内噪声限值仅规定相同限值,对于有些类型的噪声干扰,比如电梯、水泵等产生的结构噪声,常常会出现达标扰民的情况。

本次修订将住宅建筑的室内噪声级按噪声来源和传播方式的不同分为3类限值,包括室外声源传入噪声、建筑内部设备噪声和建筑设备结构噪声,而且将原来的两个等级调整为一个等级。随着强制性工程建设规范的编制,室外声源传入噪声、建筑内部设备噪声两类限值写入了《建筑环境通用规范》中,建筑设备结构噪声限值写入了《住宅项目规范》中。

室外声源传入噪声限值部分,卧室限值为昼间不超过40dB,夜间为8h等效声级不超过30dB,如果住宅位于2~4类声环境功能区,夜间8h等效声级允许放宽,至多放宽5dB。

建筑内部设备噪声限值部分,卧室限值为设备运行时不超过33dB,起居室限值为设备运行时不超过40dB。

建筑设备结构噪声限值见表1。

卧室、起居室内的建筑设备结构噪声限值　　表1

房间名称	倍频带等效声压级 $L_{eq,1/1}$ (dB)				低频等效声级 $L_{Aeq,T,L}$ (dB)
	31.5Hz	63Hz	125Hz	250Hz	
卧室	72	55	43	35	30
起居室	76	59	48	39	35

2.2 隔声性能限值

(1) 卧室分户墙与分户楼板空气声隔声性能提升5dB

《标准》(2010版)中对分户楼板和分户墙不区分其两侧房间的使用功能,统一规定为强制性要求45dB,高要求住宅50dB。本次修订,对分户墙和分户楼板的隔声性能指标进行细化,卧室之间的分户墙与分户楼板的空气声隔声性能从45dB提升到50dB,其他分户墙和分户楼板的空气声隔声性能从45dB提升到48dB,且建成后现场检测需达到的要求纳入强制性工程建设规范《住宅项目规范》中。

修订后的卧室分户墙与分户楼板空气声隔声性能和国外相关国家相比（表2），基本达到国外发达国家水平。

报批稿与国外空气声隔声性能指标对比　　表2

国家	分户墙、分户楼板隔声要求	备注
中国（报批稿）	$R_w + C > 50dB$（卧室）	—
	$R_w + C > 48dB$（其他）	
英国（Approved Document E）	$D_{nT,w} + C_{tr} \geq 45dB$（新建住宅）	频谱修正量为C_{tr}，低频要求高。与报批稿要求接近甚至更高。
	$D_{nT,w} + C_{tr} \geq 43dB$（改建住宅）	
澳大利亚（Building Code of Australia）	$R_w + C_{tr} \geq 50dB$	频谱修正量为C_{tr}，低频要求高。高于报批稿要求
德国（DIN 4109—1：2018）	$R'_w \geq 54dB$（分户楼板）	高于报批稿要求
	$R'_w \geq 53dB$（分户墙）	
美国（International Building Code 2015）	$STC \geq 50dB$（实验室）	与报批稿基本一致
	$ASTC \geq 45dB$（现场）	
加拿大（National Building Code of Canada 2015）	$ASTC \geq 47dB$（现场）	与报批稿要求一致或更高
	$STC \geq 50dB$（实验室）	
	$STC \geq 55dB$（住宅与电梯之间墙体）	

（2）临街住宅建筑朝交通干线侧卧室外门窗隔声性能提升5dB

对住宅外门窗的空气声隔声性能进行提升，旨在降低室外环境噪声对住宅居住空间的干扰。本次修订对临街住宅建筑朝交通干线侧卧室外门窗、其他非交通干线两侧外窗的空气声隔声性能，均提高了5dB；对于交通干线两侧起居室的外窗和未封闭阳台的外门的空气声隔声性能，未提高要求。主要是考虑住宅卧室夜间室内噪声等效声级提高后，外窗作为卧室空气声隔声性能最薄弱的环节，应提高其空气声隔声性能，以缓解外部环境噪声对卧室室内的噪声干扰。目前，随着建筑节能要求的进一步提高，这些年来，外窗的空气声隔声性能也被动得到了一定的提高，但是，由于诸多门窗厂家进行门窗产品设计和生产时，对其隔声性能研发、设计水平不够，导致目前市场上常规外窗产品其计权隔声量与交通噪声频谱修正量之和（$R_w + C_{tr}$）能够达到35dB的并不是很多，因此本次修订仅对临街卧室的隔声性能提高了要求。随着对隔声性能要求的提高，门窗生产厂家行业会加速低隔声量门窗的淘汰，催生出满足上述隔声要求的产品。

（3）卧室、起居室分户楼板的撞击声隔声性能大幅提升10dB

《标准》（2010版）中限值和国外标准相比，住宅卧室、起居室分户楼板的撞击声隔声性能限值有较大差距，且还通过"注"的形式，为毛坯交房的住宅进一步放宽了标准限值。这是根据我国当时经济和建筑技术水平的实际情况，综合考虑国内商品房和保障性住房的不同特点及供给原则确定的。近年来，随着居住者对室内声环境品质的关注，且住宅建筑的户型出现许多大跨度、薄楼板，其撞击声隔声性能确实较差，导致楼板撞击声隔声问题越来越凸显出来。根据近年来绿色建筑、高品质住宅推行的实践经验，在卧室、起居室内采取措施改善撞击声隔声性能，在技术上是可行的，建筑成本增加幅度也很小。

修订后的卧室、起居室分户楼板撞击声隔声性能和国外相关国家相比（表3），基本达到国外发达国家水平。

报批稿与国外撞击声隔声性能指标对比　　　　表3

国家	分户楼板撞击声隔声要求
中国（报批稿）	$L_{n,w} < 65dB$
英国（Approved Document E）	$L'_{nT,w} \leq 62dB$（新建住宅）
	$L'_{nT,w} \leq 64dB$（改建住宅）
澳大利亚（Building Code of Australia）	$L'_{nT,w} \leq 62dB$
德国（DIN 4109—1：2018）	$L'_{nT,w} \leq 50dB$
美国（International Building Code 2015）	$IIC \geq 50dB$（实验室）相当于$L_{n,w} \leq 60dB$
	$FIIC \geq 45dB$（现场）相当于$L'_{nT,w} \leq 65dB$
加拿大（National Building Code of Canada 2015）	$IIC \geq 55dB$（实验室）相当于$L_{n,w} \leq 55dB$

2.3　隔声减噪设计

在本节，主要增加条文有第4.3.3条："住宅卧室、起居室的分户楼板应对结构楼板采取铺设浮筑楼面或其他构造措施改善分户楼板撞击声隔声性能。"增加本条主要是因为本次修订大幅提升了分户楼板撞击声隔声性能，国内住宅现场隔声测量调查表明，厚度在120~150mm的光裸混凝土楼板的计权标准化撞击声压级通常为80dB左右，住宅光裸混凝土楼板如果不做隔声处理，达不到第4.2.5条的规定。因此，要使楼板的计权标准化撞击声压级不超过65dB，在建筑设计时就需要考虑对楼板采取必要的隔声措施。

本节还增加第4.3.12条："设置设备层的住宅建筑，在结构设计时设备层楼板应预留采取隔振隔声措施的荷载条件，并应对设备采取隔振和隔声措施使相邻楼层噪声敏感房间内建筑设备噪声及建筑设备结构噪声均达标。"增加本条主要是因为超高层住宅和部分高层住宅，通常设置设备层来满足建筑设备安装的需要，设备层设置各类建筑设备以及与之相连接的各种管道都是产生和传播建筑设备结构噪声的主要通道。对于设备层的楼板应特殊设计，进行结构设计时，不能仅考虑设备荷载，还有预留隔振处理措施的荷载条件，避免要进行隔振降噪设计时，楼板承重出现问题。

设备层楼板由于设备众多，对单台设备采取隔振措施很难起到良好的效果，通过对整个设备层设置浮筑楼板构造，是较为经济可行的隔振降噪方式。浮筑楼板隔振垫层的选择应充分考虑设备荷载、浮筑面层自重等因素通过隔振计算确定；浮筑面层的结构设计应考虑设备荷载、管线荷载以及设备和管线的隔振隔声要求。

3 技术亮点

《标准》修订过程中，积极回应民众关心的住宅建筑噪声问题（图1），对反映最强烈的楼板撞击声隔声问题，反映较为突出的房间之间空气声隔声问题、外围护结构隔声问题、楼内设备结构噪声问题等方面均进行了重点研究和指标提升。品质提升技术亮点主要包括：

第4题：4.您的家庭受到哪些噪声干扰（多选）【多选题】		小计	比例
楼上脚步声	楼板撞击声隔声问题	2537	14.91%
楼上拖动桌椅	楼板撞击声隔声问题	2483	14.61%
楼上重物掉落	楼板撞击声隔声问题	2463	14.56%
楼上小孩跑跳运动	楼板撞击声隔声问题	2267	13.38%
卫生间下水道冲水声	排水噪声问题	1601	9.43%
邻居剁菜板声		1471	8.66%
邻居讲话声	房间之间空气声隔声问题	1318	7.78%
室外交通或工厂噪声	外围护结构隔声问题	707	4.12%
邻居电视声	房间之间空气声隔声问题	653	3.83%
楼内设备噪声	结构噪声	611	3.59%
邻居练习乐器声	房间之间空气声隔声问题	599	3.59%
其他		260	1.53%

图1 家庭噪声干扰调研统计分析

1）室外声源传入噪声限值对标世界卫生组织（WHO）1999年版的环境噪声指南（Guidelines for Community Noise 1999）中有关住宅室内噪声的推荐值。同时考虑国情，参考相关指南，对2~4类声环境功能区适当放宽。

2）增加了建筑设备结构噪声限值。近年来，建筑设备结构噪声导致的住宅建筑室内噪声污染是人民群众反映最为强烈的室内声环境投诉内容。本次修订，针对住宅楼内公用设备设施产生的结构噪声，专门规定了噪声限值和测量方法。

3）住宅隔声标准大幅提高。在本次修订的住宅隔声章节，对住宅建筑大部分围护结构的隔声性能，特别是为保障睡眠的卧室相关的围护结构隔声性能均进行了提升，以实现人民对宁静、和谐、美丽生活的向往，并保证住户之间的私密性。

4 结语

为满足人民群众对美好生活的向往，以努力让人民群众住上更好的房子为目标，《标准》对住宅建筑的声学性能指标进行了大幅度提升，关键技术指标均对比国际先进水平，相关重要条款也纳入了相关的强制性工程建设规范，随着《标准》的发布和实施，我国住宅建筑的声环境水平将会显著提升。但是，从设计指标提升，到实现住宅建筑声环境水平真正提升，还需要各种配套政策的落实，以及各种技术措施的研发和实际工程示范应用，仍需建设住宅建筑所有相关参与方的共同努力。

作者：闫国军[1,2]；吴伟斌[1,2]；赵启元[1,2]；刘青云[1,2]；陈钊贤[1]（1 中国建筑科学研究院有限公司；2 建科环能科技有限公司）

行业标准《住宅整体厨房》JG/T 184、《住宅整体卫浴间》JG/T 183 要点解读

1 编制背景

《住宅整体厨房》JG/T 184—2011、《住宅整体卫浴间》JG/T 183—2011 是我国首部有关厨房、卫浴间现行的行业标准，它的发布实施结束了我国长期以来住宅厨房、卫浴间建设，包括建筑设计、安装施工、工程验收，以及厨卫配套产品开发由于没有行业标准而缺乏技术依据的局面。这两项标准的编制及发布实施，对我国建设资源节约型社会和环境友好型社会，推动住宅产业现代化、商品住宅装修一次到位，以及扩大厨卫产品和家电产品标准化、生产规模，降低生产成本，从而促进整个产业链的整合，具有十分重要的现实意义。

（1）有利于建设资源节约型社会和环境友好型社会

国家提出建设资源节约型社会和环境友好型社会，都牵涉厨房、卫生间建设问题。目前，我国厨卫装修过程中建材浪费巨大，按新建的住宅每户在厨卫装修工程中产生 200kg 建筑垃圾计算，每年在住宅装修过程中厨房卫生间产生的建筑垃圾约 260 万吨，浪费数量十分惊人。因此，解决厨卫资源浪费问题对建设资源节约型社会和环境友好型社会十分重要。

（2）有利于推动商品住宅装修一次到位

中华人民共和国建设部令第 110 号《住宅室内装饰装修管理办法》和《商品房装修一次到位实施细则》（以下简称《实施细则》）已发布实施。《实施细则》的贯彻执行是成套厨卫设备由零售市场向工程配套市场转移的推动力。"实施细则"对于厨卫装修具体要求是：商品房在交钥匙前，所有功能空间的固定面全部铺装或粉刷完成，厨房卫生间基本设备全部安装完成。厨房卫生间标准有利于实施商品房精装修一次到位。

（3）有利于推动 90m² 以下中小户型建设及解决好中小套型住宅中厨卫存在的问题

《关于落实新建住房结构比例要求的若干意见》提出，90m² 中小套型住宅建设成为住宅开发的主力户型。由于中小套型住宅起步晚，工程中普遍存在的厨卫设施与建筑不配套，厨房卫生间存在污染严重、功能不全、管线混乱、标准不统一、科技含量低等问题。通过应用这两项标准开展中小套型住宅厨卫建筑设计、施工安装，以及相关技术产品研

发，能够有效推动 90m² 中小套型住宅建设健康发展。

2 主要内容

（1）《住宅整体厨房》

《住宅整体厨房》对厨房建筑空间标准化、厨房建筑空间与设备之间的模数协调、管线接口综合设计定尺定位、厨房施工的安装精度误差、厨房设备的安全环保五个重要方面提出技术要求，将厨房的建筑平面空间规定为22种类型，同时对用于厨房的设备、电器等产品尺寸规格进行了严格规范，促使国内橱柜、灶具、燃气热水器、水槽、厨用电器等产业走向规范与成熟。

（2）《住宅整体卫浴间》

《住宅整体卫浴间》对卫浴间的建筑空间的标准化、卫浴建筑空间与设备之间的模数协调、管线接口综合设计定尺定位、卫浴间施工的安装精度误差以及卫浴设备的安全环保提出了要求，推荐了18种卫浴间可采用的布局形式。

3 技术亮点

（1）提出成套性、通用性、互换性、扩展性概念

互换性是机械制造行业的概念，标准编制单位将互换性概念首次引入建筑业的整体厨房与整体卫浴产品。

（2）在厨卫领域使建筑业和制造业两大产业部门协调发展

国内涉及厨卫方面的建筑业与制造业两大产业部门不协调，分别执行各自的不同标准，没有形成完整的产业链，影响了住宅建设中厨卫功能与质量。这两部标准的发布实施，使建筑业和制造业在厨卫领域有了共同遵循的统一标准，有效解决了厨卫建设工作中的关键技术难题。

一是实现了住宅厨房、卫浴间建筑设计中的平面布局标准化。根据编制单位进行的调查研究，确定和推荐符合我国国情的厨卫平面尺寸。标准中明确了厨房面积及布置形式、厨房家具及设备标志尺寸，对住宅厨卫空间布局进行设计优化。同时，对厨房家具和厨房设备分类、要求、实验方法、检验规则等也作了详细的规定。

二是解决了管线的布置和综合定位问题，即对管线综合设计、接口的定尺定位设计和施工精度误差限提出要求。

三是解决了电器和橱柜的协调问题，对厨房中的灶台、操作台、消毒柜、洗碗机、嵌入式厨用冰箱、烤箱、吸油烟机等设备的尺寸及预留空间作出具体的规定。在厨卫标准化工作领域将工程建设标准、设备设施产品标准和施工技术、验收等有机结合，从而提高标准的可操作性。

4 实施情况

2022 年我国整体厨房市场规模已达 400 亿元左右，然而我国约 1 亿户城市居民家庭中，整体厨房拥有率仅为 6.8%，这个数字远远低于欧美发达国家 35% 的平均水平，行业未来市场增长空间巨大，根据预测，未来 5 年我国整体厨房的需求总量或意向购买量约为 2900 万套，平均每年 580 万套。

厨卫是一个新兴行业，发展历史不长。厨卫行业目前存在产品标准化低、工业化程度低，成本居高不下，产品质量不均衡等问题，缺少一个将建筑业、家具业和家电业统一协调起来的切实可行的标准。

《住宅整体厨房》和《住宅整体卫浴间》标准的编制提高了我国厨卫行业的标准化程度，海尔、方太等规模化企业在此基础上编制了企业标准，并采用了基于标准化设计的计算机辅助设计营销软件。建设系统和许多省市针对厨卫产品工程配套，开始推行产品认证制度和施工验收监理制度。厨卫行业已开始向标准化、规模化方向发展。

5 结语

《住宅整体厨房》和《住宅整体卫浴间》的发布实施，为实现住房和城乡建设部提出的商品房装修一次到位政策要求提供了有力的技术支撑，有利于推动住宅产业现代化的发展。在厨卫领域，使建筑业的发展有效拉动制造业的发展，为厨卫设备制造、厨卫装修业的市场开拓提供技术基础。

作者：林润泉[1]；李昶锋[2]；李雪刚[3]；洪敬忠[4]；李垚曦[5]（1 住房和城乡建设政策研究中心；2 中国工程建设标准化协会厨卫专业委员会；3 北京首都机场节能技术服务有限公司；4 北京城建安装集团有限公司；5 广东澄一科技有限公司）

地方标准《海南省安居房建设技术标准》DBJ 46—062 要点解读

1 编制背景

住房问题关系千家万户切身利益。习近平总书记多次作出重要指示批示，要求完善住房保障体系，解决好大城市住房突出问题。中央政治局会议、中央经济工作会议也多次对住房保障工作作出重要部署，提出要推进保障性住房建设，有效增加保障性住房供给。海南省委、省政府高度重视住房保障工作，把解决好本地居民和引进人才住房问题作为海南自由贸易港最重要的民生工程之一，积极探索推进住房保障领域实践创新。2021年底，《海南自由贸易港安居房建设和管理若干规定》出台，将安居房明确为共有产权性质的保障性住房，安居房现已成为目前海南唯一一类配售型保障性住房。

开展安居房建设，目的是让符合没有住房或住房困难等相关条件的本地居民和各类引进人才，能拥有一套属于自己的安居住房，让本地居民和各类人才在海南干事生活有奔头，建设"买得起、住得好、性价比高"的安居房是以人民为中心，全力保障和改善民生、维护社会稳定的重要举措。

《海南省安居房建设技术标准》DBJ 46—062—2022（以下简称《标准》）在编制过程中通过深入思考安居房"需要建成什么样"，如何保障安居房"建得好、管得好、用得好"，对安居房建设作出更具体的规定，以规范安居房建设基本要求，使安居房适应人民群众的居住需求，确保人民群众"住得好"，持续增进海南省住房保障领域的民生福祉，切实增强本地居民和引进人才的获得感、幸福感、安全感，《标准》的发布为海南省安居房建设"一盘棋"提供了"一张版"打样。

2 主要内容

《标准》适用于海南省新建、改建、扩建安居房的建设和运行维护，共有11章和3个附录（图1），包括：1.总则；2.术语；3.基本规定；4.项目策划；5.规划与配套；6.建筑设计；7.结构设计；8.建筑设备；9.装饰装修；10.验收与交付；11.运行维护；附录A 公共部分装修标准参照表；附录B 套内空间装修标准参照表；附录C 智能化系统配置标准参照表。

公共部位和套内空间的装修、智能化配置对造价和居住体验获得感影响较大，《标准》对其提出了参照标准，坚持了安居房建设初衷，兼顾品质与经济性。同时，《标准》从调研阶段开始即提出调研需求，推动项目建设符合地区需求；提出设计任务书的关键指标范围，避免指标偏差过大；在设计、审查、施工、运行阶段都提出要求给予指导，从全生命期、全过程对安居房建设进行管控。

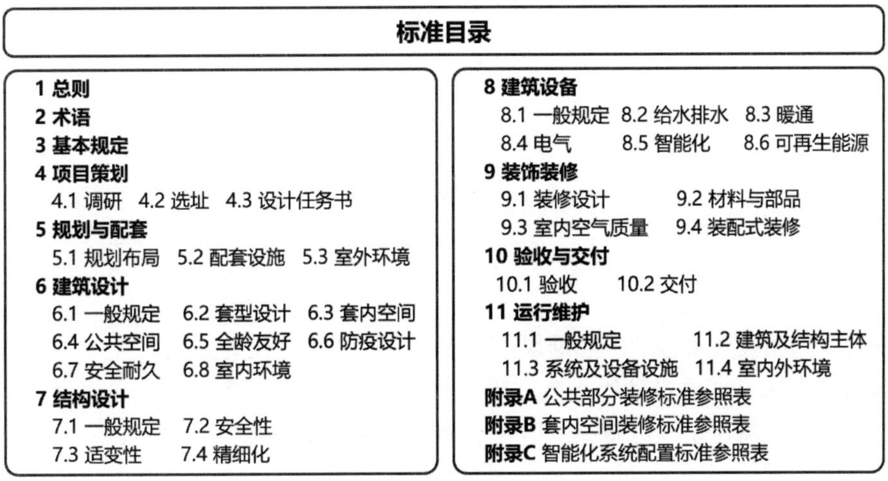

标准目录

1 总则
2 术语
3 基本规定
4 项目策划
　4.1 调研　4.2 选址　4.3 设计任务书
5 规划与配套
　5.1 规划布局　5.2 配套设施　5.3 室外环境
6 建筑设计
　6.1 一般规定　6.2 套型设计　6.3 套内空间
　6.4 公共空间　6.5 全龄友好　6.6 防疫设计
　6.7 安全耐久　6.8 室内环境
7 结构设计
　7.1 一般规定　7.2 安全性
　7.3 适变性　7.4 精细化
8 建筑设备
　8.1 一般规定　8.2 给水排水　8.3 暖通
　8.4 电气　8.5 智能化　8.6 可再生能源
9 装饰装修
　9.1 装修设计　9.2 材料与部品
　9.3 室内空气质量　9.4 装配式装修
10 验收与交付
　10.1 验收　10.2 交付
11 运行维护
　11.1 一般规定　11.2 建筑及结构主体
　11.3 系统及设备设施　11.4 室内外环境
附录A 公共部分装修标准参照表
附录B 套内空间装修标准参照表
附录C 智能化系统配置标准参照表

图 1　标准框架

3 技术亮点

《标准》编制遵循问题导向，根据海南地方特色，打造适合海南的宜居环境，通过选择适宜技术，兼顾经济性和品质，对全生命期进行把控，解决痛点问题。

编制组对安居房的问题进行了分类梳理，分为有海南特点的问题、全国性的痛点问题、时代焦点性的问题。有海南特点的问题包括高温、高湿、台风多发、构件管材容易腐蚀生锈和多蚊虫等问题；全国性的痛点问题包括装修污染和二次拆改、管道串味、房屋渗漏裂等问题；具有时代焦点性的问题包括老龄化的问题，人、物防坠落，推行装配式建设等问题。通过分析具体问题、调研居住需求，编制组提出"两高、两好、两节"的编制目标（图2），即"高品质、高耐久、好环境、好邻里、节资源、节房价"，建设舒适品质、安全耐久、健康宜居、全龄友好、绿色低碳、经济节约的安居房。

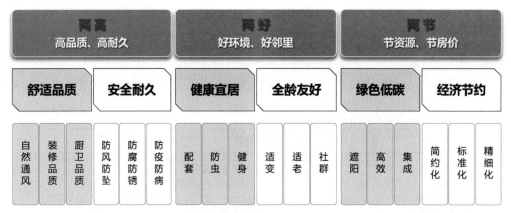

图2 标准目标与特色内容

3.1 舒适品质

舒适品质的相关要求包括自然通风、装修品质、厨卫品质等方面。

自然通风要求：宜适当利用下沉庭院、采光天井等空间设计，满足地下室自然通风、天然采光的需要；每户至少应有一个居住房间通风开口朝向主导风向，套内通风应设置两个方向的外窗。对起居室和卧室是否设置风扇灯一体化设备提出了要求，海南气候炎热，一方面，在餐厅用餐时更容易感受到燥热，且餐厅常与起居室相连，空间较大，空调制冷起效慢，使用感受不佳且能耗较大，因此要求餐厅应设置风扇灯一体化设备，提升热均匀度，改善使用感；另一方面，卧室使用空调时一般会为了提高制冷效果将门窗紧闭，空调设置定时关闭，入睡后常因室内升温和空气不流通导致睡眠体验较差，因此要求卧室可设置风扇灯一体化设备，提升热舒适性，改善睡眠体验。

装修品质要求：室内生活给水主立管及干管宜采用给水不锈钢管或钢塑复合管，支管宜采用PPR塑料管或符合饮用水卫生标准的其他管材，排水管道应采用建筑排水塑料管材或柔性接口机制排水铸铁管；电气设备应选用通过国家认证的产品，照明灯具、电气设备应选用节能型产品。

厨卫品质要求：卫生间、厨房应采用同层排水；每层设置污废水排水立管的检查口，底层排水宜单独排出；厨房应设置机械排油烟系统，卫生间应设置机械排风系统；细化厨卫装修设计要求，根据操作顺序合理布置储藏、洗、切、烹调等设施，提出厨房操作台、吊柜、操作距离、开关数量高度和卫生间淋浴区、洗面台、柜镜的尺寸要求。

3.2 安全耐久

安全耐久对防风防坠、防腐防锈、防疫防病三个方面提出了要求。

防风防坠要求：栏杆防护方面，平面布局尽量避免双面临空长外廊或采用不低于1.3m的实体栏板或半实体栏板；女儿墙、阳台、外廊防护栏杆宜使用实体栏板。出入口防坠落方面，建筑四周宜设置不少于3m宽的防坠落绿化隔离带，出入口上方应设置凸出外墙或阳台不小于1m的雨篷。地下室防水淹方面，出入口宜设于较高地坪处，防水反坡高度应适当提高。

防腐防锈要求：建筑内外装饰工程应选择防腐防锈性能好、耐久性好、不易结露、便于维护的建筑材料和建筑构造；预埋件的锚板及锚筋材料应按不同环境类别进行封闭或防腐、防锈、防火处理，满足耐久性要求；木地板周边和有湿气的底层地面应采用防潮防水处理措施，木方和毛地板必须做防腐处理，以细木工板或胶合板做底板时，底面应刷防腐剂。

防疫防病要求：居住街坊设置 AED 急救箱，标识明显并注明使用方法；居住街坊入口处宜设置缓冲空间，场地应满足消毒测温、救护车停放及运输患者的需要；入口附近应设置无接触配送快递存取柜放置场地；安居房单元入口处宜采用无接触门禁系统；优先选择构造内自带水封的设备，否则应在排水口以下设存水弯。

3.3 健康宜居

健康宜居的要求主要有配套、防虫、健身等方面。

配套要求：要求每个居住街坊均应配置智能信包箱，提供邮件快递件收寄、投递服务；对机动车和电动自行车的停车场所、挡雨设施、充电设施等提出了细化要求；合理设计垃圾清运路线，按垃圾分类收集原则配建垃圾收集设施，并对垃圾场地挡雨设施、给水排水冲洗设施、容器和运维工作提出了细化要求。

防虫要求：生活饮用水水箱应有消毒设施，采用不锈钢成品水箱，各管口设防虫网，人孔应密闭并设锁；细化地漏和水封要求，洗衣机和卫生间地漏应防干涸，不经常排水的地漏可采用水封补水措施；存水弯和水封深度不应小于 50mm，以阻断蟑螂等害虫通道，减少扩散，并使消毒杀虫效果持久，减少蚊虫繁殖。

健身要求：配建公用健身器材，儿童、老年人活动场地，并对配建指标、场地面积、铺装材料、遮阳设施、休息座椅等内容提出了细化要求；设置健身步道，结合步行道路及景观设计，起止位置应有明显标识，有夜间照明，地面采用适合运动的柔性材料。

3.4 全龄友好

全龄友好对适变、适老、社群这三个方面提出了要求。

适变要求：平面布局和功能应方便调整，套型具备空间灵活性与可变性，管井集中布置；宜采用大空间、轻质隔墙的方式进行空间划分，影响居室功能改变的位置不应布置竖向构件，并排卧室隔墙不宜设为承重墙；可变空间宜尽可能布置大板并结合暗梁为后续改造提供条件。

适老要求：入户层超过 4 层的建筑每个单元要求设可容纳担架电梯；建筑及场地设计应满足老幼通行需求，形成连续的无障碍系统，并对相关区域的地面防滑性能、防磕碰设计、高差等提出了要求；每个套型至少有一个卫生间和一个卧室设紧急求助呼救按钮。

社群要求：配置步行便捷可达的洗衣、维修、理发、水站、家政服务中心等便民服务设施；适当配置公共客厅、公共食堂、公共厨房、共享种植绿地等增强邻里交往的公共设施；户外活动场地不宜安排在住宅楼围成的"闭合"的户外空间内，以免活动噪声形成的混响声场造成干扰。

3.5 绿色低碳

绿色低碳的要求主要有遮阳、高效、集成等方面。

遮阳要求：外遮阳应采用建筑一体化设计与施工，与主体结构连接牢固，鼓励利用上层阳台、建筑水平构件和光伏构件遮阳；太阳能建筑一体化应用系统应与安居房建筑同步规划、同步建设、同步验收、同步交付使用；利用具备较好光照条件的建筑或公共区域设置太阳能光伏发电装置，就近消纳。

高效要求：空调室外机位置有良好的通风、散热环境，四周至少有两个朝向无墙体遮挡且能有效通风，有条件时宜背阴设置，当设置百叶等装饰性构件作为机罩时，应便于安装及拆卸；冷凝水应有组织地集中排放，有条件时可结合雨水回用系统对冷凝水进行回收利用。

集成要求：鼓励实施装配式装修，选用集成度高的系统化内装部品，可采用包括集成厨房、集成卫生间、集成吊顶、成品门窗等工厂化部品部件，并对各部位装配式部品部件提出了细化要求。

3.6 经济节约

经济节约从简约化、标准化、精细化这三个方向提出了要求。

简约化要求：建筑造型要素应简约，立面不应采用玻璃幕墙，对不具备遮阳、导光、导风等功能的飘板、格栅、构架等装饰性构件应控制使用。室内装修应遵循简约化、功能化、轻量化的设计理念，附录A和附录B从简约适用的出发点提出了公共部分和套内空间装修的基础档和提高档要求。

标准化要求：采用标准化户型，选用预制构件和装配式部品，建筑设计在模数协调的统一框架内进行，考虑楼型、套型和房间的通用化、模数化、标准化，以少规格、多组合的原则进行设计，减少部品部件种类的模数。

精细化要求：采用多套住宅组合的单元式布局，平面应集约紧凑，空间利用合理，得房率不宜低于75%；以可分居住空间数作为分类基准，提出了最小套内建筑面积、套型建筑面积区间和套型空间组成模式；结构布置宜规则、对称、质量分布和刚度分布均匀，两主轴方向的动力特性宜相近，竖向构件宜上下连续。

4 标准特点

《标准》编制过程中，编制组多次召开全体工作会，对全文进行逐条讨论，认真研究社会征求意见和专家评审意见后形成标准稿。《标准》具有以下特点：

（1）打造百姓可感知的高品质安居房

《标准》以百姓的获得感、幸福感、安全感为出发点，以建设百姓"省心、安心、舒心"的好房子、好社区为目标，强调功能适用、户型布局合理、环境宜居、配套设施齐全，提出措施保障装修品质、厨卫品质、材料安全耐久。

（2）以人为本为百姓建设健康宜居、全龄友好的安居房

《标准》以人为本，关注健康，保障安居房的空气质量、室内环境舒适度，设置健身场地及设施。从建筑空间可变、结构设计适变、厨卫易改造、适老等方面体现安居房的全龄友好。《标准》倡导共享理念，鼓励设置公共食堂、公共客厅、共享植物园等，营造良好新邻里关系。

（3）强调节能低碳，建设绿色可持续发展安居房

《标准》强调建筑节能、高效用水，单独设置"可再生能源"章节，有针对性地给出适宜不同区域、不同情况的相关措施。鼓励实施装配式装修，使用绿色建材、高强材料，采用一体化设计、管线分离、集成饰面层墙面、集成厨卫等。

（4）结合海南省经济发展水平，兼顾经济与品质

《标准》紧扣保障房建设需求，控制建设成本但不降低品质，在设计上力求简约而不简单。比如要求外饰面无纯装饰性构件且要求采用耐久性好的材料，通过标准化设计形成规模效益实现经济节约，通过精细化设计平衡节约材料用量与安全舒适间的关系。将公共部分装修、套内空间装修、智能化系统配置这三类要求分为基础档和提高档，适应不同地区经济条件，满足不同目标人群需求。

（5）以问题为导向解决百姓关注的痛点问题

针对百姓关注的二次拆改、装修污染、管道串味、房屋渗漏裂等安居房痛点问题，编制组专题分析逐一破解。《标准》单独设置装饰装修章节，从装修设计、材料部品选用、室内空气质量控制到装配式装修，对装修中各方面内容进行了详尽规定。针对管道串味问题，要求马桶地漏均设置水封，卫生间可自然通风。通过控制验收环节以及对施工质量提出质量管控要求，采用高寿命部品部件等措施，解决安居房容易出现的渗、漏、裂问题。

（6）聚焦海南省地域性气候，采取适宜技术和措施

《标准》针对海南省地域性气候特征，提出适宜性技术和措施的要求。如应对高温、高湿的气候，加强地下室、套内及厨卫自然通风，在场地设置遮阳措施，利用建筑构件进行自遮阳等；针对多发台风，提高外围护和附属设施牢固程度；针对金属构件易腐蚀生锈的现象，选择不锈钢及PPR等耐腐蚀材料；针对多虫蚁危害的特点问题，提出首层及地库增加防水反坡高度，设置地漏水封阻断传播通道，定期消毒减少虫蚁繁殖等具体措施。

5 实施情况

2022年6月8日，海南省住房和城乡建设厅发布《海南省安居房建设技术标准》，标准自2022年6月15日起实施。在2022年海南省住房和城乡建设厅发布的《关于2021年工程建设地方标准定额编制工作突出单位及个人给予表扬的通报》中，对《标准》编制组和主要编制人员进行了通报表扬。

2022年6月24日,海南省住房和城乡建设厅举办了《标准》宣贯培训班,指导各市县主管部门、建设单位、设计单位、施工单位等严格落实《标准》要求,并要求各市县组织相关部门、企业充分开展培训,广泛组织学习教育,保障安居房在规划选址、户型设计、竣工验收等各环节严格执行《标准》,确保安居房的品质和质量。海南省住房和城乡建设厅对《标准》落实情况进行检查督导,采取定期查与随机查、分片查与分类查相结合的方式,促进《标准》贯彻实施。

目前,文昌市新党校南侧安居房项目、洋浦安居房二期项目、临安县安居房项目地块一和地块二项目、陵水县桃源安居房项目、海玥美伦苑项目等一系列安居房项目已实施执行了本标准,安居房建设品质得到大幅度提高,群众生活居住条件得到显著改善,明显提高了人民群众的获得感、幸福感,得到了设计、建设、使用、管理等相关单位和个人的高度认可。

6　结语

《标准》的发布实施,有效规范了海南省安居房的建设,保障了建设质量,提升了住宅品质,满足了居民对居住安全、居住功能、居住环境、居住品质等方面的要求,改善了本地居民家庭和引进人才的住房条件,进一步促进了海南自由贸易港住房保障体系的搭建,为海南省的"民心工程""民生工程"和"发展工程"保驾护航。

作者:曾宇[1,2,3];赵一楠[1,2,3]（1　中国建筑科学研究院有限公司；2　国家建筑工程技术研究中心；3　北京市绿色建筑设计工程技术研究中心）

团体标准《住宅全装修评价标准》T/CRECC 02 要点解读

1 编制背景

建设高品质住宅建筑，推行有品质的住宅全装修是必经之路。我国有大量住宅建筑采用毛坯房交付、住户入住后自行装修的模式，由此带来结构安全隐患、施工噪声扰民、空气污染物浓度超标、材料和人力资源浪费、违规扩大面积、产生社会矛盾等大量问题。住宅全装修是指户内和公共区域所有功能空间的固定面及管线应全部铺装或粉刷完成，给水排水、燃气、照明、供电等系统及厨卫基本设施安装到位。住宅全装修交付的施工质量、个性化需求、价格虚高等常见问题，完全可以通过装修过程严格管理、质量管控、套餐式选择、加强软装作用、材料部品集团采购等方式得到有效解决。要"像造汽车一样造房子"，满足人民群众对美好生活的需求，住宅实现全装修成品交付，引导和管控好装修品质，是我国住宅建筑高质量发展的重要环节。

为引导住宅全装修品质和性能的提升，促进住宅全装修向着适用、健康、绿色、舒适、智慧的方向发展，全联房地产商会委托中国建筑科学研究院建筑设计院主笔编制了团体标准《住宅全装修评价标准》T/CRECC 02—2018（以下简称《标准》），并于2019年1月1日正式实施。截至2022年底，已有十多个项目依据该标准获得了住宅全装修等级评定。

在《标准》编制过程中，编制组调研了大量住宅全装修项目，对全装修的发展状况、行业痛点、新技术手段等进行了深入研究，走进多家房地产企业座谈交流，与相关材料部品企业进行了多场专题研讨，认真学习总结实践经验，开展了多项专题研究，并对16家住宅全装修项目进行了试评，广泛征求意见，不断修改完善，遵循适用高效、健康舒适、节约能源、保护环境四大原则，完成了《标准》的编制。

2 主要内容

《标准》共有8章（图1），前3章分别是总则、术语、基本规定；第4~7章为住宅全装修评价的4大类指标：功能、性能、材料与部品、施工与验收。第4章为功能，对各功能空间的空间尺度、功能、设施设备及点位布置的合理性、适用性等方面进行评价。

第 5 章为性能，主要是从住宅全装修最终要实现的性能来进行评价，包含声环境、光环境、空气、水、适老适幼与无障碍以及智慧家居等方面的内容。第 6 章为材料与部品，住宅全装修工程中涉及的材料与部品非常多，《标准》选取了常用的、关键的 11 种材料与 15 种部品进行评价。第 7 章为施工与验收，施工部分主要内容是施工管理、分部分项工程（墙、顶、地、门窗、细部工程、水暖、电气工程）的施工要求及成品、半成品保护措施的得分要求；验收部分主要通过交付打分表、管道直饮水系统、智慧家居系统、新风系统的验收要求，以及交付住宅使用说明书的要求。第 8 章为提高与创新，设有开放的得分项鼓励新技术的应用。

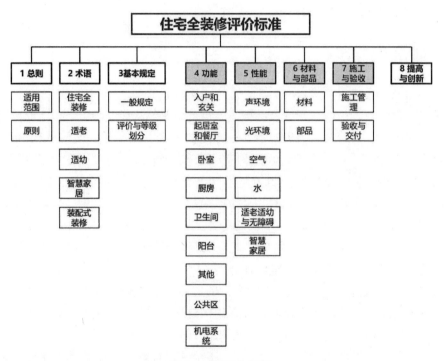

图 1 《标准》框架

2.1 评价对象

《标准》的评价对象为新建住宅的套内空间及公共空间全装修，住宅全装修的评价对象应为完成全装修的住宅套内空间及公共区域，这里的公共区域特指地上部分，为居民日常生活服务的住宅楼内的大堂（含地下大堂）、公共走廊、楼电梯间等公共空间，不含设备机房、地下室、地下车库等空间。参评对象必须进行全装修，全装修样板间参与预评价时，仅评价与交付标准相同的部分。

2.2 评价阶段

住宅全装修的评价分为预评价和终评价两个阶段。预评价应在装修设计文件完成后进行，不对施工与验收指标进行评价；终评价应在全装修竣工验收后进行。

2.3 指标体系与得分要求

住宅全装修评价指标体系由功能、性能、材料与部品、施工与验收4大类指标组成，4类指标的总分为1000分，提高与创新项为100分，总计1100分。共设一～五星5个星级，预评价及终评价按总得分确定星级，对应总得分要求见表1；除总分达标外，各类指标还设有最低分要求及五星级的必选内容，见表2。

预评价及终评价等级得分要求　　　　　表1

类别	一星（40%）	二星（50%）	三星（60%）	四星（70%）	五星（80%）	总分
预评价	400	500	600	700	800	1000
终评价	440	550	660	770	880	1100

各类指标最低分限值表　　　　　表2

类别	功能（35%）	性能（25%）	材料与部品（30%）	施工与验收（10%）	提高与创新	总分
各项理论满分	350	250	300	100	100	1100
最低分（各项理论满分的40%）	140	100	120	40	0	400

3 技术亮点

住宅是"家的容器"，承载着我们每个人对美好生活的向往。《标准》通过对住宅装修相关的人体尺度、行为习惯、生活痛点的研究，在指标中对住宅各空间的人性化设计、全龄关爱、室内污染物控制等方面进行了细致的规定，对住宅装修的品质进行科学精细的全面评价。

3.1 人性化设计

（1）多功能的玄关细节

户门外设挂钩（图2），便于住户找钥匙时，暂时放包或菜篮等；户内设挂钩则便于养宠物的住户，在进出家门换鞋时拴住宠物；玄关处的换鞋凳（图3）、扶手，可以有效避免换鞋时发生危险；玄关装置感应灯或低功率照明灯、照明一键开关，可减少出入时开、关灯的麻烦，更加便利、节能；设有分类收纳功能分隔的玄关柜，能分类收纳随身手包、钥匙、衣帽、雨具等物品……种种细节，让住户从进门的那一刻就可以感受家的温暖。

（2）舒适、便利的起居室、卧室

沙发旁、床头设有USB充电接口（图4），便于手机、平板等数码设备直接充电；卧室设带有开关控制的夜灯,起夜时不再担心影响他人(图5);能够适应家庭成员变化的灵活空间布局(图6),能更好地满足家庭不同阶段的使用需求。

图2　户外挂钩

图3　与玄关柜结合设计的换鞋凳　　　　图4　USB充电接口

图5　夜灯　　　　图6　卧室的灵活空间布局

(3)精细化设计的厨房和卫生间

厨房和卫生间是住宅全装修中的重点,关系着整个装修工程的成败。精细化设计的厨房和卫生间,能够显著增强住户的使用舒适感,提升住宅的居住品质。

1)厨房

厨房的精细化设计主要体现在使用便利上,以及充分考虑到未来的使用需求上。除符合"洗、切、烧"流程外,燃气灶旁需留有宽度不小于300mm的盛菜空间;灶台、操作台、洗池等处设有感应式开关辅助照明装置(图7),避免摸黑干活;充分考虑住户日后的使用需要，为厨余垃圾粉碎器（图8）、小厨宝、净水机、微波炉、电饭煲等众多厨房小家电提供充足的插座，鼓励采用高科技新兴产品，如移动插座（图9）等。

图7　辅助照明装置　　　图8　厨余垃圾粉碎器　　　图9　移动插座

2）卫生间

卫生间的精细化设计体现在使用的舒适性上，着重解决多功能同时使用、夜间照明、临时置物等问题。

卫生间干湿分离设计，可提高卫生间的使用效率，满足多人同时使用需求，有效避免湿滑造成摔伤；感应式夜灯，减弱起夜时强光带来的不适感；马桶旁有置物架，解决如厕时的临时置物问题；卫生间的临时晾衣措施，解决手洗衣物的滴水问题；恒温混水阀（图10）、分水器，可以有效解决洗浴时水温忽冷忽热、水流忽大忽小的问题，可避免老年人和糖尿病人因对温度不敏感而造成的烫伤。

（4）灵活的收纳空间

收纳空间是住宅的硬性需求，保证足够的收纳空间是住宅便于使用的基础。根据存储物品的不同分类，橱柜、吊柜设分类存储分隔，或设有灵活可调节的隔板、吊柜的下拉式储物架（图11）、橱柜的转角储物架等可有效地提高橱柜、吊柜的使用效率；玄关柜、卧室衣柜内设感应灯（图12），带来更加便利的使用体验。

图10　恒温混水阀　　　图11　下拉式储物架　　　图12　衣柜感应灯

3.2　全龄关爱

伴随老龄化社会和"三孩"政策的到来，人们对住宅中的适老适幼问题更加关注，《标准》设置了单独的章节强调住宅全装修中全龄关爱，主要体现在下列方面：

（1）无障碍设计

《标准》的第5.5.2条对住宅户门、卫生间及阳台提出了无障碍设计要求：入户门无门槛（图13）、阳台及卫生间门口无高差，或以斜坡过渡。

住宅户内的无障碍设计，有助于保证老人、幼儿在户内行动的安全性；入户门处的无障碍设计便于轮椅、童车的出入，方便老年人借助拐杖或自助使用轮椅出行。套内各功能空间因为结构做法的差异，地面铺装材料的不同，或由于清洁和防水等原因，也可能形成较小高差。地面存在高差不仅影响户内通行的顺畅，亦存在很大的安全隐患。即便高差仅有10mm也容易产生安全隐患，若以斜坡过渡则可以大大降低绊倒的可能性，因此应尽量消除户内各功能空间交接处的高差，当高差不可避免时以缓坡过渡。

（2）地面防滑铺装

老年人由于视力衰退、腿脚不便、体力下降等原因，很容易滑倒，《标准》的第5.5.1条对老年人经常活动和使用区域的地面的防滑性提出了要求：即公共区、厨房、卫生间、阳台等区域的地面应采用防滑铺装，以提高安全性，即便在有水的情况下，也不应发生打滑的情况，同时应便于清洁、防污。

（3）辅助扶手

老年人由于身体机能的衰退，坐下、起身时往往需要扶手的协助。《标准》的第5.5.3条提出，在进行住宅全装修设计时应根据老年人的行为特点及身体情况，在有可能出现上下移动、单腿站立等不稳定姿势的地方设置扶手，比如马桶、洗浴区（图14）、玄关换鞋凳旁、卫生间水盆旁（图15）。扶手应安装牢固，不得以毛巾架、淋浴房门把手充当扶手。

图13　无门槛户门　　　　图14　洗浴区扶手　　　　图15　水盆旁扶手

（4）呼救按钮

在老年人的主要活动区域，特别是易发生危险的位置，如卧室床边、起居室沙发旁、马桶旁，设置报警装置（图16），便于及时发现老年人的各种突发事故并及时救助。呼救按钮可采用按钮与拉绳结合的方式（图17），方便老年人在紧急情况下识别并使用，拉绳末端距地不宜高于0.3m，便于老年人倒地时使用。

图 16　马桶旁的呼救按钮　　　　图 17　按钮与拉绳结合的呼救按钮

（5）卫生间及厨房门的要求

《标准》第 5.5.4 条的得分要求为：厨房、卫生间的门净宽不小于 800mm；卫生间门不内开。

在《住宅设计规范》中对厨房、卫生间门洞净尺寸的要求是 800mm，而装修完成后，厨房、卫生间门洞净尺寸往往仅剩 700mm，甚至更小，在实际使用中十分不便，尤其是老年人需要乘坐轮椅出入或需人搀扶的时候常被卡住或发生磕碰。故而《标准》要求厨房、卫生间门的净宽不小于 800mm 才能得分，而非门洞的净宽。

卫生间门不内开，是为了防止住户在卫生间摔倒后，身体堵塞住门，延误宝贵的抢救时间。可以采用外开门、折叠门、推拉门等多种形式，但需注意：采用折叠门、推拉门时门的净宽需不小于 800mm。

3.3　室内污染物控制

室内污染物的控制也是装修中的一大痛点。室内污染源主要由《标准》通过对总量及材料、部品的控制，抓关键性指标，鼓励通过控制装饰装修材料的使用与施工过程来减小污染物危害，改善室内空气环境，保障人居健康。

（1）室内污染物浓度限值

《标准》第 5.3.1 条、第 5.3.2 条中规定室内空气中氡、苯、氨、TVOC 浓度不高于《民用建筑工程室内环境污染控制规范》GB 50325 规定标准限值的 80%（表 3）。本条还是五星级标识的必选项，在规范要求的基础上有所提高，污染物浓度数值越低则得分越高。

室内污染物限值　　　　表 3

污染物	氡	苯	氨	TVOC
浓度限值	≤200Bq/m³	≤0.09mg/m³	≤0.2mg/m³	≤0.5mg/m³
备注	年平均值	1 小时均值	1 小时均值	8 小时均值

（2）对材料、部品的控制

《标准》中第 6 章对住宅装饰装修材料、部品作出限制，避免过量添加危害人体健康的有害物质。装饰装修材料和木质部品中的挥发性化学物质是室内空气污染的重要来源，《标准》依据我国目前产品标准现状，对内墙涂料（表4）、壁纸、木地板（表5）、胶粘剂、人造板材、木器漆、橱柜（表6）、木门、木质家具（表7）等产品提出了要求（高于现行国家强制标准及环保标志要求），污染物浓度数值越低则得分越高。

内墙涂料中污染物限值　　　　　　　　　　　　　　　　　　　　　　表 4

序号	指标名称	指标值	得分
1	挥发性有机化合物（VOC）含量 国家强制性标准中要求≤120g/L 环保认证标准要求≤50g/L、80g/L	≤50g/L	1 分
		≤20g/L	3 分
		≤10g/L	6 分
2	苯、甲苯、乙苯、二甲苯总和 国家强制性标准中要求≤300mg/kg 环保认证标准要求≤100mg/kg	≤60mg/kg	2 分
		未检出（＜50mg/kg）	3 分

木地板中污染物限值　　　　　　　　　　　　　　　　　　　　　　　表 5

序号	指标名称	指标值	得分
1	甲醛含量 实行 E1 级 0.124mg/m³	E1 级 ≤0.124mg/m³	3 分
		≤0.05mg/m³	4 分
		F☆☆☆☆	5 分
2	苯 甲苯 二甲苯	≤10μg/m³ ≤20μg/m³ ≤20μg/m³	1 分

橱柜甲醛含量限值　　　　　　　　　　　　　　　　　　　　　　　　表 6

序号	指标名称	指标值	得分
1	甲醛含量 国标 E1 级≤0.124mg/m³	0.05mg/m³	2 分
		F☆☆☆☆	3 分

木质家具中污染物浓度限值　　　　　　　　　　　　　　　　　　　　表 7

指标名称	指标值	得分
《室内装饰装修材料　木家具中 有害物质限量》GB 18584	≤85% 的规定限值	2 分
	≤70% 的规定限值	4 分
	≤60% 的规定限值	6 分

续表

指标名称	指标值	得分
《室内装饰装修材料 木家具中有害物质限量》GB 18584	≤55%的规定限值	8分
	≤50%的规定限值	10分

除上述3个亮点之外，《标准》还有灵活合理的机电点位布置、有效解决生活痛点、鼓励智慧家居、装修全过程管控、鼓励装配式装修等方面的亮点，由于篇幅所限，不再一一详述。

4 结语

作为以使用者需求为导向的住宅全装修评价标准，《标准》具有高标准、可感知、易操作的特点。高标准是指《标准》选取的评价指标大多是现行标准没有规定的，或者在现有标准的基础上进行了适宜提高，以引领全装修行业向更高水平发展。可感知是指《标准》的评价指标多是住户的关注点、生活痛点及装修控制的关键点，是住户可以真切体会的内容。易操作是指《标准》评价指标可量化、申报材料尽量简化、评分方式易于计算。

《标准》对住宅全装修的功能、性能、材料与部品、施工与验收进行全方位的评价，符合我国国情，可有效解决住宅痛点，有助于引领住宅向精细化、高品质发展，有助于实现为人民群众建设"好房子"的目标，对我国住宅全装修的设计和施工起到积极的引导与指导作用。

作者：曾宇[1,2,3]；张宁[1,2,3]（1 中国建筑科学研究院有限公司；2 国家建筑工程技术研究中心；3 北京市绿色建筑设计工程技术研究中心）

团体标准《既有住宅加装电梯工程技术标准》T/ASC 03 要点解读

1 编制背景

1.1 背景和目的

截至 2022 年底,中国老年人口(60 岁及以上)数量为 2.8 亿人,占全国总人口的 19.8%。调研发现,既有多层住宅中的老年居民相对集中,在人口老龄化的社会背景下,凸显了改善楼内垂直交通的重要性、紧迫性[1-6]。受在建时技术水平与经济条件等限制,我国 6 层及以下的既有住宅普遍没有安装电梯,部分 7~11 层的既有住宅也未安装电梯,无电梯住宅中的居民对增设电梯以改善出行条件的愿望越来越迫切。

近年来,国家高度重视加装电梯这一民生工程,在《"十三五"推进基本公共服务均等化规划》《"十三五"国家老龄事业发展和养老体系建设规划》《国务院办公厅关于加强电梯质量安全工作的意见》等政策中均提出鼓励或规范加装电梯工作。2018 年政府工作报告中首次提到"鼓励有条件的加装电梯",2019 年政府工作报告再次提及"支持加装电梯"。全国各地也出台了一系列指导意见、管理办法、实施方案,明确了政府补贴以推进既有住宅加装电梯工作的实施。

在上述背景下,由中国建筑科学研究院有限公司会同有关单位制定的团体标准《既有住宅加装电梯工程技术标准》(以下简称《标准》),经中国建筑学会标准工作委员会批准发布,编号为 T/ASC 03—2019,并于 2019 年 7 月 1 日起实施。《标准》编制组针对既有住宅加装电梯的诸多特点与难点进行了广泛和深入研究,可有效指导既有住宅加装电梯的评估、设计、施工、验收、运行和维护等方面工作。《标准》的发布实施,旨在规范既有住宅加装电梯工程的建设,提升既有住宅的使用功能,改善居住品质,增强人民幸福感和获得感[2]。

1.2 国内外现状

1)国外电梯相关标准概况:国外发达国家新建建筑数量较少,既有建筑较多,且社会老龄化问题凸显,在 20 世纪中期,国外就已经开始关注无障碍出行问题。调研发现,英国在 20 世纪 50 年代就规定 4 层及以上的建筑应设电梯,高于 6 层应设 2 部电梯。美国于1997年统一建筑标准，要求4层以上的住宅，需配置能容纳担架的电梯；3层以上或顶层到底层垂直距离超过7.6m的建筑，至少应配置一台可使用的电梯。瑞典1977年制定大楼设计与改造规范，规定高于2层楼层应提供电梯，并于1983年在政府规划中设立特别基金，成立改造电梯工作组。日本于1999年成立单元型公共住宅电梯开发调查委员会，2000年制定单元型公共住宅电梯认定规范。德国规定由公共资金赞助的福利住房或私人投资兴建的5层及以上建筑都必须按无障碍规范设置电梯或做好预留设计。2004年，新加坡政府预算50亿新币翻新改造、加装电梯，承担居民负担费用的5%～12%[3-6]。

2）国内电梯相关标准情况：表1为国内相关电梯标准列表，以电梯产品类标准居多。在《既有住宅建筑功能改造技术规范》JGJ/T 390—2016中，虽有涉及"加装电梯"内容，但是对于既有住宅加装电梯的针对性技术内容偏少。总体来看，国内关于既有住宅建筑加装电梯标准的适用性规定、施工及验收、检测、使用维护等规定相对缺乏，需要进一步规范、明确加装电梯的设计方法及要点、技术措施和产品，以及加装电梯的检测、验收及运行管理要求。

国内有关电梯的标准　　　　　　　表1

序号	标准名称	标准编号
1	《电梯、自动扶梯、自动人行道术语》	GB/T 7024—2008
2	《电梯主参数及轿厢、井道、机房的型式与尺寸　第1部分：Ⅰ、Ⅱ、Ⅲ、Ⅵ类电梯》	GB/T 7025.1—2023
3	《电梯主参数及轿厢、井道、机房的型式与尺寸　第2部分：Ⅳ类电梯》	GB/T 7025.2—2008
4	《电梯主参数及轿厢、井道、机房的型式与尺寸　第3部分：Ⅴ类电梯》	GB/T 7025.3—1997
5	《电梯制造与安装安全规范》	GB 7588—2020
6	《电梯技术条件》	GB/T 10058—2023
7	《电梯试验方法》	GB/T 10059—2023
8	《电梯安装验收规范》	GB/T 10060—2011
9	《提高在用电梯安全性的规范》	GB/T 24804—2023
10	《电梯、自动扶梯和自动人行道维修规范》	GB/T 18775—2009
11	《安装于现有建筑物中的新电梯制造与安装安全规范》	GB/T 28621—2012

2　主要内容

《标准》共6章，分别为：总则、术语、基本规定、设计（包括：总平面、建筑、结构、机电）、施工与验收、运行维护。

2.1　总则和术语

总则部分对《标准》的编制目的、适用范围、目标等内容进行了规定。《标准》旨在提升既有住宅的使用功能，改善居住品质，规范既有住宅加装电梯工程的建设。《标准》适用于6层及以下既有住宅加装电梯工程的设计、施工、验收和运行维护。既有住宅加装电梯工程应做到安全、耐久、适用、经济。

术语部分定义了与既有住宅加装电梯密切相关的4个术语，分别是：电梯井道、装配式电梯井道、平层停靠、层间停靠。

2.2 基本规定

《标准》基本规定部分，从既有住宅现状需求出发，对加装电梯可行性评估报告、地质勘察资料、设计施工资质、过程及验收资料存档等方面进行了规定。主要内容包括：既有住宅加装电梯前应根据既有住宅的设计、施工资料及现场查勘情况进行加装电梯可行性评估，并出具评估报告。既有住宅加装电梯应根据既有住宅现状和住户需求，选择适宜的加装电梯方案。既有住宅加装电梯可行性评估报告应包括下列主要内容：1）加装电梯对消防通道、场地及空间、日照、绿化等的影响。2）既有住宅结构的现状、工作状态以及加装电梯对既有住宅结构安全性的影响。3）加装电梯部位现有设备管线等现状。4）加装电梯的可行性和建议。既有住宅加装电梯设计前应收集既有住宅的地质勘察资料，当地质勘察资料缺失或资料不足时，宜补充勘察。当有可靠依据时，也可参照相邻工程的勘察资料。此外，《标准》要求既有住宅加装电梯工程的设计、施工等单位应具有相应资质。既有住宅加装电梯工程的评估、设计、施工、验收资料应存档。

2.3 设计

第4章设计是《标准》的核心内容之一，包括总平面、建筑、结构、机电4小节内容。

（1）总平面

总平面共5条内容。从用地红线、消防、环境、设备管线及日照等方面进行了原则性规定。

用地红线之内为建设许可的法定用地范围，加装电梯不应超出法定用地范围。

加装电梯的位置应尽可能避免占用消防通道，如受条件限制需占用现有消防通道的，可以采用消防通道改道等措施，但需满足消防车的原有通行条件。加装电梯及相关的增设建筑部分，改造后的间距应仍能满足建筑之间防火间距的要求。加装电梯的井道、电梯厅及连廊、平台等新建部分，与周边建筑之间的防火间距应符合现行国家标准《建筑设计防火规范》GB 50016的相关规定。

既有住宅建筑之间的空间资源有限，加装电梯应综合考虑新增的社区功能（如停车位、适老设施等），紧凑合理规划布局。鼓励采取加装电梯与场地绿地、道路、停车位进行同步或一体化改造，鼓励加装电梯小型化等，在提高垂直交通便利性的同时，综合提升环境品质。

关于日照部分的内容，受电梯设备的限制，电梯井道顶端局部凸出于原建筑难以避免。加装电梯要减少对相邻建筑日照的影响，如采取小体量无机房电梯。同时，从实际出发，对井道顶部凸出于原建筑部分不计入住宅日照计算。不计入日照计算的，仅限于电梯井道，不包括连廊平台等其他部分。

（2）建筑

建筑部分内容共12条。重点对加装方式及加装注意事项进行了规定。加装电梯受既有住宅条件情况限制较多。因现场情况复杂，应对使用需求和现场情况进行充分研究，制定合理适用的加装方案。加装电梯位置可连接在公共楼梯间，借用原有的垂直公共交通流线入户；也可连接在住户外窗、阳台等处，形成新的入户流线。加装电梯与公共楼梯间外墙连接时：1）应保障原楼梯间的疏散条件，或应符合现行国家标准《建筑设计防火规范》GB 50016的相关规定。2）不应降低原楼梯间的排烟条件，或应符合现行国家标准《建筑防烟排烟系统技术标准》GB 51251的相关规定。3）楼梯间、电梯厅、连廊的可开启外窗或开口部分与住户外窗之间的距离不宜小于1.0m；当小于1.0m时，应设置防盗栏杆，同时应满足防火要求。

此外，此部分内容还对防止视线干扰、电梯紧急救援通道、给水排水、防水层以及安全防护等作出了细致规定。

（3）结构

结构部分包含8条条文。结构也是《标准》的核心内容之一。加装电梯的井道结构可采用钢结构、混凝土结构或砌体结构。加装电梯的新增结构与既有住宅结构之间可采用脱开、水平拉接或附着等连接方式。加装电梯新增结构与既有住宅结构的水平拉接或附着连接应设置在楼层或楼梯间休息平台处，并宜采用扩底型锚栓、特殊倒锥形化学锚栓或植筋等方式锚固于构造柱、圈梁、框架梁、框架柱等混凝土构件中（图1a），且锚固应满足相关标准和设计要求。当连接点处的基材为砌体时，应采用穿墙对拉螺杆的锚固方式（图1b）。其中，水平拉接构造可参照图2执行。以上规定均是为了确保连接的可靠性。

图1 连接构造

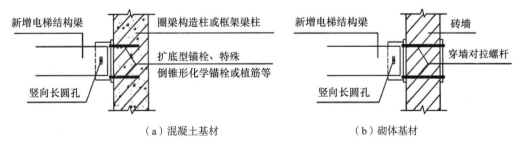

图2 水平拉接构造

此外，本部分内容还就沉降差以及对既有住宅结构的影响等相关内容进行了细化要求。

（4）机电

机电部分共 8 条条文，重点对计量电表、井道照明、噪声、通风等作出了要求。同时，建议电梯轿门安装光幕和安全触板、电梯配置停电自动救援操作装置、电梯物联网安全系统。

2.4 施工与验收

施工与验收部分共 14 条条文，重点对加装电梯施工前的安全防护、快速绿色施工、加装电梯新增结构与既有住宅结构相连等要求进行了具体规定。

2.5 运行维护

运行维护部分共 8 条条文，明确了除满足一般新建电梯的运行维护以外，特别对与主体结构连接部位后锚固件的有效性，既有住宅加装电梯（除电梯轿厢外），以及其他工作区域应仅允许被授权人进入等进行了要求。

3 技术亮点

（1）提出了既有住宅加装电梯关键技术

《标准》明确了既有住宅加装电梯对原有建筑安全性、周边居民居住环境等影响的要求，有效降低了加装电梯与既有住宅及周边环境的不适配性，改善了既有住宅适老性能，为快速推动既有住宅加装电梯的实施提供了技术保障。

针对既有住宅加装电梯时，部分居民因消防、日照等问题提出反对意见，导致加装电梯无法顺利推进的问题，《标准》提出了不应降低原有标准水平的原则。《标准》对既有多层住宅加装电梯作出了相应要求，但从消防通道、日照、疏散、防排烟等方面，明确提出要保证不降低原有标准水平，例如不应降低消防车原有通行条件、不应降低相邻建筑原有的日照水平、不应降低原楼梯间的疏散条件、不应降低原楼梯间的排烟条件等。

针对住宅原有结构与新建电梯井道因加装时间不同导致的新旧结构沉降不均的问题，《标准》提出了结构设计应安全、灵活的原则。保障既有住宅结构安全是《标准》的重要内容，例如采用装配式井道结构，加装电梯的新增结构与既有住宅结构之间可采用脱开、水平拉接或附着等连接方式，加装电梯新增结构的基础宜与既有住宅结构基础脱开等。

（2）构建了既有住宅加装电梯的技术体系

《标准》构建了既有住宅加装电梯技术体系，提出了既有住宅加装电梯普适性、全面性的技术要求，实现了既有住宅快速、高效、标准化加装电梯。同时，《标准》提出了涵盖既有住宅加装电梯评估、设计、施工、运行维护全流程的技术体系，开展了系统全面、可操作性强的评估方法研究，给出了不同评估情况下对应的措施和建议；提出了不同既有住宅形式下加装电梯规划方案及关键节点设计方法，以及安全性与适用性兼顾的结构设计关键技术；并研发了加装电梯井道及基础与既有多层结构之间的连接方法。《标准》的技术内容科学合理，创新性和适用性较强，符合我国相关政策法规的要求，与现行相关标准相协调，填补了既有住宅加装电梯工程技术标准的空白。

4 实施效果

《标准》部分研究成果支撑了北京、上海、山东、甘肃等地方标准的编制工作，从顶层设计层面，引领了我国既有住宅加装电梯系统性、标准化实施，有利于我国既有住宅加装电梯领域健康发展，对保护环境、减少资源浪费和提高工程质量具有重要意义。

《标准》有效指导了小型化电梯产品、集成化电梯设备、装配式加梯建造方法等先进技术及装备的研发，并在北京、上海、福建、内蒙古等全国二十余个省、市、自治区的既有住宅改造项目中进行了规模应用，如：北京市莲花池西里6号院改造项目、北京市大柳树5号院6单元加装电梯项目（国内首个同时通过国家及地方质检的浅基坑电梯加装项目）、北京康隆园小区28号楼1~3单元加装电梯项目、苏州吴江区鲈乡二村加装电梯项目、山东大学第五宿舍等，缩短了施工工期，减少了施工人工成本支出，提升了加装电梯与既有住宅及周边环境的适配性，有效改善了加装电梯后低层居民室内居住环境，惠及居民近万户，经济及社会效益十分显著。

5 结语

既有住宅加装电梯是一项重要的民生工程，制定符合我国国情的既有住宅加装电梯技术标准，提出既满足安全要求，又满足住宅和住户个性化需求的加装电梯技术方案，是推动加装电梯顺利实施的有力支撑。国家发展和改革委员会发布的《2022年新型城镇化和城乡融合发展重点任务》中提到"加快改造城镇老旧小区，有条件的加装电梯，力争改善840万户居民基本居住条件"。《标准》的发布实施有效减少了加装电梯与既有住宅及周边环境的不适配性，显著减小了对住户的影响，改善了加装电梯后低层居民室内居住环境，使加装电梯群众工作难度大幅下降，为推动既有住宅加装电梯的实施提供了技术保障，是不断提升人民群众获得感和幸福感的重要体现。

参考文献

［1］中国建筑科学研究院有限公司．既有住宅加装电梯工程技术标准：T/ASC 03—2019［S］．北京：中国建筑工业出版社，2019．
［2］郑辉烂．广州市既有住宅加装电梯技术与经济分析［D］．华南理工大学，2012．
［3］韩清雪．既有住宅增设电梯问题实证研究——以广州为例［D］．广州大学，2011．
［4］张锐，周珊珊，张鹏飞．关于既有住宅加装电梯几个问题的思考［J］．装备维修技术，2019（5）：2．

［5］胡晟玙，李芳芳．上海老旧多层住宅加装电梯需求调查研究［J］．上海房地，2019（4）：4．
［6］方林，李承铭，金骞．既有多层住宅加装电梯不同结构体系分析研究［J］．土木工程，2019，8（5）：8．

作者：王娜；赵力；吴伟伟；王博雅；范东叶（中国建筑科学研究院有限公司）

团体标准《既有居住建筑低能耗改造技术规程》T/CECS 803 要点解读

1 编制背景

建筑节能是国家节约能源、保护环境工作的重要组成部分，对于落实国家能源生产和消费革命战略、推进节能减排和应对气候变化、增加人民群众幸福感和获得感，具有重要的现实意义和深远的战略意义。2014年3月，中共中央、国务院发布《国家新型城镇化规划（2014—2020年）》提出，要加快既有建筑节能改造。2017年1月，国务院印发的《"十三五"节能减排综合工作方案》指出，要充分认识做好"十三五"节能减排工作的重要性和紧迫性，实施建筑节能先进标准领跑行动，强化既有居住建筑节能改造。2017年3月，住房和城乡建设部印发的《建筑节能与绿色建筑发展"十三五"规划》提到，加快提高建筑节能标准及执行质量，稳步提升既有建筑节能水平。2020年9月22日，习近平总书记在第七十五届联合国大会一般性辩论上讲话时郑重承诺，中国将提高国家自主贡献力度，采取更加有力的政策和措施，CO_2 排放力争于2030年前达到峰值，努力争取2060年前实现碳中和。

就居住建筑而言，我国从20世纪80年代开始颁布实施居住建筑节能设计标准。首先在北方集中供暖地区（即严寒和寒冷地区），于1986年试行新建居住建筑供暖节能率30%的设计标准，1996年实施供暖节能率50%的设计标准，2010年实施供暖节能率65%的设计标准，2019年实施供暖节能率75%的设计标准。《夏热冬冷地区居住建筑节能设计标准》JGJ 134—2001 于2001年实施，要求供暖、空调节能率50%；修订版的标准于2010年实施。《夏热冬暖地区居住建筑节能设计标准》JGJ 75—2003 于2003年实施，要求供暖、空调节能率50%；修订版的标准于2013年实施。《温和地区居住建筑节能设计标准》JGJ 475—2019 于2019年实施。

受在建时技术水平和经济条件等原因的限制，加之围护结构部件和设备系统的老化、维护不及时等原因，导致既有居住建筑室内热环境质量相对较差、能耗较高、品质不佳。相应地，国家实施了既有居住建筑节能改造，并于2000年10月11日发布了行业标准《既有采暖居住建筑节能改造技术规程》JGJ 129—2000，修订版的标准于2013年3月1日起实施，即行业标准《既有居住建筑节能改造技术规程》JGJ/T 129—2012。截至目前，居住建筑节能标准体系已基本形成，为不同气候区居住建筑开展节能工作提供了主要依据和技术支撑。

经济的发展和生活水平的不断提高，使得用能等需求不断增长，建筑能耗总量和能耗强度上行压力不断加大，这对做好节能改造工作提出了更新、更高的要求。为贯彻国家节能改造及节能降碳有关的法律、法规和政策方针，引导既有居住建筑低能耗改造，根据中国工程建设标准化协会《关于印发〈2017年第二批工程建设协会标准制订、修订计划〉的通知》的要求，由中国建筑科学研究院有限公司会同有关单位编制了团体标准《既有居住建筑低能耗改造技术规程》（以下简称《规程》）。经中国工程建设标准化协会绿色建筑与生态城区分会组织审查，中国工程建设标准化协会批准发布了《规程》，编号为T/CECS 803—2021。

2 主要内容

《规程》统筹考虑既有居住建筑低能耗改造技术的先进性和适用性，选择适用于不同气候区、不同类型既有居住建筑的改造技术，引导既有居住建筑低能耗改造健康发展。《规程》共包括7章和1个附录，主要技术内容包括：总则、术语、基本规定、诊断评估、改造设计、施工验收、运行维护等。

2.1 总则、术语

第1章为总则，由4条条文组成。对《规程》的编制目的、适用范围、技术选用原则等内容进行了规定。在适用范围中指出，本规程适用于各气候区城镇的既有居住建筑低能耗改造。并强调，既有居住建筑低能耗改造应结合诊断评估结果进行设计，在保证室内热环境质量的前提下，通过建筑围护结构与设备系统改造将能耗控制在规定的范围内，并按照因地制宜的原则选用适宜的技术。

第2章为术语，定义了与既有居住建筑低能耗改造密切相关的4个术语，包括"既有居住建筑""低能耗改造""预防性维护""跟踪评估"。其中，"低能耗改造"是指将建筑的围护结构、用能设备及系统等进行改造，依据建筑所处的气候区，其能耗水平应与行业标准《严寒和寒冷地区居住建筑节能设计标准》JGJ 26—2018一致，或较行业标准《夏热冬冷地区居住建筑节能设计标准》JGJ 134—2010、《夏热冬暖地区居住建筑节能设计标准》JGJ 75—2012、《温和地区居住建筑节能设计标准》JGJ 475—2019降低30%。该术语定量表征了既有居住建筑改造后的能耗水平，同时考虑了与国家居住建筑节能设计标准的衔接。

2.2 基本规定

第3章为基本规定，由8条条文组成。对既有居住建筑低能耗改造的原则、流程、所选用的技术和产品、承担单位及技术人员、资料存档等内容进行了规定。其中，既有居住建筑低能耗改造项目实施前，应对建筑能耗现状、室内热环境、围护结构、建筑设备系统等进行诊断评估，并出具综合评估报告。同时还应根据诊断评估结果，从技术可行性、经济实用性等方面进行综合分析，制定合理可行的改造方案。

2.3 诊断评估

第4章为诊断评估，是改造设计前重要的一个环节，共包括5部分：能耗现状调查、室内热环境诊断、围护结构诊断、建筑设备系统诊断和综合评估。"能耗现状调查"由3条条文组成，分别对能耗现状调查对象、调查方法、采集指标进行了规定。"室内热环境诊断"由4条条文组成，分别对室内热环境诊断的内容、方法、工况等进行了约束。"围护结构诊断"由3条条文组成，分别对围护结构现状调查的内容、热工性能诊断的内容及方法进行了规定。"建筑设备系统诊断"由6条条文组成，明确了暖通空调系统、给水排水系统、供配电系统、公共部位照明系统、能源计量系统、可再生能源利用情况等重点诊断内容。"综合评估"由2条条文组成，要求既有居住建筑应在能耗现状调查、室内热环境诊断、围护结构诊断、建筑设备系统诊断的基础上进行综合评估；既有居住建筑低能耗改造完成后，还应对其低能耗性能再次进行评估。改造时，重点诊断评估的指标见表1。

既有居住建筑低能耗改造重点诊断评估指标　　　　表1

类别		重点诊断评估指标
能耗现状		供暖能耗、空调能耗、公共部位能耗、其他能耗
室内热环境		室内空气温度、外围护结构内表面温度、室内风速、住户对室内热环境的主观感受等
围护结构		屋面、外墙、外窗、外门、地面的传热系数及存在热工缺陷情况等
建筑设备系统	供暖、通风及空调系统	集中供暖系统：锅炉运行效率、系统耗电输热比、供暖系统补水率、室外管网热损失率、室外管网水力平衡度、室内供暖系统水力失调状况等
		集中空调系统：冷水机组性能系数、锅炉热效率、热泵机组能效、冷源系统能效系数、系统耗电输热比、水泵效率、系统供回水温差、系统新风量、风道系统单位风量耗功率、风系统平衡度等
		其他供暖、通风及空调系统：户式燃气供暖热水炉能效、分散式空气调节器能效、热回收装置效率、风道系统单位风量耗功率等
	给水排水系统	锅炉热效率、热水器效率、水泵效率等
	电气系统	供配电系统容量、变压器能效、公共部位的照明灯具效率、照明灯具照度、照明灯具功率密度等，能源计量装置等
	可再生能源利用系统	太阳能集热系统得热量、太阳能利用系统的总能耗、太阳能利用系统的太阳能保证率、太阳能集热系统效率等

注：不同的既有居住建筑低能耗改造时，其所处的气候区、建筑设备系统形式等有所不同，本表可根据实际工程进行调整。

2.4 改造设计

第5章为改造设计，共包括4节：建筑，供暖、通风及空调，给水排水，电气，对不同气候区既有居住建筑低能耗改造所选用适宜性技术进行了详细规定。

"建筑"由14条条文组成,对严寒地区、寒冷地区、夏热冬冷地区、夏热冬暖地区、温和地区的外围护结构主要部位热工性能参数、外窗气密性等级、保温隔热措施、遮阳措施等进行了针对性的约束,为不同气候区建筑本体的改造提供技术指导。

"供暖、通风及空调"由9条条文组成,对集中供暖系统、厨房及卫生间通风系统、空调系统等改造原则进行了规定,对改造后设备的能效进行了约束。

"给水排水"由5条条文组成,对给水排水的设备、供水方式、生活热水热源等选择原则进行了规定,并要求集中生活热水供应系统的设备和管道应采取有效的保温措施。

"电气"由7条条文组成,要求电气系统改造设计时应对机电设备用电负荷进行计算,并应对供配电系统的容量、供电线缆截面和保护电器的动作特性、电能质量等参数重新进行验算。同时,要求更换后的变压器、改造后的配电系统和照明系统等应满足低能耗的相关规定,并提出了节能照明相关的措施。

2.5 施工验收和运行维护

第6章为施工验收,分为施工要点、验收要点两节,共12条条文。重点规定了与既有居住建筑低能耗改造密切相关的要求,如围护结构热桥控制、气密性保障等关键做法及验收方法。

第7章为运行维护,共包括运行、维护两节,共9条条文。分别对运行管理单位、运行管理人员、用户等进行了约束,如建筑管理单位应对运行管理人员进行专业技术培训和考核、用户在建筑或设备使用过程中注意的事项。

3 技术亮点

(1)构建了既有居住建筑全过程低能耗改造技术体系

《规程》定量表征了既有居住建筑改造后的能耗水平,构建了差异化的既有居住建筑低能耗改造指标体系。《规程》涉及建筑、暖通空调、给水排水、电气等各专业,规范了诊断评估、改造设计、施工验收和运行维护等全过程,构建了气候适应、地区适用、经济高效的既有居住建筑低能耗改造技术体系,对既有居住建筑能效提升起到了有效的促进作用,推动了既有居住建筑向"好房子"转型。

(2)完善了既有居住建筑节能改造标准体系

《规程》解决了我国既有居住建筑低能耗改造中标准缺失,新建标准不适用等问题,完善了既有居住建筑改造类的标准体系,指导了我国既有居住建筑低能耗改造技术的落地和推广应用,为既有居住建筑提供全过程、多维度的改造技术和方法保障。

(3)提出了既有居住建筑低能耗改造适用技术

《规程》综合考虑气候特点、经济条件、技术水平、建筑年代等多因素,给出针对性的低能耗改造关键技术,如采用与既有居住建筑低能耗改造相适配的高性能保温隔热、防水、门窗、新风换气机等技术与产品,重点控制围护结构热桥、保障气密性,同时鼓励可再生能源的应用。《规程》提出了选用安全性好、施工工期短、施工工艺便捷、对居民干扰小、对环境污染少的技术和产品，旨在保证改造性能的前提下降低对居民生活的影响，进而促进既有居住建筑品质升级。

4 实施效果

《规程》在河北省建筑科学研究院 2 号、3 号楼，哈尔滨共乐小区 47 号楼，北京翠微西里 2 号楼等低能耗改造项目中应用。以河北省建筑科学研究院 2 号、3 号楼改造项目为例，该项目是全国首例超低能耗改造的示范项目。通过对整栋楼进行超低能耗改造，建筑供暖能耗降低了 79.88%，每年运行节约了 89.17t 标准煤，可减少 233.63t 二氧化碳排放、758kg 二氧化硫排放和 660kg 氮氧化合物排放，并获得了绿色改造二星级设计标识，精准满足了人民群众不断增长的美好生活需求，有效支撑了"碳达峰、碳中和"目标的实现。

5 结语

我国城镇化发展由大规模增量建设转为存量提质改造和增量结构调整并重，进入了从"有没有"转向"好不好"的时期。对于既有居住建筑低能耗改造这一重大民生工程和发展工程，《中华人民共和国国民经济和社会发展第十四个五年规划和2035年远景目标纲要》指出：加快推进城市更新，改造提升老旧小区、老旧街区和城中村等存量片区功能，推进老旧楼宇改造。

《规程》的编制为量大面广的既有居住建筑低能耗改造提供了有力的技术支撑和标准参考，对满足人民群众美好生活需要、促进经济高质量发展、助力建筑行业双碳目标的实现以及建设"新一代好房子"具有十分重要的意义。

作者：赵力；吴伟伟；范东叶；王博雅（中国建筑科学研究院有限公司）

团体标准《健康建筑评价标准》T/ASC 02 要点解读

1 编制背景

2020年，习近平总书记发表重要讲话强调"要推动将健康融入所有政策，把全生命周期健康管理理念贯穿城市规划、建设、管理全过程各环节"，为建筑领域贯彻落实健康中国战略指明了发展方向。而后，住房和城乡建设部等七部门发布《关于印发绿色建筑创建行动方案的通知》，将"提高建筑室内空气、水质、隔声等健康性能指标，提升建筑视觉和心理舒适性"列为重点创建目标。《"十四五"建筑节能与绿色建筑发展规划》指出要加强高品质绿色建筑建设，充分利用自然通风、天然采光等，提高住宅健康性能。《"十四五"住房和城乡建设科技发展规划》指出以提高住宅质量和性能为导向，开展住宅功能空间优化技术、环境品质提升技术、建筑隔声降噪技术和室内环境污染风险管控技术研究，研发健康环保的装修材料和部品部件。从上述政策可以看出，发展健康建筑是未来5~10年贯彻落实健康中国战略、促进高品质住宅建设、提升人民群众获得感和幸福感、实现建筑业"以人为本"转型的重要途径。

在我国大政方针的指引下，中国建筑科学研究院有限公司、中国城市科学研究会等三十余个科研院所、高等院校、工程与产品企业，联合编制了我国首部健康建筑标准——《健康建筑评价标准》T/ASC 02—2016（以下简称《标准》2016版），形成了以标准编制带动行业推进的良好局面。然而随着我国健康中国建设的不断深化和建筑科技的快速发展，《标准》2016版在实施和发展过程中遇到了新的问题、机遇和挑战。一方面，随着新技术、新产品不断涌现，标准需要吸纳新技术理念并提升与卫生、心理等专业的跨界融合，使标准更指向人的健康。另一方面，随着标准的项目侧需求剧增，需要结合实践经验修订标准，提升标准普适性，简化标准使用程序，使之更好地指导项目建设、运管与评价。因此，为进一步贯彻健康中国战略部署和有关政策文件精神，提高人民健康水平，适应新时代人民群众对于健康的建筑环境的迫切需求，实现建筑健康性能进一步提升，中国建筑科学研究院有限公司、中国城市科学研究会等41家单位，对《健康建筑评价标准》T/ASC 02 进行修订。经过广泛征求公众与项目意见，《健康建筑评价标准》T/ASC 02—2021（以下简称《标准》2021版）于2021年9月1日发布，2021年11月1日正式实施。

2 主要内容

2.1 标准体系架构

《标准》2021 版沿用了《标准》2016 版首创的"空气、水、舒适、健身、人文、服务"六大健康要素作为一级指标,对二级指标进行重新调整架构,共设 17 个二级指标,每类指标均包括控制项和评分项,并统一设置加分项,指标体系架构如图 1 所示。

《标准》2021 版沿用了《标准》2016 版的阶段划分方式,分为设计评价和运行评价两个阶段。设计评价指标体系由空气、水、舒适、健身、人文 5 类指标组成;运行评价指标体系由空气、水、舒适、健身、人文、服务 6 类指标组成。设计评价在施工图设计完成之后进行,其评价重点为健康建筑采取的提升建筑性能的预期指标要求和健康措施。运行评价应在建筑通过竣工验收并投入使用一年后进行,不仅关注健康建筑的理念及技术实施情况,更关注实施后的运行管理制度及健康成效。

图 1 《标准》修订前后框架结构

2.2 评价要求与等级划分

为避免装饰装修涂料、家具等污染物散发影响建筑室内空气品质,进而降低建筑的健康性能,《标准》明确要求健康建筑评价应以全装修的单栋建筑、建筑群或建筑内区域为评价对象。毛坯建筑不可参与健康建筑评价。全装修是指房屋交付前,所有功能空间的固定面全部铺装或粉刷完毕,厨房与卫生间的基本设备全部安装完成。全装修并不是简单的毛坯房加装修,而是装修设计应该在住宅主体施工动工前进行,即装修与土建一体化设计。

《标准》2021 版调整了健康建筑的等级划分,由 2016 版的一星级、二星级、三星级共 3 个等级,调整为铜级、银级、金级、铂金级 4 个等级。当建筑满足所有控制项要求,且总得分达到 40 分、50 分、60 分、80 分时,分别达到四个等级。同时,《标准》考虑到不同民用建筑的使用对象和用途不同,为避免将各项指标权重进行"一刀切"式的规定,以"抓主因、顾次因"的原则充分考虑了不同类型的民用建筑的健康影响因素,并按照民用建筑的分类,建立了健康建筑各类评价指标的权重,见表 1。

健康建筑各类评价指标权重 表1

评价类别		空气	水	舒适	健身	人文	服务
设计评价	居住建筑	0.23	0.21	0.26	0.13	0.17	0
	公共建筑	0.27	0.19	0.24	0.12	0.18	0
运行评价	居住建筑	0.20	0.18	0.24	0.11	0.15	0.12
	公共建筑	0.24	0.16	0.22	0.10	0.16	0.12

2.3 修订内容

结合《标准》2016版应用以来发现的问题，适应行业社会的变化，融合最新的技术理念，《标准》2021版在修订过程中主要作出如下调整：

1）深化以人为本，提高住宅健康性能，促进高品质住宅建设。针对我国住宅环境空气质量低下、隔声效果差、人文交流不足、居民舒适性不佳等问题，《标准》修订过程中从提升居家舒适性、生活便利性、健身与交流环境、绿化人文环境、智慧生活体验与降低交叉感染六个方面入手，进一步提升了住宅的健康性能，有效衔接了国家高品质住宅建设与发展要求。

2）强化跨界融合，提升营养、心理、行为、智慧等元素与健康建筑理念融合。修订编制组在原核心团队基础上，强化了心理学、食品营养、体育健身、主动健康、智慧建筑等领域专家组成，强化了中式厨房、人体工学、全龄友好等专项研编，实现了包含建筑、暖通、给水排水、景观、规划、声学、光学、建材、卫生、心理、毒理、智慧、营养、健身、管理、行为十六项建筑领域及与健康强相关领域的融合。

3）参考2000栋建筑的实践反馈，优化指标体系。结合实践反馈的可行性、适用性、引领性以及条文难度等方面的反馈意见，优化完善指标体系。如：细化了空气章节关于甲醛、TVOC等污染物在设计阶段选材、预评估的计算原理及方法；细化了生理等效照度的设计目标、原理以及通过视觉照度计算生理等效照度的计算方法；明确了建筑配套健身设施数量的配备比例具体计算方式；提升了照明系统智能化控制在不同建筑类型中的适用性；细化了建筑内有关食品供应服务的具体管控内容等。

4）融入新技术、新理念，增设"主动健康""健康建筑产品"等新内容。《标准》修订过程中，融入主动健康新理念，以人的生命健康为核心目标，围绕构建人与自然生命共同体，通过在建筑加载医疗器械级的健康信息自动感知、储存、智能计算、传输、预警等设施装置的集成系统，实现对建筑使用者的健康风险干预，创造健康价值、应对健康危机等。另外，《标准》引入了健康建筑产品的理念，采用符合健康建筑参数要求的装饰装修材料、家具家电部品、设备设施等建筑产品，以促进使用者的全面健康与提升建筑健康性能。

5）提升标准普适性，简化标准使用程序、优化指标体系。一方面，为兼顾我国健康建筑理念在不同地域的普及推广，增设了健康建筑评价等级，由2016版的三级变为2021版的四级。另一方面，结合我国绿色建筑的全国推广，健康建筑在程序上与绿色建筑标识脱钩、取消不参评项，简化标准使用程序。再一方面，结合国家标准《室内空气质量标准》GB/T 18883、《民用建筑工程室内环境污染控制标准》GB 50325等系列标准的制修订，优化完善室内$PM_{2.5}$年均浓度、室内PM_{10}年均浓度、室内热环境等指标体系。

3 技术亮点

《标准》修订从我国的基本国情出发，结合健康建筑特点，以"融合性、引领性、可感知性、可操作性"为原则，通过吸纳新技术新理念、提升跨界融合、提升健康显示度等措施，提升标准的科学性、引领性、系统性与全面性，结合项目实践反馈提升《标准》的国情适应性与可操作性。《标准》亮点与创新点如下：

（1）突破普通建筑建设观理念

《标准》的健康目标覆盖生理、心理和社会三大层面，转变传统以物化为导向的理念，以人民群众的"全面健康"为出发点，从规划、设计、施工、运管、改造全生命期重构建筑建设，全方位保障人体健康。

（2）分解健康指标，实现跨学科融合

以建筑物为载体，《标准》将健康指标的实现路径分解为五大类指标，包括空间（空间功能、空间尺寸、形状、位置、颜色、装饰等）、构造（围护结构的材质和厚度、门窗气密性和水密性等）、设施（健身设施、文娱设施、服务设施等）、设备（净水器、空气净化器、减振器、灯具等）、服务（设施设备维护、应急管理、活动组办、理念宣传、心理咨询、食品管控等），集成建筑、医学、心理学、暖通、卫生、管理等多学科技术，支撑健康目标的实现。

（3）构建多层级健康解决方案

《标准》构建了"强制、优先、鼓励"的多层级健康解决方案，关注健康成效，而非限定单一技术路径。引导建筑结合所在地区的气候、环境、资源、经济和文化等特点，对项目所处的风环境、光环境、热环境、声环境等加以组织和利用，扬长补短。制定工程建设、产品技术、投资与健康性能之间总体平衡、优先和鼓励自由组合的最适宜方案。

（4）适应我国国情，引导高品质住宅建设

《标准》紧贴我国社会、环境、经济、行业发展的具体情况，基于我国住宅健康性能不足的问题，重点关注建筑空气污染物、建筑材料、用水品质、体感舒适、全龄友好、食品、健身、精神等方面的健康因素，针对性地满足我国人民对于住宅健康性能的需求，适应从国家到地方的行业政策导向，促进高品质住宅的落地，促进人民群众全面健康建设目标的实现。

4 实施情况

在推动标准体系建设方面，以《标准》为母标准，针对具有鲜明特色的建筑功能类型以及更大规模的健康领域，建立了以六大健康要素为基础，涵盖建筑、社区、小镇、住区多层级，囊括新建与改建全生命期的健康系列标准体系。从区域范围讲，由健康建筑到健康社区、健康小镇、健康住区；从建筑功能讲，由健康建筑到健康医院、健康校园，我国健康建筑系列标准逐步完善，向更精细化发展的同时面向更广泛的人群服务。

在推广实施方面，以健康建筑联盟单位作为发力点，以标准体系为技术引领，从产品支持、技术咨询、工程建设、运管维护到项目评价与改进，形成了有效的健康建筑推广机制。截至2022年3月，以《标准》为评价依据，全国健康建筑推广面积逾3000万m^2，含单体近3000栋建筑，涵盖北京、江苏、四川、新疆等22个省、自治区、直辖市，以及香港特别行政区。同时，为展示健康建筑科技成果，依托健康建筑产业技术创新联盟遴选了4项获得健康建筑标识的优秀项目作为"健康建筑示范基地"（图2），通过开展基地示范教育工作，为行业发展提供借鉴，引导健康建筑高质量建设。

（a）中国石油大厦

（b）朗诗新西郊

（c）中衡设计集团研发中心

（d）佛山当代万国府MOMA

图2 健康建筑示范基地项目

5 结语

《标准》的编制对于我国健康建筑行业理论技术研究、标准体系发展与项目推广落地具有重要的支撑作用，对助力"健康中国2030"、建筑行业转型发展、高品质住宅建设具有重要意义。立足当下,我们应当在现有工作基础上不断总结、继续深耕,在理论及应用方面进行更为全面的探索和创新,逐步完善规范和标准体系,形成涵盖研发生产、规划设计、施工安装、运行维护的全产业链条,推进研发成果的规模化应用。展望未来,在党和国家的指引下,健康建筑必将实现更高质量的发展,在增强人民群众获得感、提高人民健康水平、贯彻落实健康战略建设等方面,发挥更加积极的作用。

作者:王清勤[1];高成[1];赵乃妮[1];盖轶静[2];孟冲[1,2](1 中国建筑科学研究院有限公司;2 中国城市科学研究会)

团体标准《健康社区评价标准》 T/CECS 650 T/CSUS 01 要点解读

1 编制背景

1.1 背景和目的

社区是一定地域内的人们所组成的多种社会关系的生活共同体，作为人民群众生活工作的基本单元，是营造良好生活与心理环境、引导居民养成健康生活方式、强健人民体魄的重要抓手。健康城市和健康村镇是推进健康中国建设的两大载体，而社区作为城市系统的有机组成部分和宏观社会的缩影，是开展健康城市建设的细胞工程。

从2015年至今，国家颁布了多项政策推进健康社区的建设，从"推进健康中国建设"到"广泛开展健康社区、健康村镇、健康单位、健康家庭等建设，提高社会参与度""加强和完善城乡社区治理的总体要求、目标任务和保障措施""提出健康社区覆盖率的指标"，再到"制定健康社区、健康单位（企业）、健康学校等健康细胞工程建设规范和评价指标""发展社区养老、托幼、用餐、保洁等多样化服务，加强配套设施和无障碍设施建设""构建居家社区机构相协调、医养康养相结合的养老服务体系""深入开展健康知识宣传普及，提升居民健康素养""推进食品营养标准体系建设，健全居民营养监测制度""倡导主动健康理念，普及运动促进健康知识"等，从各方向推动了社区发展，也为健康社区的建设提供了方向指引。

因此，为了提高人民健康水平，贯彻健康中国战略部署，推进健康中国建设，指导健康社区规划建设，实现社区健康性能的提升，规范健康社区评价，中国建筑科学研究院有限公司、中国城市科学研究会等单位联合启动了《健康社区评价标准》（以下简称《标准》）的编制。《标准》经过广泛征求意见和充分的项目调研，并经中国工程建设标准化协会与中国城市科学研究会联合批准发布，标准号为 T/CECS 650—2020 T/CSUS 01—2020。

1.2 编制基础

为实现健康社区的规模化、精细化建设指引，成立了包含"建筑、设备、声学、光学、公共卫生、心理、医学、建材、给水排水、食品"十大专业的编制组，开展了大量的基础性研究，通过多年持续跟踪研究，基于扎根理论、层次分析模型 AHP、SERVQUAL

模型,从人的全面健康需求挖掘关键因素与核心范畴,设计构建指标耦合模式与技术菜单建立模式,采用健康需求和工程技术相结合的方法,建立了以"空气、水、舒适、健身、人文、服务"六要素为核心的健康建筑评价指标体系,编制并发布实施了中国建筑学会标准《健康建筑评价标准》T/ASC 02—2016。该标准发布实施后获得了良好的行业推广,积累了大量的项目实践经验及反馈数据,为《标准》的编制奠定了完善的理论与实践基础。

2 主要内容

《标准》秉承引领性、科学性、适用性、融合性四大原则,包含了建筑工程、心理学、营养学、人文与社会科学、体育学等多学科领域,打破了传统社区涵盖的专业壁垒,以人的全面健康为目标导向,采用工业化、信息化、智慧化等多技术手段,建立了健康社区的全过程评价指标体系。《标准》体系架构共分为 10 个章节,包括总则、术语、基本规定、空气、水、舒适、健身、人文、服务、提高与创新,《标准》框架见图 1。

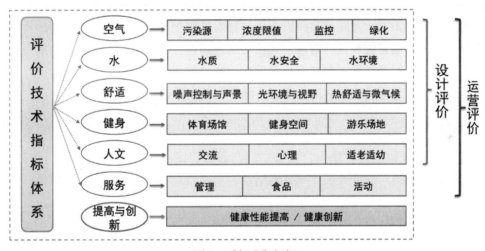

图 1 《标准》框架

《标准》沿用健康系列标准的"六大健康要素"——空气、水、舒适、健身、人文、服务,作为核心指标。

2.1 空气

空气主要内容包括污染源、浓度限值、监控、绿化。空气污染源主要从垃圾收集与转运、餐饮排放控制、控烟与禁售等方面进行严格规定,从源头上采取措施控制污染物的产生。污染物浓度限值主要对室外及公共服务设施室内的 $PM_{2.5}$、PM_{10} 浓度进行限值,以及室内甲醛、苯系物浓度的限值,并通过增强建筑围护结构气密性、通风系统及空气净化装置等手段来对室内污染物浓度进行控制。监控系统主要是对室外大气主要污染物及 AQI 指数监测与公示,方便建筑使用者直观、综合地了解室外及室内空气质量情况。绿化主要是通过设置绿化隔离带、提高绿化率、提升乔灌木比例等增强植物的污染物净化与隔离作用。

2.2 水

水主要内容包括水质、水安全、水环境。水质主要包括对泳池水、直饮水、旱喷泉、饮用水等各类水体的总硬度、菌落总数、浊度等水质常规指标控制，并制定完整的水质监管制度，通过网络平台或公告栏等途径公示抽检结果。水安全包括雨水防涝安全、景观水体水质安全及亲水安全、水体自净等，避免社区内水安全造成的健康影响。水环境包括排水系统进行雨、污分流，设置雨、污水排放在线监测系统及定期检测，设置具滞蓄功能的雨水基础设施等，避免水质污染和排水不畅等导致水质恶化。

2.3 舒适

舒适主要内容包括噪声控制与声景、光环境与视野、热舒适与微气候。社区噪声控制主要包括对室内外功能空间噪声级控制、噪声源排放控制、回响控制等，通过吸声、声屏障、隔声罩、消声装置、噪声警示标识等措施实现降噪；社区声景通过声掩蔽技术，结合空间环境、物理环境及景观因素对声环境进行全面的设计和规划等措施，实现听觉因素与视觉因素的平衡和协调。光环境与视野主要包括对玻璃光热性能、光污染控制、生理等效照度设计、智能照明系统设计与管理、建筑之间视野设计等，保证良好的光品质及舒适的视野环境。热舒适与微气候主要包括热岛效应控制、景观微气候设计、通风廊道设计、极端天气应急预案等，保障社区居民正常室外活动的基本要求。

2.4 健身

健身主要内容包括体育场馆、健身空间与设施、游乐场地。根据社区规模设置大、中、小型体育场馆，可便于开展体育比赛活动，增强群众参与体育运动的积极性，有利于促进健身运动。社区健身空间与设施包括室内健身场地及设施、室外健身场地及设施、健身步道、绿色出行方式等，并根据社区规模设置健身场地面积、健身器材数量、健身配套设施等，鼓励利用底层架空层或屋顶空间设置健身场地。此外，按社区配比设计社区游乐场地，包括儿童游乐场地、老年人活动场地、全龄人群活动场地等，并考虑无障碍设计及儿童安全。

2.5 人文

人文主要内容包括交流、心理、适老适幼。合理设置足够的公共休闲交流场地，能够促进社区和谐、构建健康社区，主要包括全龄友好型交流场地设计，人性化公共服务设施，文体、商业及社区综合服务体等，满足不同人群的交流空间需求。同时注重社区群众的心理发展，主要包括社区特色文化设计、人文景观设计、心理空间及相关机构设置等，从心理上改善居民生活环境、提升居民生活品质。社区适老适幼主要包括交通安全提醒设计、连续步行系统设计、标识引导、母婴空间设置、公共卫生间配比、便捷的洗手设施等，创造便利的生活设施。

2.6 服务

服务主要内容包括管理、食品、活动。社区运行管理包括质量与环境管理体系、宠物管理、卫生管理、应急预案管理、心理服务、志愿者服务等，确保社区健康性能在运行过程中保持稳定。社区食品主要是满足社区内群众的健康需求，通过食品供应便捷、食品安全把控、膳食指南服务、酒精的限制等食品问题来把控社区居民的饮食安全，降低居民患疾病的风险。社区活动主要包括社区联谊、文艺表演、亲子活动的筹办等，提高群众凝聚力，改善邻里关系；并通过健康与应急知识宣传、信息公示等途径普及健康理念，宣传健康生活方式。

2.7 提高与创新

提高与创新主要包括社区设计与管理要求。在技术及产品选用、运营管理方式等方面提高社区健康性能，鼓励在社区的各个环节中采用高标准或创新的健康技术、产品和运营管理方式，包括社区智能化服务系统、社区小型农场、社区健身指导系统、社区灵活功能空间等，并鼓励在健康社区中扩大健康建筑的比例，若申请健康社区的项目中健康建筑比例达到100%，将直接获得6分的加分。

3 技术亮点

3.1 高品质的社区环境

社区环境包括废气环境、生态环境、舒适环境及卫生环境等。废气环境是通过对产生污染物的设备进行选址规划、专项清运管理、排放净化等措施对废气进行控制治理。生态环境是通过雨水滞留的雨水基础设施、绿化措施来改善内涝及热岛效应。舒适环境是对社区微气候环境、光环境及声环境进行控制和营造。卫生环境针对社区卫生治理，如文明养宠、储水设备、空调设备清洗等。

3.2 全龄友好的公共服务

公共服务包括健身场地，交流场地，文化活动场地，儿童、老人、残疾人托管服务机构，社区活动及无障碍设施等。健康社区鼓励设置大、中、小型体育场馆，场地、俱乐部，健身广场（舞蹈、武术等），室内外健身空间、场地健身步道，自行车道，儿童与老年人活动场地，康复体育运动场所，交流活动场地及相关设施，以及综合性、多功能、公益性文体活动中心等，并考虑社区无障碍设施连贯，活动场地无高差、人行横道设置盲人过街语音信号灯、设置连续独立步行系统等。

3.3 智慧便捷的运营管理

运营管理包括智慧监测、信息服务、公共宣传、食品管理及心理安全等。健康社区鼓励设置智慧监测系统，主要对室内外空气、饮用水水质、灾害预警、烟雾报警等环境参数进行实时监测，并通过智慧互联网平台、健康信息服务网络平台、社区公共宣传展示窗口等途径进行公示，可引导社区群众对突发情况做好相应的防护措施，鼓励设置远程遥控系统及无障碍智慧服务。食品管理鼓励打造"一刻钟"食品便民服务商圈，给群众提供充足的粮食、水果、蔬菜等，并提供膳食指南服务。心理安全鼓励通过设置静思、宣泄或心理咨询室等心理调整房间，来缓解社区居民的心理问题。

4 实施情况

截至2023年4月，按照健康建筑系列标准设计、建设，获得或注册标识的项目建筑面积累计1.30亿 m^2。其中，健康建筑389个项目，建筑面积4153万 m^2；健康社区33个，建筑面积1187.9万 m^2，既有住区健康改造10个，建筑面积6875万 m^2；健康小镇3个，建筑面积793万 m^2，占地面积4187.9万 m^2；健康建筑声学专项4个，建筑面积65.6万 m^2。项目覆盖了北京、上海、江苏、广东、天津、浙江、安徽、重庆、山东、河南、四川、江西、陕西、湖北、新疆、河北、甘肃、青海、福建、内蒙古、云南、吉林、黑龙江、辽宁、湖南、海南共26个省、直辖市、自治区，以及香港特别行政区。

《标准》的制定与实施，使社区健康性能和服务指标进入专业化、系统化、规范化、科学化阶段，有力地推动了健康社区高质量发展，进而在落实"健康中国"战略中发挥更加积极的作用，对社区居民健康产生多项促进作用，具体包括：

4.1 提高社区居民健康水平

习近平总书记指出，人民群众最关心的就是教育、就业、收入、社保、医疗、养老、居住、环境等方面的事情。健康社区以人民群众的健康保障为出发点，重新构建社区的规划、建设与运管，采取政策的、环境的、服务的和资源的综合措施，不仅能够提高社区居民的生理、心理和社会的全面健康水平，也能够提高相关组织和社区整体的健康水平。

4.2 推进健康中国建设

《标准》贯彻落实健康中国战略部署，提高人民幸福感和获得感，以保障和促进社区居民生理、心理、社会的全面健康为出发点，从社区区域环境、公共配套、区域统筹、社区服务、人群管理等健康措施为切入点，与《健康中国行动（2019—2030年）》提出的15项重大行动中的13项密切相关，是贯彻落实"健康中国"战略的重要抓手。

4.3 提升社区健康性能

健康社区以健康建筑为基础，兼顾人们对环境、适老、设施、心理、文化、食品、服务等更多的健康需求，通过改善社区室外及公共服务室内空间物理环境品质、优化社区生活环境、提升公共活动区域饮食与饮水品质、持续优化健康服务等一系列措施，促进和支撑我国城乡建设更深层次的高质量发展。

4.4 拉动健康、养老服务消费

《标准》实施后，拉动了追求"健康""舒适""宜居""社交""文化"社区环境的消费群体在建筑领域的服务消费。同时，《标准》紧跟国家发展养老消费的政策背景，适应老年人健康服务需求、关爱妇幼人群的健康需求，提高了社区老年健康服务能力和服务质量，拉动了建筑领域的其他相关行业的经济增长。

4.5 拓宽行业边界，促进行业就业

《标准》的制定与实施进一步规范了健康社区评价，拓宽了建筑行业的边界，促进了社区建设产生的前期设计投入、设备产品投入、检测投入、运营管理投入等，对相关设计单位、产品企业、咨询单位、运营管理单位等业务增长均起到积极推动作用，促进了建筑领域行业就业。

5 结束语

《标准》响应"健康中国"战略，支持"健康城市"建设。围绕现代健康观强调多维健康的理念，不仅关注个体，也关注各种相关组织和社区整体的健康。以可靠的数据测量、可实施的评价手段提升社区健康基础，营造更适宜的健康环境，提供更完善的健康服务，保障和促进人们生理、心理和社会全方位的健康。

《标准》作为我国首部以健康社区为主题的标准，填补了在相关领域的空白。在未来社区发展中，《标准》将持续在助力健康城市建设、推动"健康中国"战略部署、捍卫人民健康、保障经济发展、维护社会和谐稳定等方位发挥重要作用。

作者：孟冲[1,2]；盖轶静[2]；王果[2]；赵乃妮[1]；王清勤[1]（1 中国建筑科学研究院有限公司；2 中国城市科学研究会）

第 2 篇　国外标准篇

　　发达国家的住宅随着工业化和城市化迅速发展,住宅建设标准也随之发展。"他山之石可以攻玉",本篇通过对英国、美国、新加坡、日本、德国等国家的高水平住宅设计、建造或评价标准进行介绍,分析研究了国外先进标准的经验和做法,提出对我国高品质住宅发展的启示。

　　英国"终生住宅"标准,提出住宅设计标准应满足居住者不同时期的要求,将住宅设计、建造、使用维护与人们的居住需求和意愿结合起来,为终生住宅建设提供了技术指导。

　　美国 WELL 建筑标准,特别关注居住者健康,重点关注空气、水、营养、光、运动、热舒适、声环境、材料、精神和社区等各个方面;与此同时,美国住房和城市发展部提出住房质量标准,为住房质量评估提供安全性和健康性的判断准则。

　　新加坡"组屋"标准,科学践行绿色 TOD 理念,在保障居民的交通可达性和生活便捷度的同时,充分利用空间进行多样立体的绿化,开辟活动场所,提升居民的环境品质。

　　日本长期优良住宅和百年住宅标准,以支撑体与填充体分离住宅标准为基础,构建了以长寿化、高品质、低能耗为方向的新型可持续住房发展模式。

　　英国住宅隔声降噪法规与标准,体系完整、覆盖全面,将法律条例的强制性与准则标准的实操性、灵活性相结合,建立了极具特色的 Robust Details 产品认证体系,能确实保障住宅隔声降噪的实际效果。

　　德国可持续住宅质量标识标准,包含居住质量、技术质量、生态质量、经济质量和过程质量五大技术指标体系,推动德国住宅建设水平不断提升。

英国"终生住宅"标准介绍

英国是世界上较早步入老龄化的国家之一,英国政府对老年人的居住条件和生活权益非常重视。2011年,英国《终生住宅设计标准》正式颁布,提出住宅设计标准应满足居住者不同时期的要求,为终生住宅建设提供了技术指导。

1 发展历程

20世纪90年代,英国大部分住宅在实际使用中不同程度地存在可达性和方便性等问题,难以满足各年龄段使用者的需求,由此提出了"终生住宅"概念,希望采用通用性设计支持家庭的弹性使用需求,改善以老年人为主的各年龄段使用者的生活质量。2003年英国政府提出了"可持续的社区,面向未来的建设"(Sustainable Communities, Building for the Future)计划,呼吁卫生、住房等部门联合起来,为老年人提供更加适合居家养老的住房。

2008年2月,英国住房建设部和地方政府(DCLG)正式颁布了"终生住宅,终生社区"(Lifetime Homes, Lifetime Neighborhoods)政策。2011年英国出台了《终生住宅设计标准》(以下简称"终生住宅"标准),提出住宅设计标准应满足居住者不同时期的要求,为全龄化住宅的设计提供了技术指导。同时政府规定自2011年起,所有政府新建住宅项目必须要达到"终生住宅"标准;自2013年开始,要求所有的新建住宅项目必须要达到"终生住宅"标准。在社区建设方面,政府要求将人口老龄化作为可持续发展框架下规划建设新社区的重要内容,提出将"终生社区"运用到生态城镇的建设中,促进典型的包容性设计,并率先在奥运会和残奥会的规划设计中应用了"终生社区"标准。

"终生住宅"标准实施5年以后,原16条设计标准经修改调整被正式纳入英国《建筑条例》,构成"无障碍和适应性住宅"建设要求。与2011年"终生住宅"标准相比,《建筑条例》更加侧重于促进普通住宅的适应性建设,一些关键问题的解决有效提高住宅对全体居民的适用性,如增加窗户扶手高度和散热器位置控制;允许"缓坡"停车;免除关于停车位需要确保能够扩大到3.3m的要求;取消主卧室和无障碍卫生间须位于入口层或入口层相邻层要求。

2 内容要点

英国政府对"终生住宅"的阐述主要表现在4个方面,一是多样的选择:确保住宅能够提供基本服务，并促进满足老年人个性化需求和喜好的响应性设计；二是信息和引导：为服务人员和老年居民提供使用信息和咨询；三是灵活的服务：协助管理部门和供应商评价住房服务水平，提高空间使用的灵活性，提供必要的改动；四是住房的质量：提供安全监测服务和使用支持服务，保证住宅的安全性和舒适性。"终生住宅"标准包括表1所示的16条内容，既包括对建筑周边环境的技术要求，也包括对建筑内部细节的设计规定。

英国"终生住宅"标准主要内容　　　　　　　表1

序号	项目	原则
1	带有轮椅专用车位的停车场	提供的停车场尽可能在最大范围内为更多人（包括行动不便者和儿童）使用
2	与住宅联系方便的停车场	能使更多人（包括行动不便者、抱小孩的人、购物者）在住宅和停车场间敏捷地通行
3	平缓的坡道	尽可能使更多人能够方便地通往住宅
4	住宅入口和高差处的良好照明	使入口能方便更多人使用
5	方便使用的台阶和轮椅可用的电梯	使更多的人通往住宅各楼层
6	允许轮椅宽度通过的门厅和走廊	方便通行
7	预留餐厅、起居室中轮椅的回转空间	
8	在底层的起居室	提供尽量不使用楼梯的起居会客空间
9	在底层预留的卧室	在住宅底层设置临时性的卧室，方便家庭成员在不能适用楼梯时居住
10	允许轮椅使用的底层卫生间	在住宅底层设置卫生间和预设淋浴设施
11	确保卫生间中的墙体能够安装扶手	帮助使用者独立地使用卫生间和淋浴设施
12	楼层之间预留电梯空间	
13	主卧与卫生间之间预留天花板起重器械空间	通过居室与卫生间便捷的联系，帮助更多人独立生活
14	便于使用的卫生间	
15	起居室中适合轮椅尺寸的窗户	使人们有合理的视线，且至少每个房间中有一个窗户通风
16	适合轮椅尺度的设施操控开关	设置常规使用和紧急使用的设施控制开关，使更多的人能方便使用，包括行动受限的人

3　对我国高品质住宅发展的启示

我国尚属发展中国家，却拥有占世界总数五分之一的老龄人口，并且处于老龄化快速发展的进展之中。"十三五"期间，中国人口老龄化加速发展，人口老龄化形势更加严峻。相对而言，我国经历了快速的经济发展和物质空间建设后，已经或即将展现出来的老龄社会问题，未来也将无法回避。英国社区在适老建设的政策制定、技术保障和系统支持等方面积累的经验，对我国应对老龄社会的"居家养老"无疑具有重要的借鉴意义。

3.1 住宅品质提升应贯穿项目全生命周期

英国"终生住宅"特别强调服务，包括提供信息咨询服务、安全监测服务和使用支持服务，体现了从全生命周期视角出发的住宅品质提升工作。我国的住宅品质提升工作也应当贯穿全生命周期，不只强调设计和施工阶段的管理，更注重使用阶段，如物业服务、安全耐久等方面的评估和提升。同时使用阶段生成的大量数据也可以起到重要的反馈作用，为后续更高品质项目的设计和施工提供参考和依据。

3.2 住宅品质提升应从使用者角度出发

英国"终生住宅"通过标准将住宅设计、建造、使用维护与人们的居住需求和意愿结合起来。强调满足居住者多样化的需求，注重空间使用的灵活性。很多细节的适老化和无障碍设计对改善不同居住群体的生活质量具有积极意义。

参考文献

[1] 王牧洲，刘念雄. 英国住宅建筑评估体系的新发展与启示——住宅品质标识（HQM）体系介绍［J］. 住区，2018（1）：69-77.

[2] 于一凡，贾淑颖. 终生社区，终生住宅——英国城市的适老化建设路径［J］. 上海城市管理，2017，26（5）：40-44.

[3] 贾淑颖，梁宸彰. 英国无障碍住房16条标准：无障碍适应性住宅技术规范［EB/OL］.（2019-12-30）.［2023-07-01］. https://mp.weixin.qq.com/s/pc7mWFESMa4pr_U5ppR_VA.

作者：张蔚；胡英娜；王晓朦；肖娜；宋子琪（中国建筑设计研究院有限公司）

美国健康建筑标准和住房质量标准介绍

美国为关注居住者健康，制定 WELL 建筑标准，截至目前 WELL 标准已有两个主要版本：V1 版本主要关注七大健康类别：空气、水、营养、光、健身、舒适、精神；V2 版本在 V1 版本的基础上，增至十大类：空气、水、营养、光、运动、热舒适、声环境、材料、精神和社区。为保障低收入群体的住房需求，美国住房和城市发展部提出住房质量标准（HQS）。评价对象包括所有房屋类型，不仅为通过评价的住房提供"标准住房"认证，同时也提供一个安全性和健康性的判断标准。

1 WELL 建筑标准

美国 WELL 建筑标准是由国际 WELL 建筑研究所（International WELL Building Institute）制定推出的，十大健康类别下包括多项评价指标特性项，包括先决条件和优化条件。项目必须达到所有先决条件和一定数量的分值才能获得不同级别的认证，V2 规定银级为 50 分，金级为 60 分，铂金级为 80 分。V2 还规定项目在每个概念上至少获得 2 分，且不得超过 12 分。表 1 列举了空气、水、光、热舒适、声环境、材料、社区项下的指标。

美国 WELL 建筑标准（V2 版）部分指标　　　　　表 1

	先决条件（必备项）	优化条件（评分项）
空气	A01 基本空气质量 A02 无烟环境 A03 通风效率 A04 施工污染管理	A05 增强空气质量 A06 增强通风 A07 可开启窗 A08 空气质量监测和意识 A09 污染物渗透管理 A10 燃烧最小化 A11 源分离 A12 空气过滤 A13 挥发性有机化合物主动控制 A14 微生物和霉菌控制
水	W01 基本水质 W02 水污染物 W03 军团杆菌控制	W04 增强水质 W05 水质一致 W06 饮用水推广 W07 潮湿管理

续表

	先决条件（必备项）	优化条件（评分项）
光	L01 光接触和教育 L02 视觉照明设计	L03 昼夜照明设计 L04 眩光控制 L05 增强日光获取 L06 视觉平衡 L07 电气照明质量 L08 住户控制照明环境
热舒适	T01 热舒适性能	T02 增强热舒适性能 T03 热环境分区 T04 个人热舒适控制 T05 辐射热舒适 T06 热舒适监测 T07 湿度控制
声环境	S01 噪声地图	S02 最高噪声等级 S03 声障 S04 吸声 S05 声掩蔽
材料	X01 基本材料预防 X02 危险材料消减 X03 室外结构	X04 废弃物管理 X05 就地管理 X06 场地整合 X07 杀虫剂使用 X08 减少危险材料 X09 清洁产品和规范 X10 减少挥发性成分 X11 长期挥发控制 X12 短期挥发控制 X13 增强材料预防 X14 材料透明度
社区	C01 健康意识 C02 整合设计 C03 住户调查	C04 增强住户调查 C05 健康服务和福利 C06 推广健康 C07 社区免疫 C08 对新晋父亲的支持 C09 对新晋母亲的支持 C10 家庭支持 C11 公民参与 C12 组织透明度 C13 无障碍和通用设计 C14 洗手间配置 C15 应急准备 C16 社区开放与参与

2 住房质量标准（HQS）

住房质量标准（以下简称 HQS 标准）具体包括厨卫设施、空间配置、街区环境及安全、热环境、电力和照明、材料和结构、室内空气质量、供水、含铅油漆、卫生状况等13 项性能评价因素。参加本标准评价的房屋必须满足所有的规定和性能要求，才能获得"标准住房"认证。纽约市房屋管理局公布了 HQS 标准的一般要求如表 2 所示。

HQS 标准一般要求　　　　表 2

居住单元要求	具体内容
房间（一般情况）	必须有客厅、厨房、浴室和（每两名家庭成员一个）起居室/卧室；睡觉空间面积至少要有 80 平方英尺；客厅可用作卧室；天花板、墙壁、窗户和地板必须处于良好状态
电源插座及灯具	每个睡觉用的房间必须有两个电源插座或一个电源插座和一个永久性灯具
厨房和浴室	如果建筑物是在 1986 年之后建造或翻新的，则必须在浴室的水源 6 英尺内安装接地故障断路器（GFCI）插座；如果建筑物是 1996 年以后建造或翻新的，则厨房必须安装 GFCI 插座。浴室需要固定的灯具，但不需要插座。厨房需要一个插座和永久的灯具
烟雾探测器	所有居住单元必须至少有一个可用的烟雾探测器，是电池供电、固线的，或者在该单元每层都有一个备用电池。必须安装在天花板或距离天花板 4~12 英寸的墙壁上。如果房客有听力障碍，警报器必须是为听力受损的人设计的
一氧化碳探测器	所有单元必须有一个正常工作的一氧化碳探测器，是电池供电的、固线的，或是固线的且带备用电池；必须安装在任何睡眠区域 15 英尺内；不能安装在浴室或厨房，也不能安装在距离燃气烹饪器具 5 英尺内。如果房客有听力障碍，警报器必须是为听力受损的人设计的
窗户	每个房间必须至少有一扇窗户可以打开和关闭，以提供通风和采光。可以接受可打开的天窗。窗户也必须有永久固定的且数量足够的锁
窗户防护	纽约市法律要求有 10 岁及以下儿童居住的多层住宅必须在儿童居住的单元和公共空间中安装并维护窗户护栏
暖气和热水	每个单元必须有足够的热源和热水，热水源必须满足最低/最高温度的规定

此外鉴于 1978 年以前建造的建筑物/房屋可能使用含铅涂料，纽约市要求业主必须向租户披露单元和公共场所是否存在含铅涂料或含铅危害。

3 对我国高品质住宅发展的启示

3.1 多角度、全周期改善居住者健康

WELL 建筑标准除通过量化指标保障建筑环境的健康性，更突出从医学、政策、饮食、生活方式等多方面提供改善居住者健康状态的建议。我国健康建筑评价标准在量化指标的基础上，宜适当增加从促进健康行为出发的建议和政策作为补充，引导人们形成健康的生活习惯，将健康理念融入人们的日常行为方式中。同时应关注建筑全生命周期的健康

性能，重视运营维护阶段对于居住者健康的作用。

3.2 关注低收入人群的住房需求

美国为保障低收入群体的住房需求专门出台了 HQS 标准，更注重房间面积和功能分区、安全和健康等基本需求。目前我国已经建立起较为完善的保障性住房体系，与商品房存在设计标准、建造成本等各方面的差异，但在高品质住宅的相关标准制定工作中却未有专门针对保障性住房的标准，有必要区分不同的住房类型和不同收入水平的人群，对现有住宅标准进行细化和完善。

参考文献

[1] 焦怡雪，刘涌涛. 美国以创新性区划促进可支付住宅发展的经验和启示 [J]. 城市发展研究，2007，78（3）：59-62，71.

[2] 王承慧. 美国可支付住宅实践经验及其对我国经济适用住房开发与设计的启示 [J]. 国外城市规划，2004，19（6）：14-18.

作者：张蔚；胡英娜；王晓朦；肖娜；杨思宇（中国建筑设计研究院有限公司）

新加坡"组屋"标准介绍

新加坡的住房相当一部分属于"组屋",是保障性住房制度的典范。随着社会发展和生活水平的提高,新加坡陆续推出和建设不同面积及户型的组屋以满足居住者需求。组屋的类型是根据居民的生活需求和预算而进行的多样化设计,主要包括一房式、二房式、三房式、四房式、五房式及双层公寓式共六个等级。同时新加坡推出一系列翻新改造计划以不断提升老旧组屋居住品质。

1 发展历程

1960年,新加坡颁布《建屋发展法》,成立建屋发展局(以下简称HDB),并明确其职责是"向所有有住房需求的人提供配有现代设施的体面居所,大力推动组屋建设"。这一时期,组屋均为小户型,实行"只租不售"。这期间共建设组屋约2.1万套,解决了大量低收入人口的住房问题。1964年,新加坡推出"居者有其屋"计划,户型仍是一、二、三房式的小户型。大量家庭通过购买组屋实现了住房自有,1970年住房自有率达29%。1971年以来,新加坡对购买组屋的家庭月收入限额逐步放宽,四房式(3室1厅,约90m^2)、五房式(4室1厅,约110m^2)等大户型的组屋占比也不断提高,在1990年达47.6%。到1990年,居住在组屋中的人口占比已提高到87%,住房自有率提高到87.5%,住房问题基本得到解决。

为适应中等收入家庭需要,新加坡推出改善型组屋,1995年推出的执行共管公寓(EC),由HDB提供低于市场价格40%的廉价土地,私人开发商建设与销售,面向月收入低于14000新元的家庭供应(后续逐渐放宽),价格约为私人住宅价格的70%~80%,10年内由HDB和开发商共同管理,10年后变为私人住宅。2005~2012年实施"设计—建设—出售"计划(DBSS公寓),由私人开发商设计、建造并定价出售,售价略低于私人住宅价格;2013年推出"三代同堂"新组屋(3-genflat),满足多代家庭共住需求。

从20世纪90年代开始,新加坡开始实行组屋翻新计划。1995年实施选择性整体再开发计划,对部分老旧组屋拆除后重新开发建设;2001年启动电梯升级计划,对1990年及以前兴建的组屋进行更新改造;2002年启动特别中期翻新计划,对新房屋顶漏水、外部渗水、混凝土剥落等问题进行维护;2007年启动家居改进计划,对1986年及以前修建、从未整修过的30万间组屋进行修复混凝土剥落、厕所翻新等;2007年推出邻里重建计划,对1989年及以前没有翻修的20万间组屋,由政府完全出资修建足球场等设施。这一时期共建设组屋约54.4万套,居住在组屋中的人口占比保持在80%左右,住房自有率维持在

90%左右。

现阶段新加坡建立了以出售组屋为主体的住房供应体系：极低收入群体可租赁HDB廉租组屋，中低收入群体可购买HDB廉价组屋，中等收入群体可购买开发商建设的改善型组屋，高收入群体则购买私人住宅。截至2021年底，新加坡大户型组屋（四、五房式）合计占比超过70%，同时，组屋质量大幅提高，居住环境明显改善。

2 内容要点

2.1 运维更新与配套设施

由政府投资修建的组屋虽然是廉价屋，但是配套设施齐全。组屋附近都会配套相应的停车场、运动设施、商场、巴士转换站等，楼与楼的空地上，还会设置收费低廉的游泳池。若是更大的社区，则建有轻轨站以方便居民出行。同时，政府实施住房翻新政策，每7～8年定期重新粉刷组屋，修补剥落的混凝土、更换污水管、增设电梯等，这些更新、维护的费用几乎全部由政府承担。作为具有福利性的公共住房，组屋的购买资格采取申请制。申请组屋以家庭为单位，单身者需达到35岁才能申请。为了保证大多数居民能够承担买房费用，政府还对购房者进行各种补贴。新加坡的组屋都经过了简单装修，并附带部分基本家具，入住者可以直接拎包入住，缓解了装修压力。

对于组屋的翻新/更新，HDB从1989年至今对不同建造年代的组屋制定了不同的翻新计划，包括主要翻新计划、中期翻新计划、邻里更新计划、家庭改善计划等（如表1所示）。组屋更新从响应区域整体功能组织优化、塑造更积极的生活方式、满足老年人需求、凸显当地特色、户型升级等因素出发，提供定制化的更新升级方案，前瞻性地阻止了旧社区的衰败。新加坡组屋主要翻新计划的标准配套和增加空间项目内容见表2。

新加坡组屋修复和翻新计划具体内容　　　　表1

计划名称	提出时间	适用对象	主要内容	费用
主要翻新计划（MUP）	1989年	1980年之前建造的组屋	居民可以自主选择标准配套，并进一步选择增加空间项目	政府负担75%～90%费用，其余居民支付
中期翻新计划（IUP）	1993年	1976～1983年间建造的组屋	仅翻新楼栋和邻里内的公共区域，不含组屋单位内	完全由政府出资
电梯翻新计划（LUP）	2001年	1990年之前建造的组屋	在技术允许的情况下实现所有组屋100%电梯直达	政府承担大部分花费，其余居民支付
特别中期翻新计划（IUPP）	2002年	1981～1986年间建造的13.8万个组屋单位	包括中期翻新计划和电梯翻新计划双重配套	中期翻新计划由政府完全出资，电梯翻新政府承担大部分花费，其余居民支付
邻里更新计划（NRP）	2007年	建于1995年之前，两个或多个邻里构成的区块	（1）楼栋层面的改善：增设架空层休憩设施、电梯厅重新粉刷等；（2）邻里层面的改善：增设有盖连廊、慢跑绿道、健身角、避雨篷等	完全由政府出资

续表

计划名称	提出时间	适用对象	主要内容	费用
再创家园计划（ROH）	2007年	一般适用于市中心区域的组屋	设施升级（如开发自行车道和人行道）、环境改善（如美化垂直花园）、整体重塑（如设置"文化遗产角落"）等	完全由政府出资
家居改进计划（HIP）	2007年	适用于1997年之前建成的组屋	（1）基本升级服务：管道维护、维修剥落的混凝土、修复结构性裂缝和电气升级等； （2）可选升级服务：翻新厕所/浴室、更换入户大门、更换格栅门、更换垃圾倾倒斗等； （3）EASE（乐龄易计划）：浴室瓷砖防滑处理、抓手、轮椅升降机等	基本升级服务由政府承担；可选升级服务政府补贴87.5%～95%，其余由居民承担

新加坡组屋主要翻新计划的标准配套和增加空间项目内容　　表2

工程范围	分类	具体内容
标准配套	邻里改善	增加有顶的连廊 入口处增设可供汽车通行的门廊 重建人行道/外部楼梯 重建硬质球场 升级儿童游戏场 提供慢跑径/健身角 绿化造景 邻里休憩亭
	楼栋改善	重新粉刷楼栋/立面改进 改善电梯厅 若技术可行，升级电梯实现每层停靠 更好更快的电梯 重新粉刷组屋底层/走廊 新设计的信箱 更换楼栋号码牌
	组屋单位内改善	现有浴室和厕所的升级 浴室和厕所地板的防水 浴室及厕所地板和墙壁的贴砖 新坐便器替代现有的蹲/坐便器 更换浴室及厕所的排风口 提供扶手杆 PVC折叠门替代现有的浴室及厕所门 新面盆替代现有面盆 更换窗户和格栅
增加空间项目		可增加杂物间、厨房扩展、厕所等，具体取决于场地或结构的限制和现有楼栋或公寓的布局

2.2 绿色可持续发展

新加坡自 2005 年开始推行"绿色建筑"标志计划，制定了绿色建筑标志（以下简称 Green Mark）认证体系，主要评价内容包括：节能、节水、环保、室内环境质量和其他绿色特征与创新。认证标准分为四个级别：认证级、黄金级、超金级和白金级。2008 年《建筑控制法》修订后，所有新建建筑及部分既有建筑开始执行 Green Mark 强制认证。绿色建筑技术的推行与应用在组屋建设中取得良好效果。

在绿化方面，组屋创新采用廊道绿化、绿色屋顶、平台花园、绿植梯田、垂直绿墙等多样化的立体绿化空间，采用被动式系统，选择合适的植物种类，避免高技术高能耗的解决方式。组屋大楼之间连接的空中天桥也会种植花草植物，缓解高密度带来的压抑感，同时为居民提供绿色的休憩活动空间。

在节能方面，HDB 给组屋配备可回收装置和节能产品，如屋顶雨水储存系统、气动垃圾回收系统、节水马桶、智慧电灯等，还在组屋屋顶安装太阳能电池板，充分利用可再生能源。

在区域开发方面。组屋采用步行友好的绿色 TOD 理念，在选址上多围绕公共交通站点布局，距离站点最大步行距离一般控制在 400m 以内，并依托组屋底层架空空间、连廊、缓坡等，形成连续、遮阳、避雨的无障碍步行系统，可直达公交站点、邻里中心或城市道路，部分新一代组屋直接依托地铁站进行上盖开发。组屋区平均容积率一般控制在 3.0～3.6，强调集约开发，地铁站点 500m 范围，容积率一般高达 4.9、4.0，逐步降低为 3.6、3.0、2.8。

2.3 全龄友好与适老化

新加坡政府在 2013 年推出覆盖全部组屋居民的住宅适老化改造项目——"乐龄易计划"（EASE，Enhancement for Active Senior）。该计划自 2013 年开始覆盖至全岛，由政府给予补贴，以协助年长者原地养老，并减少其在家中跌倒的风险。

目前该计划要求受助人必须是新加坡公民，拥有所居住的组屋，且有家庭成员年龄超过 65 岁，或者有家庭成员年龄在 60～65 岁但经评估存在日常生活能力的困难。此外，政府也委托卫生部协助配合，请医院辨别有行动困难或者具有跌倒风险的老年人，向他们直接推荐"乐龄易计划"。

该计划具体由地面防滑、扶手和斜坡过渡 3 个部分组成。从 2023 年 4 月 4 日起，服务范围扩大至包括为超过 3 级台阶的主入口设置定制坡道，以及为需要轮椅及居住在多台阶主入口组屋的长者设置的轮椅升降机。

3 对我国高品质住宅发展的启示

3.1 定期维修翻新，保障安全质量

新加坡的组屋在建设之初就重视后期的运维和更新，不断提升居民的居住品质，随着

居民生活水平的提高和居住需求的多样化，针对不同建造年代的组屋推出内容各有侧重的维修更新计划，对我国目前的老旧小区改造和城市更新等工作开展具有较大的借鉴意义。新加坡"政府引导、企业承包和公众参与"的组织形式也启发我们在改造更新过程中不能单纯依赖行政力量，而要充分调动社会力量。当前我国众多房企也在由开发商向城市综合运营服务商转变，形成了"劲松模式"等成功的项目实践。一方面要以一定的优惠政策和合理的盈利机制吸引企业参与改造更新业务，从全生命周期管理的角度进行长期的、持续的、动态的运维管理；另一方面在维修更新的全过程广泛征集和吸纳居民意见，保障居民参与决策，动员居民参与方案设计，在日常使用中开展满意度调研、开放畅通居民意见反馈渠道，及时回应并采取相应的解决措施。

3.2 倡导绿色节能，实现生态可持续

新加坡组屋在集约开发和复合开发的基础上，科学践行绿色TOD理念，在保障居民的交通可达性和生活便捷度的同时，充分利用空间进行多样立体的绿化，开辟活动场所，提升居民的环境品质。2022年我国住房和城乡建设部印发《"十四五"建筑节能与绿色建筑发展规划》，提出"加强高品质绿色建筑建设"，其中针对城镇民用建筑提出绿色建筑创建行动，即"到2025年，城镇新建建筑全面执行绿色建筑标准，建成一批高质量绿色建筑项目"；对农村房屋开展绿色农房建设试点。借鉴新加坡的成功经验，我国在推广建设绿色建筑过程中一方面可以积极引入TOD模式来提高设施运营收益水平，吸引社会力量参与；另一方面需要着力培育居民的环保意识，提升素养，以实际行动践行绿色节能和可持续发展理念。

参考文献

[1] 张双双，张灿迎，郭蔚. 新加坡组屋制度及其启示 [J]. 城乡建设，2023，655（4）：76-79.
[2] 孙涵琦. 人口老龄化视野下新加坡组屋建设对我国的启示 [J]. 住宅与房地产，2022，661（24）：74-80.

作者：胡英娜；张蔚；王晓朦；肖娜；贾子玉（中国建筑设计研究院有限公司）

日本长期优良住宅和百年住宅标准介绍

日本在住宅长寿化领域耕耘已久，相继推出了 CHS 住宅、SI 住宅和长期优良住宅的相关标准，CHS 住宅和 SI 住宅通过将具有长期耐久性的建筑支撑体与可自由变换的填充体相分离方式，保证了支撑体的高耐久性与抗震性，不仅易于维修、更换更新，而且其住户内装与设备也具有可变性，长期保持了存量资产的优良使用价值，降低了全生命周期成本。《长期优良住宅法》基本思想是从"建造后拆除"的资源消费型社会向"建造优良产品、精心维护管理、长期珍惜使用"资产存量型社会转型发展，致力于实现"200 年住宅"的愿景。

1 发展历程

日本住宅建筑全生命期维修维护理念及技术对策主要源于日本建设省的百年住宅体系（Century Housing System，CHS）和日本国土交通省的建筑支撑体与填充体分离住宅体系（Skeleton and Infill，SI）。CHS 是日本 1988 年研发推广的一种新的住宅供给系统，集住宅供给、规划设计、施工建造、维护管理于一身。SI 继承了 CHS，在此基础上通过将具有长期耐久性的建筑支撑体（Skeleton）与具有灵活适应性的建筑填充体（Infill）两部分相分离的方法来实现建筑长寿化。其中支撑体由住宅的结构主体、共用设备等组成，填充体由内装部品、专用设备等组成。

为了实现环境负荷降低、建设价值长久的高质量住宅，日本政府于 2007 年提出了"200 年住宅"的构想，2009 年施行《促进长期优良住宅普及的法律》，全面推行长期优良住宅（Long-life Quality Housing，LQH）建设。

2 内容要点

2.1 CHS 住宅和 SI 住宅

CHS 住宅由可使用百年以上高耐久性建筑结构主体、易于更换的内装与设备构成（表 1），其基本特征包括：1）空间开放性与可变性；2）以统一尺寸规划，实现部品部件的互换性；3）可方便按照使用年限实施部品更换；4）独立设置管线空间，便于其维修与更换；5）建筑结构主体的耐久性高；6）可实现计划性维修管理。

CHS 住宅的功能耐久性与物理耐久性标准与内涵　　　　　　　　　　　表 1

分类	项目	内容	标准
功能耐久性	住户可变计划	对应居住过程的可变性	各方案可按照生活发展阶段要求进行套内变换
	部品群更替	按照耐用年限划分部品群，进行有效更替	建立模数体系（遵守主体和内装对应的模数关系） 采用 BL 优良住宅部品 有效划分各部位部品组合体、部件的耐用年限
	维修管理	独立设置配管配线，维修管理边界	共用配套集中设置于套外公共空间部分 设置各种检查口
	新设备引入	考虑未来设备的引入和接口对应	采用 CATV 等信息管理系统
物理耐久性	主体围护	确保住宅结构主体围护的耐久性	结构体与内装部品、设备管线分离 综合考虑外墙面厚度、屋顶面层厚度
	结构	确保结构主体与套内空间的耐久性，维持长期居住水准	灵活处理结构与套内空间的关系 合理设置层高、净高
	居住性能	确保隔声保温性能	合理的楼板，分户墙厚度，确保隔声性能 确保保温性能

SI 住宅（图 1）在提高结构主体和内装部品耐久性、设备管线维护更新性、套内空间灵活性与适应性三个方面具有显著特征。1997 年，日本国土交通省将 SI 住宅的研发推广作为国家住宅综合技术开发项目的重要环节来推进，同时制定了相应的政策与技术方针，主要包括以下 6 个方面：1）支撑体 S 和填充体 I 的分离性能；2）建筑结构主体的抗震性能与耐久性；3）维护与维修性能；4）内装与设备的可变性；5）居住空间的舒适性；6）街区环境的协调性。1999 年后，日本颁布的《住宅品质保证与促进相关法律》、瑕疵担保制度和住宅性能制度的实施，极大地促进了 SI 住宅在日本的普及。

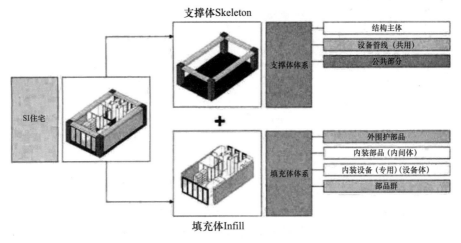

图 1　日本 SI 住宅概念图

2.2　长期优良住宅

长期优良住宅认定标准适用于新建以及既改集合住宅，设计建造的主要内容包括主体耐久、抗震性能、易于管理和更新、节能对策、居住空间、居住环境、维修计划、灵活可变、高龄者对策（表2）。通过建设更多的长期优良住宅，从资源能源角度解决地球环境问题和人居问题，实现经济社会和居住生活的更可持续。

日本长期优良住宅认定标准内涵及指标　　　　表2

方面	要求	说明
主体耐久	3级（住房性能指示系统的最高标准级别）	1级：采取《建筑基准法》要求的措施； 2级：采取将住房寿命延长到50~60年（两代人）的措施 3级：采取将住房寿命延长到75~90年（三代人）的措施 框架至少连续使用100年的措施
抗震性能	满足2级抗震能力或采用隔震结构	1级：《建筑基准法》要求的抗震能力 2级：比1级高1.25倍 3级：比1级高1.5倍
易于管理和更新	3级运行和维护措施（住房性能指示系统中的最高标准级别）	1级：除2级和3级以外 2级：易于管理和更新的基本措施（如不将管道嵌入混凝土中） 3级：易于管理和更新的具体措施（如安装清洁孔和检查室）
节能对策	4级隔热能力（住房性能指示系统中的最高标准级别）	1级：除2~4级以外 2级：采取节约少量能源的措施（1980年节能标准） 3级：采取节约适量能源的措施（1992年节能标准） 4级：根据《合理使用能源法》的要求，采取节约大量能源的措施（2016年节能标准）
居住空间	面积75m² 以上	
居住环境	与地区规划、景观规划、建筑协议等相协调	
维修计划	制定未来定期检查和维护住房的计划	
灵活可变	为未来套内的灵活可变预留条件	针对集合住宅增加的内容
高龄者对策	公共区域有足够的空间用于无障碍环境的改善	针对集合住宅增加的内容

3　对我国高品质住宅发展的启示

长期优良住宅政策制度是日本政府推动好房子建设的标准与综合性政策制度，是今后迈向存量型社会、以实现长寿化住宅建设为目标的全新理念转型。为保证住宅的长期使用，以长远的视角来实施优良品质的住宅建设，有计划性地进行维护管理，提供准确的住宅性能与维护管理信息，推进既有住宅的流通等提供重要保障，相关制度有效贴合当前我国高质量住房的要求和目标，社会、经济和环境效益非常显著。

3.1 以可持续发展理念推动住宅长寿化发展

百年住宅以建设资源节约型、环境友好型社会作为着力点，由新理念、新标准、新体系、新技术引领和升级，从而推动住宅产业现代化和绿色宜居建设目标的最终实现。作为历经十年研发与实践的集大成者，百年住宅是以长寿化、高品质、低能耗为方向的新型可持续住房发展模式，其创新理念、模式、标准、体系和集成技术高度贴合当前我国高质量住房的要求和目标，值得学习和借鉴。

3.2 以标准化和智能化推动住宅产业化发展

标准化是推进住宅产业化的基础，目前日本针对各类住宅部件（构配件、制品设备）工业化、社会化生产的产品标准十分齐全，部件尺寸和功能标准都已成体系。由于有齐全、规范的住宅建筑标准，建房时从设计开始，就采用标准化设计，产品生产时也使用统一的产品标准。在节约空间和成本的同时，并没有忽视安全耐久和舒适健康等性能的保障和提升，进一步地，日本住宅的高智能化也体现在家用电器和通信产品等方面。我国一方面应当提升住宅部品的标准化、通用性和配套性，加强模数协调和产品种类开发，另一方面要运用数字科技手段，大力研制和推广智能家居和智慧服务系统，推动住宅产业化发展。

参考文献

[1] 王庄林，坂村健，吉田修等. 日本节能装配建筑产业化发展趋势（下）[J]. 中国建筑金属结构，2018，435（3）：28-33.

[2] 刘东卫，冯海悦，李静. 新时代好房子标准内涵及指标体系探讨[J]. 中国勘察设计，2023，368（5）：10-16.

作者：王晓朦；胡英娜；张蔚；焦燕；韩吉喆（中国建筑设计研究院有限公司）

英国住宅隔声降噪法规与标准介绍

英国建筑法规和标准体系主要分为四个层级,第一层级为基础立法(Primary Legislation),由议会组织制定并审批通过,具有最高法律效力,包括法律(Act)和议会令(Orders in Council)两种形式,建筑相关的基础立法如:《建筑法》(Building Act)、《住宅法》(Housing Act)等;第二层级为委托立法(Secondary Legislation),是议会将特定事项的立法权委托给本不享有立法权的政府部门,按照法律(Act)的授权与要求制定,具有强制性,由各类法定文件(Statutory Instruments)组成,包括条例(Regulations)、规定(Rules)和法令(Orders)等形式,建筑相关的条例如:《建筑条例》(Building Regulations)、《建筑产品条例》(Building Products Regulations)等;第三层级为技术准则,包括核准文件(Approved Document)、技术手册(Technical Handbooks)等;第四层级为技术标准层级,如英国标准化协会(British Standard Institution)制定的大量英国国家标准(BS)等。

1 法规

1.1 基础立法层级

在基础立法层级,《建筑法》(Building Act,1984年)是主要基本法律。英国的《建筑法》包括5部分内容和7个附录,5部分内容分别是:第1部分:建筑条例;第2部分:有别于当地机构管理的对建筑施工的监督;第3部分:关于建筑的其他条款;第4部分:总则;第5部分:补充条款。

第1部分第1条:国务大臣为了实现以下的任何目标,可以制定涉及工程建设项目的设计、施工以及与建筑物有关的服务、安装和设备等条例:(a)确保建筑内的住户,与建筑有关的人或其他可能受到建筑影响的人的健康、安全、幸福和便利。

附录1第7条(a):为实现本法律在第1部分第1条,即1-(1)提出的目的,就下面涉及的任一方面制定出相关的规定:……(vii)影响声音传播的措施。

1.2 委托立法层级

在委托立法层级,《建筑条例》是与住宅建筑声学相关的重要条例,内容并没有《建筑法》丰富,但却在管理和技术两方面对如何执行法律要求作了更细致的规定。《建筑条例》共分10章,另外其技术方面的附录1(Schedule 1)中包含15条技术要求(Requirement),

《建筑条例》第 9 章第 41 条规定了何种情况下需要进行隔声测试，附录 1 技术要求的 Part E 部分规定了建筑声学方面的技术要求。其中，E1～E3 规定的是对住宅或其他有居住用途的房间声学要求，E4 规定的是学校建筑声学要求。

第 E1 条规定的是隔绝外部噪声的要求：住宅、公寓或其他居住用途房间的设计和建造，应能有足够能力阻隔本建筑其他部分或相邻建筑产生的噪声。

第 E2 条规定的是住宅内部噪声的控制：住宅、公寓或其他居住用途房间的设计和建造，应保证（a）卧室或带卫生间的房间与其他房间之间内隔墙和（b）内部楼板具有合适的隔声性能。

第 E3 条规定的是公共空间的混响时间：公寓或其他居住用途房间的建筑物的内部公共空间的设计和建造，应将内部公共区域的混响控制在合理范围。

2 技术准则与标准

2.1 技术准则层级

在技术准则层级，与住宅建筑声环境相关的是《核准文件 E》（Approved Document E-Resistance to the Passage of Sound，2003 版）。该核准文件是对《建筑条例》中规定的要求进行数值指标上的具体化。

在第 0 节规定了隔声性能标准，《核准文件 E》中表 0.1a 规定了住宅或公寓之间的分户墙、分户楼板以及具有分户功能的楼梯的隔声性能标准（表 1），表 0.1b 规定的是居住用途房间之间的隔墙、楼板以及具有分隔功能的楼梯的隔声性能标准（表 2），《建筑条例》规定中指出，居住用途房间是指除住宅或公寓以外的，供一人或多人起居和睡觉的一个房间或套间，包括旅舍、酒店、寄宿公寓、宿舍或住宅内的房间，但不包括医院或其他类似机构内用作患者住宿的房间。

住宅或公寓之间的分户墙、分户楼板以及具有分户功能的楼梯的隔声性能标准　　表 1

类别	空气声隔声性能 $D_{nT,w} + C_{tr}$（最小值 dB）	撞击声隔声性能 $L'_{nT,w}$（最大值 dB）
新建住宅或公寓		
分户隔墙	45	—
分户楼板和楼梯	45	62
改建住宅或公寓		
分户隔墙	43	—
分户楼板和楼梯	43	64

居住用途房间之间的隔墙、楼板以及具有分隔功能的楼梯的隔声性能标准　　　表 2

类别	空气声隔声性能 $D_{nT,w} + C_{tr}$（最小值 dB）	撞击声隔声性能 $L'_{nT,w}$（最大值 dB）
新建的居住用途房间		
隔墙	43	—
楼板和楼梯	45	62
改建的居住用途房间		
隔墙	43	—
楼板和楼梯	43	64

《核准文件 E》中表 0.2 规定的是住宅、公寓和居住用途房间内部新建内隔墙和楼板的隔声标准（表 3）。

住宅、公寓和居住用途房间内部新建内隔墙和楼板的隔声标准（含新建和改建，实验室测量值）　表 3

类别	空气声隔声性能 R_w（最小值 dB）
隔墙	40
楼板	40

《核准文件 E》第 1 节规定了验收前检测的要求，包括分组、抽样数量、合格判定、测试不合格及补救措施等内容；第 2 节给出了满足表 1 要求的新建建筑的分户墙类型及其与侧向构件连接要求（图 1）；第 3 节给出了满足表 1 要求的新建建筑的分户楼板类型及其与侧向构件连接要求（图 2）；第 4 节给出了改建住宅或公寓建筑的指南；第 5 节给出了满足表 3 要求的新建建筑内部隔墙和楼板的示例；第 6 节给出了满足表 2 要求的居住用途房间可采用的墙体或楼板的构造类型的示例；第 7 节给出了公寓或居住用途房间所在建筑公共空间混响控制的两种方法。

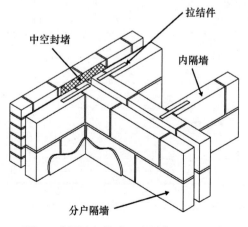

图 1　分隔墙与外墙、内隔墙连接示例

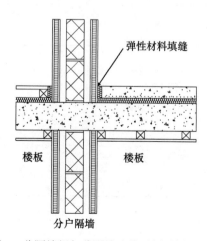

图 2　分隔楼板与分隔墙连接示例（剖面图）

2.2 技术标准层级

在技术标准层级，英国标准化协会（British Standard Institution）制定的与住宅建筑声环境相关的国家标准（BS）包括《Guidance on Sound Insulation and Noise Reduction for Buildings》BS 8233:2014。该标准给出了建筑物内部或周围噪声控制的相关指南，并给出了一些噪声计算、评定方法、典型设计、相关构造隔声指标和室内噪声级计算方法等。

3 技术亮点和保障措施

3.1 技术亮点

英国住宅声品质提升方面有以下突出技术亮点：

第一，在英国的建筑法规和标准体系中，从第一层级到第四层级，强制程度逐渐降低，详细程度从粗到细，逐渐完善。各层级基本遵循：法律指明目标，条例根据法律提出基本要求，技术准则给出实现条例的具体方法和途径，而标准是供技术准则引用的重要材料。

第二，在英国住宅分户墙两侧房间之间的空气声隔声方面，并没有采用ISO推荐的$D_{nT,w}+C$作为评价指标，而是采用了更强调低频隔声性能的$D_{nT,w}+C_{tr}$作为评价指标。由于使用交通噪声频谱修正量C_{tr}，新的控制指标更强调低频隔声性能（100～315Hz）。

第三，英国《建筑条例》（2010版）增加了公寓或其他居住用途房间所在建筑物的内部公共空间的混响控制要求。

3.2 保障措施（Robust Details 隔声产品认证体系）

在英国《建筑条例》以及《核准文件E》中，均提及使用 Robust Details Ltd. 签发的有唯一编号的一个或多个设计细节（Design Details）的建筑物，可认为该项参数符合《建筑条例》和《核准文件E》的要求，可免于验收前检测（Pre-Completion Test）。何为 Robust Details 隔声产品认证体系？为什么该体系可以免于验收前检测？

20世纪70年代在英格兰和威尔士进行的住宅隔声性能现场测试显示，墙体隔声性能的不合格率为55%，楼板空气声隔声性能的不合格率为56%，楼板撞击声性能的不合格率为63%。虽然英格兰和威尔士进行的住宅隔声性能现场测试是由投诉引起的，被认为不能真实反映全国的分户隔墙和楼板的隔声性能真实水平，但根据2001年英国建筑研究院（BRE）估计，40%的新建分户楼板和高达25%的新建分户隔墙可能达不到《核准文件E》（1992版）的要求。

随着英国《建筑条例》（2000版）以及《核准文件》（2003版）的更新，不仅修改了隔声性能的评价参数（从$D_{nT,w}$调整为$D_{nT,w}+C_{tr}$），而且要求在每个新建住宅项目中至少有10%的新建住宅进行验收前检测。面对如此庞大的测试要求和标准变更，如果不进行设计和建造的全过程管控，将面临大量住宅声环境不合格的困境。

根据在苏格兰爱丁堡和格拉斯哥15年的实践经验，验收前检测大约才能降低5%的不合格率，为了快速提升住宅项目的隔声性能，英国房屋建筑商联合会推动Robust Standard Details（RSD）成立。RSD小组的主要目的是6个：1）提供满足或超过当前标准要求的隔声构造；2）在不同项目中可重复性较好；3）减小或修改可能影响隔声性能的设计/材料；4）涵盖广泛的产品和做法，并提供可替代的组件和材料选择；5）足够清晰的作业指导书，以便正确地在现场施工；6）符合其他建筑和当地法规要求。

最终RSD工作小组一共由119名成员组成，包括房屋建造商、材料/生产机构和声学专家。每个小组提交可能满足要求的产品/施工方法RSD项目——被称为备选RSD（Candidate RSD，CRSD），每种CRSD都要经过至少30次不同的测试（指定测试机构不少于3家），这30个测试结构需要由两个或两个以上的房屋建筑商或承包商建造。在经过8个月的不断研究和试验期间，超过58家房屋建筑商参与，提供了160处生活场所。为了测试各种CRSD，访问了1300多个住户。350多家公司参加了委员会，并指定了15家检测机构来测试新的隔墙和楼板。最终提交了13份经过彻底验证的RSD，每种RSD包括不少于6页的详细构造/做法和检查清单。从结果上来看，采用了Robust Details（RD）的墙体和楼板隔声性能比此前的平均监管水平高10dB。

在完善了相关条例之后，英国政府于2004年宣布自当年7月1日起，Robust Details可以作为新建住宅的另一种合规途径，免于验收测试。同年，Robust Details Ltd.成立，作为非营利性公司为英国隔声标准服务。

在运行3年后，根据有关资料显示，Robust Details所占市场份额逐年提高，且能有效提供令人满意的隔声效果，能满足95%以上合格的抽样检测通过率。时至今日，Robust Details系统中已经有70种左右的墙体、楼板产品或做法达到了相应的要求，展现出蓬勃的发展动力。

不同于RSD建立初期的筛选模式，目前企业、团体也可以新申请Robust Details。申请分为3阶段程序，第一阶段提交相应产品/施工做法的详细步骤及注意事项、对应的检测报告，通过审核后即可；第二阶段，在检测前需要通知Robust Details Ltd.，以便派工作人员前往监督，之后提交相应的检测报告进行审核，通过后即可；第三阶段，制作并发布相应的Robust Details手册及工艺图。第一、第二阶段详细的测试要求见表4。

Robust Details分阶段测试要求 表4

阶段	最少测试数量	最少测试项目	每个项目最大测试数量	至少参与测试机构数量	每个测试机构最大测试数量
阶段一	8	1	8	1	8
阶段二	22	3	8	2	16
合计	30	4	8	3	16

Robust Details对英国建筑体系产生了积极的影响，主要体现在以下几个方面：1）隔声性能保证：Robust Details提供了标准化的建筑细节方案，旨在确保住宅建筑的隔声性

能符合英国建筑法规要求；2）减少不确定性和变数：Robust Details 通过细节设计保证隔声性能。减少施工过程中的不确定性和变数，提高了建筑工程的可控性和可靠性；3）简化审查过程：Robust Details 方案已经过认可并经大量项目实际验证与法规要求相符，审查机构可以简化流程快速审批；4）提高行业标准和专业水平：Robust Details 的引入促使建筑师、设计师和施工人员更加关注隔声性能，提高了行业对于隔声标准和专业水平的重视程度，它为建筑行业提供了一种规范化的方法，鼓励行业各方在设计和施工中更加注重隔声性能的细节，提升整个行业的质量和可靠性；5）促进新材料和新工艺的研发与应用：Robust Details 的使用让新材料的普及有了更好的背书，建筑师和开发商可以放心地选用通过 Robust Details 体系认证的新型产品/施工工艺，有助于科研类单位与企业开发应用新技术，为建筑科学不断发展提供一定的助力。

4 对我国的启示

随着《中华人民共和国噪声污染防治法》（以下简称《新噪声法》）于 2022 年 6 月 5 日起实施以及《"十四五"噪声污染防治行动计划》（以下简称《行动计划》）于 2023 年 1 月 3 日印发，对建设住宅等噪声敏感建筑物提出了法律要求和法律责任。《新噪声法》第二十六条规定，建设噪声敏感建筑物，应当符合民用建筑隔声设计相关标准要求，不符合标准要求的，不得通过验收、交付使用。随着我国工程建设领域标准化改革的推进，特别是强制性工程建设规范《建筑环境通用规范》和《住宅项目规范》的制定，我国住宅的声环境指标均大幅度提升，达到了国际发达国家水平。

同时《新噪声法》第七十三条加大了违法的法律责任，规定违反本法规定，建设单位建设噪声敏感建筑物不符合民用建筑隔声设计相关标准要求的，由县级以上地方人民政府住房和城乡建设主管部门责令改正，处建设工程合同价款 2% 以上 4% 以下的罚款。

目前我国住宅建筑声环境发展阶段与英国《建筑条例》（2000 版）发布时基本处于同一发展阶段，面临着标准指标大幅调整，监管大幅从严的情况。而在我国现行标准体系中，仅对住宅建筑的各项隔声性能提出指标要求，构造的具体节点做法、施工质量保证、检测验收等均还存在缺失或不足。

因此，英国采取的住宅声环境品质保障措施（Robust Details 产品认证体系）具有重要的借鉴意义，Robust Details 专精于建筑隔声的产品/施工细节，通过针对不同情况制作的施工节点大样图、检查清单等手段，控制施工细节，真正落实到施工实践中，能有效保证隔声性能。

5 总结与展望

《新噪声法》和《行动计划》对建设住宅等噪声敏感建筑物提出了制度规定明确的、可操作性高的、以隔声降噪标准为依据的、附带有明确法律责任的闭环管理要求。工程建设领域强制性工程建设规范大幅度提升住宅建筑隔声降噪技术指标，全面与世界发达国家接轨。随着住宅建筑隔声降噪方面的要求越来越高，如何在住宅设计和建造过程中实现这些提升后的指标要求是一个巨大的挑战。

英国住宅隔声降噪方面的法规标准体系经过多年来的进步和发展，体系完整、覆盖全面，法律条例的强制性和准则标准的实操性和灵活性相结合、相互引用，还建立了极具特色的 Robust Details 产品认证体系，能切实保障住宅隔声降噪的实际效果，对我国住宅建筑隔声降噪质量控制方面具有重要的借鉴意义。

在强制性工程建设规范实施后，我国应该借鉴英国建立的 Robust Details 产品认证体系，建立住宅隔声性能方面的基于工程实际交付效果的产品认证制度，或者借鉴我国在绿色建筑、健康建筑发展方面的经验，结合《新噪声法》中提出的宁静小区创建工作，开展宁静住宅评价工作，以快速推进我国住宅声环境水平的提升。

作者：闫国军[1,2]；赵启元[1,2]；陈钊贤[1]；刘青云[1,2]（1 中国建筑科学研究院有限公司；2 建科环能科技有限公司）

德国可持续住宅质量标识标准介绍

德国居住建筑开发建设总体质量高,相关法律法规和技术标准体系较完善。但德国没有专门的住宅设计规范,对住宅设计和开发建设的相关要求体现在《建筑法规》(Bauordnung)和众多的技术标准之中。对于住宅设计的基本要求在《建筑法规》中有明确规定,包括对住宅建筑的间距、采光通风、防火与安全疏散等相关要求。而对建筑材料和构件的防火性能在 DIN 4102《建筑材料和构件的防火性能》作出规定;建筑的保温隔热和能耗在 EnEV《建筑节能条例》、DIN 4108—6《建筑物的保温和节能 – 第 6 部分:年度供暖需求和供暖能量需求的计算》和 DIN 4701—10《建筑暖通统能源效率 – 第 10 部分:供暖,生活热水,通风》作出规定;对建筑的防水防潮在 DIN 18195《正确的建筑防水》和 DIN 4108—3《建筑保温和节能 – 第 3 部分:环境气候导致潮湿的防护——要求、计算方法及设计和施工说明》作出详细规定。而《可持续住宅质量标识》标准则对德国高品质集合式住宅开发建设提出了系统要求。

1 发展历程

2012 年德国出台了《可持续住宅质量标识》(Qualitätssiegel Nachhaltiger Wohnungsbau,德文简称 NaWoh)标准,之后不断进行完善更新,最新版是 2020 年修订的。该标准由德国政府联邦交通、建设和城市发展部(Bundesministerium für Verkehr, Bau und Stadtentwicklung,缩写 BMVBS)牵头,德国联邦建筑、城市和空间研究学院(Bundesinstitute fuer Bau-, Stadt-, und Raumforschum,缩写 BBSR)等多所研究机构支持编制,德国可持续住宅建设促进会(Verein zur Förderung der Nachhaltigkeit im Wohnungsbau)具体操作执行,开发企业可自愿申请认证(图 1)。该标准适用范围为新建 6 个居住单元及以上的集合式住宅,它建立在德国《建筑法规》和众多专业标准规范基础之上,强调通过节约资源和能源、居民参与以及在经济盈利的框架内建设高质量可持续性住宅。该标准代表了德国高品质可持续住宅建设的国家水平。

图 1 德国可持续住宅质量标识的 Logo

德国《可持续住宅质量标识》的评审工作,是在德国联邦交通、建设和城市发展部监督下,由德国可持续住宅建设促进会组织开展评估。《可持续住宅质量标识》主要依据申报方提交的详细资料进行评审,重点审查前期策划、规划设计和施工阶段相关文件,结合部分竣工后检测报告(气密性、室内空气质量等)进行评估(图 2)。为方便操作,没有要求评审专家进行项目实地踏勘考察。

图 2　一个获得德国可持续住宅质量标识认证的项目

该标准没有采用分值评价体系，而是在审核所有分项指标都达标后判定项目获得质量认证，其中一部分指标评价结果为是否达标，另一部分指标评价结果分为达标、良好、优秀三个等级，以便更准确地反映项目的质量。每个获得认证的项目各项指标的评审结果在网上公示。项目的质量达标证书在建筑竣工后颁发，永久有效。

2　主要内容

德国《可持续住宅质量标识》标准包含居住质量、技术质量、生态质量、经济质量和过程质量5大方面，共41项分项指标，此外还包含对住宅所在位置的特征描述。2020年修订版具体内容如表1～表5所示。

居住质量（功能及社会质量）　　　　　　　　　　　　　　　表1

1.1.1	住宅功能性品质	居住空间的功能性
		厨房和用餐区
		卫生间
		存储空间和晾晒空间
1.1.2	室外座椅/室外空间	阳台、露台、私家庭院，面积要求，日照要求
1.1.3	无障碍通达性	建筑入口的无障碍通达性
		住宅入户的无障碍通达性
		住宅室内的无障碍通达性
1.1.4	停车空间	自行车停车空间
		婴儿车/助行车停车空间
		机动车停车空间/环保出行计划

续表

1.1.5	室外活动场地	为所有人活动的开放空间
		为儿童的开放空间
		为青少年的开放空间
1.1.6	热工舒适度	夏季热舒适度，遮阳设施，视觉通透性
1.2.1	采光/视觉舒适度	日照要求，单元入口和公共交通区域自然采光，放下遮阳帘室外景物正常显色要求
1.2.2	空气质量	采用环保认证建材，TVOC、甲醛浓度
1.2.3	安全性	安全设施
		与安全性相关的设计
		落实城市设计预防犯罪手册要求
1.2.4	面积系数/得房率	DIN 277—1　计算建筑面积
1.2.5	垃圾分类及收集系统	垃圾收集点要求
1.2.6	城市设计和住宅美学品质	建筑设计奖项
		方案招标投标及实施
		专家评审

技术质量　　　　　　　　　　　　　　　　　　　　　　　　　　　表2

2.1.1	隔声	外部噪声
		楼板隔声（空气噪声、固体噪声）
		管道噪声
2.1.2	节能性能	满足 EnEV 节能要求
		满足 KfW—55 节能要求
		满足 KfW—40 节能要求
2.1.3	设备系统	机械通风、新风热回收设备能耗要求
		电梯节能要求
		照明节能要求
2.1.4	自然与机械通风	住宅通风设计，自然通风和机械通风设备的构建和运行；为用户提供有关正确使用通风系统的信息
		房间通风设计，穿堂风系统、通风竖井系统
2.2.1	防火	建筑消防设计要求

续表

2.2.2	防潮	建筑围护结构及建筑内部在任何气候条件下不产生凝结水
		外墙及外门窗的防水性能
		地下室防水
2.2.3	建筑外围护结构气密性	无新风设备时换气量要求，有新风设备时换气量要求
2.2.4	基地自然灾害防范	氡气风险防范
		洪涝风险防范
		风暴风险防范
2.2.5	耐久性	建筑结构和外围护结构的使用年限
		建筑屋面、建筑首层外墙等区域加强耐久性措施
2.2.6	便捷性	方便维护/加装设备管线
2.2.7	建筑回收利用	编制建筑结构主体、装修材料、设备设施的回收利用方案
		对易回收和难回收的建筑材料进行分类
		材料再利用和有害物质处理

生态质量　　　　　　　　　　　　　　　　　　　　　　　　　　　　表3

3.1.1	生命周期评估一	温室气体排放潜势（碳排放）
3.1.2	一次性能源需求	不可再生一次性能源需求量
		可再生一次性能源需求量
3.1.3	平面利用系数/场地硬化率	平面利用系数
		场地硬化率
3.2.1	生命周期评估二	其他温室气体排放
3.2.2	为租户和第三方获取的能源	太阳能、生物质能源
3.2.3	自来水/饮用水	用水量计算
3.2.4	避免有害物质	装修建材、表面材料、涂料等有害物含量
3.2.5	使用认证的木材	FSC，PEFC证明

经济质量　　　　　　　　　　　　　　　　　　　　　　　　　　　　表4

4.1.1	全生命成本	全生命成本计算
4.1.2	投资的保值性	投资
		市场价值
4.2.1	长期价值稳定	空间可改性、适应不同使用功能，结构耐久性灵活性，设备灵活性，能源系统

过程质量(设计和施工)　　　　　　　　　　　　　　　　表 5

5.1.1	建筑施工质量／检测	建筑施工质量／检测
5.2.1	建筑前期准备的质量	多专业整合工作模式
		需求计划／建筑策划
5.2.2	工程及产品备案	施工备案
		产品备案
5.2.3	交付使用／使用指导	对物业的使用指导
		对住房者的使用指导、提供相关资料
5.2.4	设备调试／投入使用	系统调试、运行优化方案、第三方评估
5.2.5	运营先决条件	监测计量方案、监测计量设备
5.2.6	清洁／维护／保养	清洁／维护／保养方案

3 对我国的启示

3.1 居住品质与装修配置

在居住品质方面，德国《可持续住宅质量标识》标准重视住宅室内空间布局和功能性要求，包括适当的房间尺寸满足家具布置和使用活动的空间需求；合理空间布局避免或减少穿行交通；多采用客厅与厨房一体化设计（图 3）；对门厅等公共空间有自然采光要求，但没有具体面积指标要求。对于装修配置，提供包含全套卫生洁具在内的全装修，但不统一配置橱柜等个性化装修部品。

图 3　德国许多户型采用客厅厨房一体化设计，厨房完全实现电气化、干净整洁

3.2 室外空间和套内储存空间

德国《可持续住宅质量标识》标准重视住宅与自然环境的联系，对住宅的室外空间（含阳台、露台、私家庭院）的面积提出较高要求（图4），例如要求1人户为3m²，4人户为5m²。德国许多住宅设有较大面积首层花园或阳台，多层住宅建筑顶层带露台的户型非常受欢迎，售价和租金较高。

图4 德国许多住宅设有较大面积花园或阳台，多层住宅建筑顶层带露台的户型非常受欢迎

德国《可持续住宅质量标识》标准对住宅的储藏空间提出了较高要求，如3人户套型要求至少有深×宽×高为60cm×180cm×200cm的存储空间、4人户套型至少有60cm×240cm×200cm的存储空间，且存储空间至少有一部分在住宅套内，另一部分可以在地下室，达到此项优秀等级还需要在住宅套内设置具有通风功能的晾晒房间。

3.3 住宅日照、采光和通风

德国《建筑法规》要求起居室和卧室必须有自然通风和采光，且窗洞口面积≥1/8房间净面积，虽然德国住宅建设相关法律没有规定强制日照要求，但德国《可持续住宅质量标识》标准对住宅日照提出明确要求，要求一套住宅至少有一个房间1月17日有1h日照且春分日有4h日照。此外要求起居室和卧室窗户玻璃上沿≥2.20m，下沿≤0.95m，窗户玻璃宽度≥房间宽度的55%。

3.4 室内空气质量

德国标准规定TVOC≤800μg/m³为达标，TVOC≤500μg/m³为良好，TVOC≤300μg/m³为优秀，甲醛≤60μg/m³为达标。德国标准空气中甲醛浓度控制要求较高。

3.5 建筑节能与能源利用

德国EnEV《建筑节能条例》（2016版）规定建筑屋面传热系数≤0.20，外墙≤0.28，外窗≤1.3。在采暖空调总能耗计算方面,德国采用设定参照建筑的计算方法。德国标准要求居住建筑一次性能源(不可再生能源)需求量达标等级≤105kWh/(m^2室内净面积×年),良好等级≤75kWh/(m^2室内净面积×年),优秀等级≤55kWh/(m^2室内净面积×年)。在住宅可再生能源利用方面,德国标准规定,住宅可再生能源利用达标值为7.5%,良好值为15%,优秀值为25%。

3.6 建筑碳排放量

德国对于建筑的材料生产、建造、运行及拆除和再利用全生命周期碳排放量的研究处于国际领先地位,相关各个环节的碳排放量计算方法完善,有详细的数据库。德国可持续住宅质量标识标准要求申报项目计算住宅全生命周期碳排放量,碳排放量达标水平为≤24$kgCO_2$/(m^2室内净面积×年),良好水平为≤17$kgCO_2$/(m^2室内净面积×年),优秀水平为≤12$kgCO_2$/(m^2室内净面积×年)。

3.7 隔声性能

德国对住宅隔声性能研究相当深入,住宅隔声构造做法和建筑材料部品完善(表6),实际工程隔声实施效果好。

德国《可持续住宅质量标识》标准对住宅隔声要求　　　　表6

分户墙空气计权隔声量基本要求	≥55dB
楼板空气声计权隔声量基本要求	≥55dB
楼板计权标准化撞击声压级	≤46dB

3.8 无障碍设施

德国《可持续住宅质量标识》标准要求住宅公共单元出入口门净宽≥0.9m,入口门内外侧各有1.50m×1.50m的回转空间,当入口门开启力量大于25N时应设自动开启设施。有高差时设轮椅坡道及扶手,坡道宽度≥1.2m,坡度≤6%,电梯门前回转空间≥1.50m×1.50m。住宅套内地面高差≤20mm,门净宽≥0.8m,过道净宽≥1.2m,床前回转空间≥1.2m×0.9m,卫生间内洗手盆、便器、浴缸、淋浴前回转空间≥1.2m×1.2m,便器与墙之间距离≥0.9m。

3.9 停车设施

德国《可持续住宅质量标识》标准要求每套住宅至少设一个机动车停车位,此外每20套住宅需设一个访客停车位,或设有完整的环保出行解决方案。自行车停车空间要求细致,例如3口之家应设2辆自行车停车位,距离单元门50m以内,此外要求设置婴儿车/助行车停车空间,每5户设一个停车位,包含必要的回转空间,不影响其他交通。

3.10 安全性能

德国《可持续住宅质量标识》标准关于结构安全、防火安全、设备使用安全等相关内容分散在不同章节，但在安全性能章节内设有通过规划形态建设可防御空间、与警方合作预防犯罪的内容。

3.11 耐久性能

德国建筑整体设计标准较高，建筑物理、建筑构造研究深入，施工精细，耐久性较好。在此基础上，德国《可持续住宅质量标识》标准进一步建议屋顶瓦采用牢固有效的锚固方式，在建筑底层外部加强防机械撞击保护，门框、窗框加保护，设置防暴风和冰雹的遮阳和百叶窗，建筑材料交接处尽量采用构造方式防水，避免采用防水胶防水，以防材料老化造成漏水。要求建筑电线管井、水平和垂直电线穿管为未来改造和增加电线预留一定空间。有为满足未来需求进行住宅改造或增加相关设施的方案设计。

3.12 环境性能

德国《可持续住宅质量标识》标准重点对住宅本身品质进行评估，并对儿童、青少年活动场地有具体要求。在评审文件中对住宅所在位置周边城市服务设施的种类、距离等内容特征进行描述登记并在网上公布，但这一部分内容并没有设置达标最低要求。

3.13 拆除与回收利用

德国《可持续住宅质量标识》标准要求申请认证的项目提交建筑未来拆除回收利用的方案，包括建筑承重结构、围护结构、装修材料、建筑设备设施的拆除和再利用方法。方案中包含计算建筑各种材料的体积或重量，不同材料按难回收、易回收进行分类，确定不同材料是否可分离，分离的方法，材料可回收再利用的方法，有害物质处置方法等。

4 结语

德国住宅高品质发展，紧紧依靠行业自身不断创新和技术进步。在住宅建筑设计理念、构造和产品领域，包括高性能门窗、住宅通风系统、超低能耗建筑技术系统，以及住宅高水平隔声性能、健康舒适、绿色低碳等领域，德国积累了许多宝贵的经验值得我们学习借鉴。

作者：卢求（北京五合国际建筑设计咨询有限公司）

第3篇 国内案例篇

针对高品质住宅的发展，我国开发建设单位进行了大量尝试，并积累了丰富的实践经验，本篇收录了建筑行业不同城市高品质住宅实践与应用的典型案例，从设计、技术、材料、理念等方面针对案例进行梳理分析。

首先，绿色低碳。最大限度地节能、节水、节材、节地，减少污染，保护环境，改善居住舒适性、健康性和安全性，使建筑在满足使用需要的基础上最大限度地减轻环境负荷，满足人们对可持续性绿色低碳居住环境的需求，适应住房需求的变化。

第二，健康宜居。体现建筑、规划与景观设计"三位一体"的理念，保障健康空气质量、环境舒适度、设置健身场地及设施，力求提高居住环境质量，强调环境资源利用的公平性，引领美好居住生活发展方向。

第三，安全耐久。采用设备管线分离、整体装修等技术措施，选用耐久性好、易维护的装饰装修建筑材料，保证结构安全的同时，有利于延长建筑的使用寿命。

第四，智慧高效。智慧运行系统推动住宅建筑"智慧科技"性能，让住户生活更加地智能和便捷，采用"干式"施工的工业化集成技术，在房屋整体家装进行预先设计，实行一体化打造，提高效率与工程质量。

第五，生活便利。构建多层次、多样化的建筑空间满足城市可持续发展的要求，完善社区基础设施和公共服务配套，创造便利社区空间环境，营造体现地方特色的社区文化，坚持以人为本，体现社区的全龄友好性。

超低能耗装配式——北京焦化厂公租房项目，首次将超低能耗技术与高层装配式建筑相结合，并应用在小户型保障房项目中。

绿色人文——北京市韩庄子三里小区更新改造项目，强调"自下而上，以需定向"的前期设计和"自上而下，多方联动"的后期管理，在设计过程中强调"小社区，大师做"。

户型灵活可变——北京平房乡新村建设（三期）产业化住宅楼项目，打造北京首批认证的低碳社区，达到AAA级装配式建筑，绿建三星，设计应用一体化集成设计理念，打造全生命周期一户型多场景的可持续发展产品。

生活便利——北京市北洼西里小区8号楼改造项目，把绿色和人文设计价值观完全融入改造项目之中，探索从策划、设计、选材、施工的建造全过程建筑师负责机制，将成为今后特色社区更新等一系列城市更新项目的共同方向。

宜居住区——北京中信锦园项目，在规划和建设中，高度重视对文物、古建、古树等文化遗存的保护和传承，使其与北京市提出的可持续发展理论相统一。

健康低碳——北京市房山区长阳镇棚户区改造项目，满足绿色建筑、装配式建筑的基本要求，项目为精装修交付，在满足建筑功能的基础上，采用系统的家具设备集成方案，以环保节能的方式提高生活舒适度。

绿色健康——北京当代万国城住宅项目，获取绿建三星标识，全国首个健康建筑三星标识，在全国及行业内部起到示范作用。项目所积累的设计与营造经验希望能给予健康建筑一个新的发展思路，起到抛砖引玉的作用，在重视建筑节能环保的同时，可以兼顾人居环境健康，回归建筑"以人为本"功能属性。

健康智能——中国·铁建太原花语堂9号楼项目，以"宜居、韧性、生态"为设计理念，打造人与自然和谐共生的生态环境，项目设计达到绿建三星，采用智能化、BIM、超低能耗建筑、装配式建造、铝模板、保温结构一体化等提升建筑品质的技术做法。

百年住宅——山东鲁能领秀城公园世家项目，为中日百年住宅示范项目，已获得绿建三星、住宅3A级认证。项目推动可持续住宅发展方式变革，通过产业化科技创新建设出长寿命、高品质、绿色低碳的好房子。

绿色智慧装配式——青岛银丰松岭路商品住宅项目，按照青岛市规定的最高级高品质商品住宅进行建设，在AAA级装配式建筑、三星级绿色建筑、配置品质智慧化基础设施等方面进行高品质住宅的实践。

可持续的装配式建筑——陕西天伦·云境天澄住宅项目，在当今国家"双碳目标""装配式建筑"等一系列背景下，探索集约、科学、合理的装配式建造体系，真正做到不为装配率而装配，让绿色装配式建筑与时代同行。

绿色健康宜居——张家港张地云栖雅苑项目，获得绿建三星、健康建筑三星级认证，项目坚持"以人为本"，以创造生态型的居住环境和高质量的城市空间环境为目标，将此小区建设成为符合现代社会要求的综合性城市居住小区。

高耐久围护结构——上海万科中房翡翠滨江二期项目，采用外模内浇技术体系，通过铝模板和PC构件的组合应用、外墙窗框集成应用、定制爬架综合应用、预制外墙反打技术应用等各种有效措施，综合提升了外围护结构的高耐久品质。

全龄友好——昆明经投·湖山望（观林湖花园）项目，以适应本地文化、自然、气候、环境等地域特色为原则，通过全龄化的功能配套设计及科学的流线组织，合理利用场地高差特点，打造注重年龄包容和人性化的全龄友好社区。

超低能耗装配式——北京焦化厂公租房项目

1 项目概况

1.1 项目区位

项目位于北京市朝阳区东南部，西邻北京市染料厂，东邻五环路，南邻化工路。场地原址为北京市焦化厂，始建于1958年，是国内规模最大的独立焦化厂。随着北京市的产业发展转型升级，2006年焦化厂全部停产、2008年前完成搬迁。经过近50年的生产运行，根据污染土的治理情况，场地留下18m深的基坑用于规划建设。本项目设计时间为2013年，竣工时间为2019年。

1.2 规划理念

开放街区：将原有大尺度的街区划分成多个小街区，在中间围合公共广场，将商店、办公、绿化、教育体系等多功能空间结合在一起，使这个社区形成公共开放相对独立的系统，进而减少对城市交通系统的压力。

围合空间：各个街区内部形成了若干个围合空间，空间内布置景观小品、休息平台、健身设施，结合底商创造出丰富的公共空间，为居住者之间提供了交流场所。

混合功能：每个组团都是一个多功能的复合体，集合居住、商业、活动服务等功能空间，为社区提供便利，也可将面积较小的公租房内的会客、活动等公共活动在组团内统一合理安排（图1）。

图1 鸟瞰图

1.3 规划设计

项目规划总建筑面积 54 万 m^2，其中地上建筑面积近 30 万 m^2，建设 4646 套公租房。地上公租房 22 栋，增配商业 6 栋，配套楼 4 栋，还有展览馆、幼儿园和养老院各 1 栋（图 2）。

图 2　整体街景

项目利用地下 18m 深的空间，结合公共空间规划设计了地下两层共 6 万 m^2 的配套商业，与地铁 7 号线焦化厂站连通，增加了城市活力。同时，本项目在地下规划了区域蓄洪池，在汛期可以临时收储大量雨水，减小城市雨水管网的压力。

1.4 立面设计

项目立面采用工业化设计逻辑，运用标准化、模块化、系列化设计，利用预制外墙板的变化展现装配式建筑的特色。通过不同元素组合，在整体和谐的基础上实现个体差异化。建筑色彩选用清水混凝土的本色，减少装饰性，突出工业化特点（图 3）。

图 3　建筑立面

2 技术特点

2.1 装配式建筑

项目采用装配整体式剪力墙结构及装配化内装体系。采用户型标准化、厨卫模块化设计，机电系统采用管线分离技术，体现工业化的技术特征，满足建筑全生命周期要求。单体预制率17.80%～47.80%，装配率最高达到91%。

主体结构部分，采用装配式剪力墙结构：预制内墙板、预制保温装饰一体化外墙板、预制楼梯、预制叠合楼板、预制阳台、预制空调板及预制装饰构件。

内装部分：户内采用装配式内装及管线分离技术，应用集成地板系统、集成隔墙系统、集成吊顶系统、集成厨房系统、集成卫浴系统、集成门窗系统、集成收纳系统、集成设备系统八大内装集成系统（图4）。

图4 装配式超低能耗建筑

2.2 多功能装配式外墙

项目采用了装配式预制夹心外墙，集结构、保温、防火、装饰于一体，能极大提高外围护系统的耐久性。装配式外墙由外叶板、保温层、内叶墙三部分组成，内外叶墙板之间由拉结件进行连接。保温层采用聚氨酯复合真空板的新工艺，厚度控制在9cm，达到了超低能耗的技术要求（图5）。

图 5 预制夹心外墙

21号、22号楼是现浇钢筋混凝土剪力墙结构，但是由于建筑高度接近80m，为了减少风压和材料厚度对外保温安全性的影响，采用岩棉板复合VIP真空绝热板的方式，大大降低了保温厚度。

2.3 高性能外窗系统

综合传热系数达到$1.0W/(m^2·K)$的被动窗，比常规普通居住节能建筑传热系数降低50%以上，隔声性能提升15%以上。超低能耗住宅的外窗传热系数要控制在$1.0W/(m^2·K)$以下，外窗采用三玻两中空双Low-E充氩气的构造，玻璃间采用暖边间隔条。窗外铺设防水透汽膜，窗内铺设防水隔气膜，保证窗户整体的气密性。在17号楼的设计中，不同于传统被动窗外挂式安装，预制构件在工厂预留外窗安装埋件，保证了外窗安装的安全性。

2.4 无热桥设计

公租房设置阳台能更好地满足用户的使用需求。阳台采用梁板式结构，预制混凝土结构梁与建筑主体相连，预制混凝土阳台板搭设在梁上，并与建筑外墙相隔一定距离，其间铺设外保温材料，确保了外墙保温系统的完整性。对出挑的结构梁部分进行外保温的裹敷，有效避免了热桥产生（图6）。

2.5 气密性设计

本项目外围护结构采用了混凝土外墙，属于密实度高的混凝土，所以不需要再增设抹灰层作为气密层。同时，外窗的处理采用了三道耐久性好的密封材料，每个开启扇至少有两个锁点。结合室内设计，在预制外墙构件上取消了电气线盒预埋，电气线盒改为设置在内部轻钢龙骨隔墙上。

图 6　无热桥外立面

2.6　热回收新风系统

通过在新风系统中加入冷热一体机，可以及时把热量排出室外，受外围护系统具有较高热惰性的影响，室外热空气也很难进入室内。新风系统增加了实时监测室内 CO_2 含量、湿度、温度的功能，一旦室内 CO_2 浓度超标，会自动开启新风换气。同时，考虑北京秋冬季节的雾霾天气，新风系统还增加了除霾装置，住户不需要额外采购空气净化器就可以享受净化过的空气（图 7）。

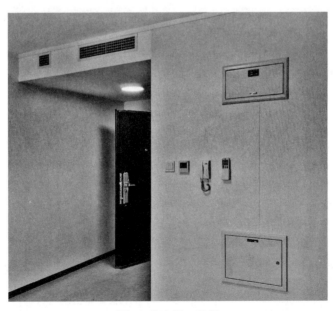

图 7　室内风口效果

2.7 地道风系统

项目利用场地北侧的18m深的现状基坑，为21号、22号楼设计了地道风系统，新风通过地下送风管道预冷预热，在冬季和夏季分别可以调节空气温度4~6℃，极大地降低建筑的运行能耗（图8）。

图8 地道风系统

3 经验做法

本项目为保障低收入群体的公租房项目，为满足居住群体对美好生活的向往，主要采用装配化及低能耗技术。通过项目验证，以下技术可以较大提升建筑品质、提高居住舒适性。

3.1 采用超低能耗技术，提升居住室内环境品质

结合小户型公租房的特点，采用半集中式新风热回收系统结合地道风技术，在实现能耗降低、减少碳排放的同时，提升了居住室内环境。项目在每层设计一台新风热回收一体机为户内提供新风，每户设计一台冷热源一体机提供冬季采暖及夏季制冷的冷热源。三栋超低能耗楼取消了集中供暖，全年采暖耗电量9.03kWh/m²，折合采暖费用约4.5元/m²；全年制冷耗电量8.35kWh/m²，折合制冷费用约4.2元/m²；二者相加仅8.7元/m²，与普通住宅采暖费30元/m²相比，仅为其29%。技术集成方法在降低能耗及物业运营费用的同时，也保证了居住品质。

3.2 集成装配式和超低能耗技术，提高建筑耐久性及适变性

本项目研究了既符合三明治外墙的构造要求，又满足外围护系统传热系数要求的复合保温材料，创新性地采用聚氨酯复合真空绝热板，结合两种材料的优点，实现了建筑外

饰面与主体结构的同寿命；研究装配式内装与超低能耗技术的结合，机电管线与主体结构分离，在不破坏建筑外墙的气密性，保证新风送回风效果的同时，实现了室内良好的居住环境。

4　思考与启示

焦化厂公租房项目首次将超低能耗技术与高层装配式建筑相结合，并应用在小户型保障房项目中。在节能低碳的同时，可以大大提高建筑的质量，提升生产的效率，提高建筑的寿命，提供一个高度舒适健康的室内环境。同时，各项技术的融合提升，也为建筑行业高质量发展提供了项目实践案例和技术支撑。

作者：赵钿；潘悦（中国建筑设计研究院有限公司）

绿色人文——北京市韩庄子三里小区更新改造项目

1 项目概况

1.1 项目现状

北京市韩庄子三里小区更新改造项目位于北京市丰台区科兴路与韩庄路西北侧。小区地理位置优越，住户出行交通便利。小区建于20世纪90年代，改造单体共有10栋，多为6层住宅楼，另有两栋公寓楼和一栋办公楼；总建筑面积约39577.6m²，共807户，居民数2116人。本次改造包括楼本体及室外公共区域综合整治（图1）。

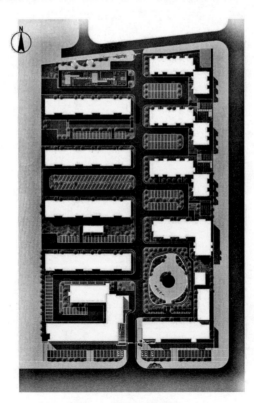

图1 项目总平面图

通过小区现场实地调研，以及与社区、物业、居民深入沟通、交流，采用改造方案宣讲和基本需求问卷调查的方式，发现小区老年人的占比较高，小区的主要问题和痛点可总结为"旧、乱、少、杂"四个方面，建筑立面老化、公区及楼内设施陈旧；小区内部电线飞线、空调室外机、窗户护栏混乱；机动车及非机动车位缺少、停放混乱，便民及适老设施不足；小区公共区域和楼道内杂物堆积（图2）。改造设计以有颜值的好房子、有温度的好社区、有内涵的好生活为目标，打造代表中建幸福空间企业文化的"三有、三好"老旧小区更新改造示范项目。

图2　社区原状照片

1.2　以需定向和多方联动

项目改造强调"自下而上，以需定向"的前期设计和"自上而下，多方联动"的后期管理，其中前期设计主要概括为"六治七补三规范＋七有五性"，即：

"六治"——治危房、治违法建设、治开墙打洞、治群租、治地下空间违规使用、治乱搭架空线。

"七补"——补抗震节能、补市政基础设施、补居民上下楼设施、补停车设施、补社区综合服务设施、补小区治理体系、补小区信息化应用能力。

"三规范"——规范小区自治管理、规范物业管理、规范地下空间利用。

"七有五性"基本改造内容——以保障群众生命财产安全和基本生活需要、推进节能减排为目的的整治内容，包括房屋抗震加固，外墙保温及外门窗改造，屋面防水保温改造，楼道清洗粉刷，水、电、气、热、路、通信等基础设施改造，消防、安防、照明、垃圾分类设施改造等。

2 技术特点

2.1 社区改造内容

项目改造内容包括楼本体和小区公共部分,强调"大师引领、大众参与",采用三维激光扫描技术进行低碳测绘,运用爬升平台及外墙喷涂机器人技术进行低碳施工,以打造北京首批认证的低碳社区,引领健康生活(表1、表2)。

楼本体改造内容　　　　　　　表1

范围	类别	改造内容(分类)	改造项目(分项)	说明
楼本体	基础类	拆除违法建设	1 拆除所有外窗护栏 2 拆除居民自建飘窗	
		对性能或节能效果未达到民用建筑节能标准50%的楼房进行节能低碳改造	1 屋面改造	1.1 原有屋面构造拆除至结构面,女儿墙加高
				1.2 新做屋面、女儿墙保温
				1.3 新做屋面防水(按照最新规范中防水等级要求),配细石混凝土防水保护层
				1.4 防雷系统修复
			2 外墙改造	2.1 新做外墙及阳台栏板保温
			3 阳台及雨罩改造	3.1 新做阳台顶板、雨罩保温
				3.2 新做阳台顶板、雨罩防水
			4 外门窗改造	4.1 更换外窗、单元门(满足低碳社区要求的节能门窗)
				4.2 窗口檐口基层防水处理
		根据实际情况,对楼内设施设备进行改造	1 楼内公共区域改造	1.1 弱电线路归槽
				1.2 楼梯间、公共走道等公共区域更换节能型灯具
		进行空调规整、楼体外面线缆规整	室外空调机护栏、冷凝水管一体化设计	拆、装住户空调室外机,更换空调内外机连接管、排水管(考虑加氟,洞口处考虑新增塑料封口件),并统一规整、设置冷凝水管、更换空调支架、新做室外机护栏
		对楼体进行清洗粉刷	1 楼内公共区域整治	1.1 楼梯间、公共走道、门厅的内墙面、顶棚粉刷
				1.2 楼梯踏步、扶手、栏杆翻新或修缮
				1.3 弱电线路电缆归槽
				1.4 清理楼内杂乱堆积、废弃物
			2 外墙饰面整治	2.1 外立面美化(采用真石漆、质感漆等耐久材料)
				2.2 结合新做外墙保温,重新安装雨水管,并对破损雨水管进行修复或更换
				2.3 拆除并新做住宅楼金属铭牌(1个/楼)
		外窗防护		拆除所有外窗护栏,对一层至顶层(含阳台)开启扇加装金刚砂防护窗,仅首层设置内嵌式不锈钢防护栏,并设置可从内部打开的逃生门
		完善无障碍设施	1 楼内	1.1 补齐住宅0~1层无障碍扶手
			2 楼外	2.1 单元门外做平坡入户

小区公共部分改造内容　　表2

范围	类别	改造内容（分类）	改造项目（分项）	
小区公共部分	基础类	弱电架空线规整（入地）	对小区内明设的通信光缆、有线电视等线路应进行规范梳理	
		地桩地锁专项整治和清理废弃车辆	清理废弃自行车及公共部位杂物堆积	
		道路更新	1	结合现状条件进行改造、梳理消防通道、车行、人行系统
			2	修补破损道路，人行道铺装修复及补建
			3	破损井盖更换及周边路面龟裂破损维修
			4	小区内人行道路无障碍改造，实现小区入口、主要道路、主要活动场地和住宅单元出入口之间的无障碍通行
		完善环卫设施	配备垃圾分类收集容器，维修破损的垃圾转运站、垃圾收集点、公共厕所	
		完善安防、消防设施	1	保障消防安全通道无阻挡，南北大门翻新
			2	合理设置视频安防监控系统、出入口控制系统、停车库（场）管理系统等安防设施
		适老化改造	1	小区内主要道路至住宅楼单元门增设夜间照明系统
			2	小区内老年人服务设施入口无障碍改造，改造为平坡出入口
			3	小区内老年人专用活动场地平整地面、更换防滑地材及消除场地高差坎
			4	小区内导引指示标志系统适老化改造
	完善类	完善小区绿化	通过栽种树木，增设公共绿地、宅旁绿地、配套公建所属绿地、道路绿地等方式补建完成相应面积的绿地	
		完善公共照明	对破损路灯进行修复	
		更新补建信报箱	对破损信报箱进行维修、翻新	
		改造或建设小区及周边全龄化设施、无障碍设施	1	小区绿化与公共场地整治改造，增设老年人活动场地并保证轮椅可通达
			2	活动场地增设健康锻炼器材及使用指导说明
			3	活动场地及散步道沿途增设休憩座椅和适合老年人及儿童的公共娱乐设施
		停车库（场）、电动自行车及汽车充电设施	1	根据现状条件重新规划、建设停车位（场、库），预留充电设施安装条件
			2	电动自行车集中停放和充电场所

2.2 社区更新技术路线

以"有颜值、有温度、有内涵"为目标，以打造"好房子、好社区、好生活"为宗旨，从颜值建筑、颜值环境、关爱老幼、关爱青年、绿色低碳以及韧性智慧等方面展开设计，主要包括楼本体改造修复、无障碍共享客厅、户内样板、公寓共享空间、老幼健身场地、楼间口袋公园、公共配套、活力街区、流线梳理、停车规划、适老便利、无障碍出行12个大方面，配以12项技术、64项措施、107个配套要素，构成中建特色社区更新技术路线（图3）。

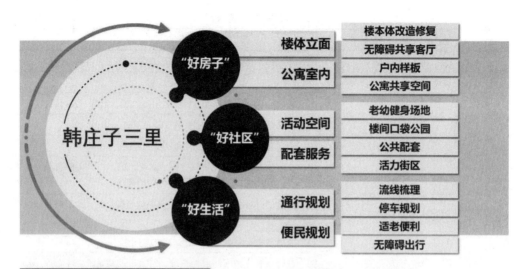

图 3 社区更新技术路线

3 经验做法

3.1 街道立面激活

将小区南侧的沿街商业功能进行再梳理和整体提升，清退到期的落后业态，引入社区便民商服、品牌生鲜便利店等正面清单的业态。针对沿街商业的立面风貌，对其墙面、门头以及空调机位进行规整和美化。针对街道慢行空间，结合立面窗框和台阶设置绿化和休憩座椅，结合现状台阶设置轮椅坡道和木制扶手，完善坡化通行，进行统筹提升改造，激活街道立面，打造可参与、可活动的慢行空间（图4、图5）。

图 4　街道右侧立面激活

图 5　街道左侧立面激活

3.2　未来社区入口打造

将小区南门入口空间结合门卫、出入口道路和 9 号楼东侧入口半室外空间（现状钢构雨篷部位）进行统筹改造提升。

社区入口空间：设计对入口进行人车分流，结合适老色彩铺装引导居民进出；将入口右侧的围墙拆除，把原有的金属围栏改造为玻璃隔断，提升空间品质，增加空间通透感。结合现有电线杆设施，植入耐寒的绿化景观（竹子），并结合花坛设置适老、适童的休憩座椅和社区标识，营造绿意盎然的归家氛围（图 6）。

图 6 社区入口空间设计

智慧服务场景：在入口设置智慧物流与无接触配送场地和设施，设置小区安防与智慧停车管控（门卫房），结合门房设置机器人引导服务设施，并在入口外侧的马路边设置智慧化上下车落客点，为老年人提供可以遮阳的打车等候区域，结合智慧互动屏提供预约打车、七小门店信息、周边地图、医院预约等信息（图7、图8）。

图 7 智慧化上下车落客点

图 8 机器人引导服务设施

社区共享客厅：将 9 号楼入口门厅部位的半室外空间引入一家品质咖啡／水吧，与入口休憩空间和 8 号楼、9 号楼联动经营。对现状廊架进行规整美化，结合立柱和阶梯设置绿植箱和休憩座椅，优化轮椅坡道，为居民提供共享的交往休憩场所，提升居民生活品质（图 9）。

图 9　社区共享客厅

3.3　游憩活动花园改造

将 8 号楼和 11 号楼之间的小区公共空间进行整体提升改造，响应"让孩子跑起来"的号召，打造环形健身步道，并在步道一侧结合现有绿化设置带有连续座椅的景观微地形。在原有的绿化基础上补植灌木、花卉，营造雨水花园。顺应自然条件设置林间休憩桌椅。对原有的健身设施进行保留和优化，打造成为集多层次绿化、休闲活动、老幼活动、社区文化与党建宣传展示等功能于一体的、空间层次丰富、颜值风貌高雅的社区公园（图 10）。

图 10　游憩活动花园

3.4　未来社区道路系统规划

设计采用彩色防滑地面铺装，划分人行和车行道；去除路牙，为老年人和孩子提供便利、避免磕碰；重新规划路边的停车和绿化区域，结合花坛设置适老固废循环座椅（图 11）。

图 11　未来社区道路系统规划

3.5　入户门厅打造

设计对入口处地面进行了全坡化处理，保障居民的无障碍出行；结合楼栋现状设置系统化的楼栋标识和宣传公告栏；结合入口花池设置休憩座椅，打造便捷舒适的入户门厅，营造温暖、舒适的归家氛围（图 12）。

图 12 入户门厅设计

3.6 电动车棚改造

利用1号楼与3号楼之间的现有闲置电动车棚,进行水泥瓦屋面更新和支撑结构美化。内部空间部分升级为智能安全电动车充电设施,部分延续车棚形式,结合室外场地设置适老适童的休憩座椅和健身设施,打造集停车充电、遮阳健身、纳凉休憩为一体的多功能廊架(图13)。

图 13 电动车棚更新改造设计

3.7 立体停车库打造

利用小区北部拆违腾退空间打造面积约 675m² 的双层停车库，在车库屋顶设置多层次的立体花坛和适合老年人、儿童休憩尺度的桌椅设施，并结合雨水花园措施，打造绿色、舒适的屋顶花园。

结合车库侧边设置社区客厅、社区活动等配套增补空间，打破封闭的墙面，设置可供居民交往的外摆空间，打造有温度、有内涵的多功能、一体化社区配套服务空间（图14）。

图 14 立体停车库改造设计

3.8 围墙界面更新

北边围墙界面以无界共享为理念，结合部分闲置空间，打造友好型共享客厅。将社区围墙与休闲功能相结合，社区内部放置公共饮水机，废旧中药柜改造为社区植物认养箱，结合围墙设计双向共享休闲读书角、闲谈下棋区，利用狭长空间设计老年友好型复健步道，结合现状大树设计环形休憩空间，给居民提供遮阴交往的公共场所（图15）。

图 15　邻里共享的围墙界面设计

3.9　打造快速家庭改造样板：针对原住居民

针对楼本体在建筑性能升级方面，拆除楼栋违法建设，对屋面和外墙进行改造，对阳台、雨罩、窗户进行防水渗漏构造措施升级、保温隔热性能升级、门窗替换与隔声性能升级。针对风貌与形象升级方面，对楼本体外立面进行色彩和细节上的饰面整治，对空调外机和楼梯外面的线缆进行规整，打造高颜值的居住空间。针对楼内公共空间升级方面，进行电梯加装空间预留、入户门厅升级、公共楼梯间整理与整洁。

在改造过程中，在原有社区居民里，选取一户业主，以"21天给你一个新家"为主题，采用纪录片的形式对楼栋的改造、变化以及居民的感受进行记录，打造快速家庭改造样板（图16）。

3.10　把公寓变成真正的家：针对北漂租房青年

将现有8号楼和9号楼2层以上的非成套住宅空间，经过改造升级打造成为高颜值公寓形态的公共租赁用房，以纪录片的形式记录公寓改造过程，在公共空间为租客提供停留、交往的互动空间，提供便利的居住服务，完善和补充城市保障居住功能。让租客融入北京的社区，喜欢上在北京的另一个家。

图 16　楼本体改造

4　思考与启示

项目强调"自下而上,以需定向"的前期设计和"自上而下,多方联动"的后期管理,在设计过程中强调"小社区,大师做"——打造低碳社区,引领健康生活。完善社区基础设施和公共服务配套,创造宜居社区空间环境,营造体现地方特色的社区文化,坚持以人为本,邀请居民参与社区整治,推动构建共建、共治、共享的社区治理体系,增强居民获得感、幸福感、安全感和归属感。绿色低碳、惠民暖心的社区改造,将成为特色社区更新等一系列城市更新项目的重要方向。

作者:薛峰[1];凌苏扬[1];刘霁娇[1];李叔洵[2]（1　中国中建设计研究院有限公司；2　中国助残志愿者协会）

户型灵活可变——北京市平房乡新村建设（三期）产业化住宅楼项目

1 项目概况

1.1 基本情况

北京市平房乡新村建设（三期）B-7-1地块产业化住宅楼（项目推广名：朝青知筑），位于朝阳区定福庄区域，朝阳北路与东五环路交接处，向西南方向紧邻地铁六号线褡裢坡站，向西距东四环路约6km，向东距东六环路约12km，向西南至北京东站约7km，向北至首都国际机场约17km，交通便利。项目于2017年初完成建筑设计，于2021年7月交付使用（图1）。

图1 建成实景照片

1.2 经济指标

项目规划建设用地0.85万m^2，总建筑面积3.37万m^2（其中：地下建筑面积1.15万m^2，地上建筑面积2.22万m^2）。项目为精装高层商品住宅，设计使用年限50年，采用装配整体式混凝土剪力墙结构、装配式内装修，地上 18 层，地下 3 层，标准层层高 3.0m，建筑总高度 55.8m，预制率 60%，装配率 98.6%，AAA 级装配式建筑，三星级绿色建筑。

2　技术特点

基于项目建设单位对于高端商品住房建筑性能和创新发展的需求，应用一体化集成设计理念，采用装配式混凝土建筑结构、可变大空间设计、管线分离和装配式装修技术，打造全生命周期一户型多场景的可持续发展产品。

2.1　全生命周期可变大空间设计

采用百年住宅设计理念，经平面设计优化，户内仅有一道结构墙，形成室内大空间设计（图 2），赋予了户型全生命期的灵活可变性，可满足创客、育儿、适老、三代等的不同使用需求（图 3）。

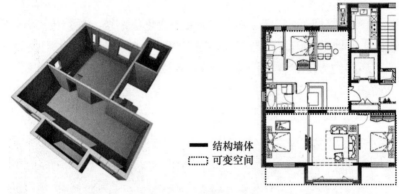

图 2　大空间设计示意图

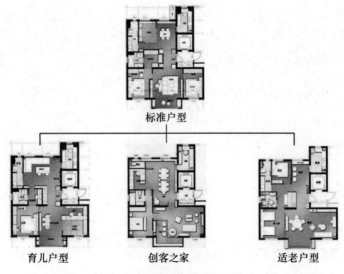

图 3　大空间可变设计示意图

2.2 一体化立面设计技术

建筑立面沿用经典三段式设计搭配简洁的装饰线脚，立面颜色以大面积浅米色为主，建筑底层采用预制内叶墙体结合深色花岗石材幕墙，给人稳重、典雅之感。优化预制外墙板板缝对立面造成的影响，应用一体化设计的思路，在南立面应用预制阳台挂板与两侧挂板拼装，保证了阳台挂板纵向装饰线条的整体性；利用L形墙板将竖向板缝隐藏于侧面，同时通过精细化的分缝把控，将水平、竖向板缝融入石材分缝的尺度之中，实现建筑外观无明显预制板缝的效果（图4）。

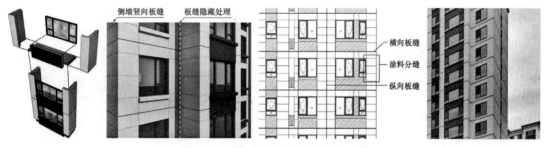

图4　立面板缝优化设计及实景效果

2.3 高预制率装配整体式剪力墙技术体系应用

本项目难点是建筑造型复杂、结构构件全预制，且要最大限度地实现装配式建筑设计标准化。从首层开始外墙采用全装配，在结构上采用预制外墙、预制内墙、预制叠合楼板、预制楼梯、预制空调板、预制阳台、阳台挂板、PCF板、空调板等预制构件（图5、图6），构件重复率高，使预制构件的生产、装配达到了较高的工业化水平，有效地降低构件生产成本，结构预制率达到60%。

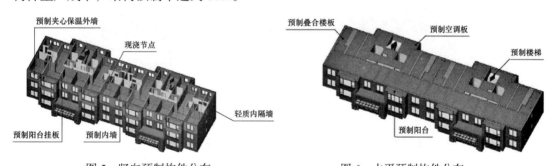

图5　竖向预制构件分布　　　　　　图6　水平预制构件分布

2.4 外墙板高效连接设计技术

为降低预制外墙连接施工难度、解决外墙接缝对立面的影响、保证内墙后浇混凝土质量，采用L形、T形截面外墙板，外墙构件仅"一"字形一种连接形式（图7），施工过程配合高精度铝模板的应用，提高了装配施工的效率和质量。对于需要设置异形构件的位置，按照国家现行标准《建筑抗震设计规范》《高层建筑混凝土结构技术规程》中针对边缘构件的设置要求，将边缘构件完整布置于预制构件内，保证了边缘构件的完整性。

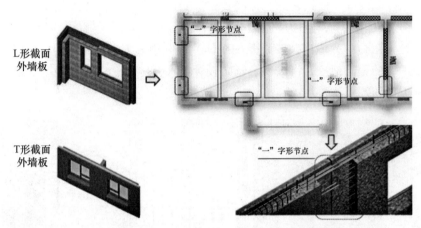

图7 采用L形、T形截面，外墙"一"字形连接

2.5 管线分离与装配式装修技术集成应用

项目室内精装集成应用了管线分离和装配式装修技术（图8、图9、表1），强弱电、设备管线敷设在墙面龙骨架空层、隔墙空腔、吊顶空腔等形成的空间内，真正实现了六面体结构与内装的分离，一方面避免了全生命期对主体结构的扰动和破坏，延长住宅结构的使用寿命，另一方面向用户提供住宅内装快速更新改造的灵活性，赋予住宅全生命期的可持续性和成长性。

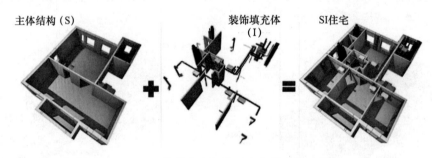

图8 管线分离与装配式内装系统

装配式装修技术体系　　　　　　　　　　　表1

序号	装饰部位	应用技术
1	分户承重墙	单向轻钢龙骨＋双层石膏板架空墙面
2	分室轻质隔墙	轻钢龙骨＋隔声棉＋双层石膏板轻质墙
3	顶棚	轻钢龙骨＋双层石膏板顶面

续表

序号	装饰部位	应用技术
4	地面	干法地面与预制薄型地暖+木地板
5	厨房	橱柜、厨电、设备一体化集成设计，墙面采用轻钢龙骨+水泥压力板+瓷砖
6	卫生间	整体集成卫浴+同层排水

图9　室内精装实景照片

3　经验做法

本项目定位于建设高标准、高品质的产业化住宅，主要以研究应用装配式建造方式来实现这一目标，通过实践验证，以下内容可提升用户居住体验、提高建筑品质、实现可持续发展户型。

3.1　基于建筑性能一体化设计方法，实现高标准、高品质住宅产品一体化解决方案

本项目在室内空间设计方面，基于建筑性能一体化设计方法，统筹建筑、结构、装配式装修等一体化技术，有效提升建筑室内净高，为用户带来更好的空间体验及可持续发展可能性；同时，在外立面设计上，实现装配式外墙板板缝与装饰线条完美融合，提升了建筑整体外观品质和标准，为用户营造良好的室外环境。

3.2 运用管线分离和装配式装修集成技术，实现建筑全生命期可持续发展

本项目采用管线分离和装配式装修集成技术，既降低了建筑碳排放量，又使用户在对住宅的使用功能进行调整时，可以快速实现装修更新，大幅缩短周转时间；同时，可以实现装修噪声小，最大限度地降低了对楼栋声环境的影响，为白天居家的人（特别是老人和孩子）提供良好的居住环境；此外，使用期间不会对建筑结构产生扰动和影响，保证结构安全的同时，延长建筑的使用寿命。

4 思考与启示

装配式建筑技术在我国建筑业绿色、低碳、可持续、高质量转型发展中，表现出来的优势越来越明显，有逐步成为建筑业底层技术的趋势。从建筑全生命期来看，装配式建筑和装配式装修技术的集成应用，对于建筑领域实现碳达峰、碳中和具有重要意义。

以建筑性能为出发点，基于完善的装配式装修理论构架和多样化的技术体系，推进装配式建筑与装修的一体化设计，通过应用 BIM 技术，打造建筑全产业链协同平台，以建筑设计为引领，统筹下游生产、施工、装修、运维各环节。推动装配式装修和管线分离集成技术应用，提升建筑使用期间适变性，为用户提供可持续发展户型。

推进绿色、低碳、可循环利用材料在建筑装饰领域的创新应用，将大幅提高室内空间环境的质量，降低因同楼栋二次装修产生的噪声对居住环境的影响，居住环境将更加宜居，对于降低运维期的碳排放也具有重要意义。

作者：和静（北京市建筑设计研究院有限公司）

生活便利——北京市北洼西里小区 8 号楼改造项目

1 项目概况

1.1 项目现状

北洼西里社区更新项目为高层住宅及其楼前公共空间改造,楼本体建于1991年,地下2层,地上18层,总高度约为49.5m,建筑面积10957.71m²。外墙无外保温,外立面残破严重,楼前空间缺少无障碍设施和邻里交往场所。改造设计把绿色和人文设计价值观完全融入改造项目之中,探索策划、设计、选材、施工建造全过程建筑师负责机制,从原来的对物改造转变为以居民需求为中心的改造,现已竣工完成。楼栋改造前照片详见图1~图3。

图1 楼栋南入口改造前现场照片

图2 楼栋北入口改造前现场照片

图3　楼本体改造前现场照片

1.2　建筑师负责制全程服务

在改造过程中采用建筑师全程陪伴式服务；居民参与共同缔造，建筑师的设计完全基于居民的生活需求，尽力"花小钱，办大事"，以"低影响，高性能"为原则；信息化管理平台，从项目立项到设计、选材、施工、验收全过程依托中建自主开发的精益化协同管理平台进行全过程的协同设计管理，并用自主研发老旧小区改造测算模型，实现最优化成本的性能和环境品质提升。

2　技术特点

本项目在改造过程中，改造内容主要技术特点见表1。

项目改造主要技术特点　　　　　　　　　　　　　　　表1

范围	类别	改造项目	说明	
楼本体	基础类	1　屋面改造	1.1　新做屋面保温（B1级保温板）	
			1.2　新做屋面防水（3mm＋3mm厚SBS改性沥青防水卷材）	
			1.3　修复或新做防雷系统	
		2　外墙改造	2.1　新做外墙保温（复合A级保温板）	
			2.2　新做阳台保温（复合A级保温板）	
		3　外门窗改造	更换单元门（刷卡门禁）	
		4　楼内公共区域改造	4.1　弱电线路归槽	
			4.2　楼梯间、公共走道等公共区域更换节能型灯具	
		5　楼内公共区域整治	楼梯间、公共走道、门厅的内墙面、顶棚粉刷	
		6　楼内修缮	楼梯踏步、扶手、栏杆翻新或修缮	
		7　楼外修缮	更换雨水管（UPVC）	
		8　外墙饰面整治	外立面美化（采用真石漆或质感漆）	
		9　外窗护栏	拆除所有外窗护栏，对首层安装内嵌式防盗护窗	
		10　空调规整，楼体外面线缆规整	10.1　室外空调机护栏、冷凝水管一体化设计	
			10.2　附墙管线入地	

3 经验做法

3.1 建筑性能提升

（1）节能性能高于国家标准 10%

全楼外保温和精细化的外立面更新设计，外墙采用100mm厚岩棉板，传热系数为0.40W/(m^2·K)，外墙保温性能比现行行业标准《严寒和寒冷地区居住建筑节能设计标准》提高了10%。结合全文强制国家标准的有关要求，特别在窗墙洞口、窗台、阳台等易渗水处设计了加强构造节点做法，切实改善居民体验，使改造后室内冬季温度平均提高5℃。楼栋改造后照片详见图4。

（2）比改造前可年减碳 45.2t

为响应国家"碳达峰、碳中和"相关重大战略决策，北洼西里项目在拆除及建造全过程贯彻节碳、减排、增汇的理念，并依据最新颁布的国家标准《建筑碳排放计算标准》GB/T 51366—2019 进行碳排放计算分析，楼体改造后比改造前每年节碳约45.2t，为建筑业的"碳达峰、碳中和"转型提供实践尝试。项目太阳能应用照片详见图5。

图4　楼本体改造后现场照片

图5　南入口花池墙应用太阳能进行景观照明现场照片

（3）立面构造和构件精益化设计

老旧楼体的立面改造不是以往简单的刷皮，而是以提升建筑品质为目标的立面构造和构件精益化设计。设计延续原有的社区记忆，赋予新的时代感和精细度，在空调机位遮挡、饰材的选择、滴水管的位置、墙面划线等方面进行细化，做到"小活也要精细干"。

3.2 空间人性化关怀

（1）电动车不进楼等安全防护

出于"电动车不进楼"的安全性考量，专门为骑电动车的居民设置了室外充电停车位，加建了室外电动车充电桩（图6），给居民提供安全便利的电动车停车区域。同时为保证居住安全，对无障碍坡道进行了人性化改造，保证老年人出行安全（图7）。

图6 室外充电停车棚现场照片

图7 无障碍人性化坡道现场照片

（2）打造楼栋"共享客厅"

在楼栋南入口处为居民营造了温馨的"共享客厅"，拓宽了出入口区域的台阶，以全楼栋居民共同的客厅概念，满足居民邻里交往、内外过渡等需求。"共享客厅"利用地下车棚出入口的墙体立面作为便民服务信息栏，为居民提供切实的便利，并将地下车棚出入口屋顶做了出入口休息座椅和墙面可倚靠的"站台水吧"，让居民能在进楼之前从容地坐下找钥匙，或者在墙边靠着看孩子涂鸦（图8～图10）。

图8 共享客厅设计鸟瞰图

图9 儿童游乐涂鸦区现场照片

图10 便民服务信息栏现场照片

（3）老幼同欢、人宠共存

楼栋居民老年人及儿童比例较高，单元出入口处为他们提供人性化的活动微空间，其中设置了供老年人坐的休憩座椅、便于孩子玩的橡胶铺地及各类微设施，创造老幼同乐的阳光乐享生活场景。结合原有花池设置了全龄友好健康场地和小微绿植，结合花池做了集儿童填色墙绘、流浪猫舍、渗水构造和太阳能灯带于一体的集成花池墙，增强交互性，扩大空间感，并为流浪小动物提供一个家（图11、图12）。

图11 填色墙绘、流浪猫舍与渗水构造现场照片

图12 老年人休憩座椅现场照片

3.3 精益化建筑师与居民共建

（1）建筑师负责制

建筑师作为技术和成本控制的主导，并作为街道和社区的技术代表，按预定的成本预算统筹确定改造内容、性能标准、建筑选材、设施选择和与居民的沟通等大量细致的过程实施工作（图13）。

（2）居民参与共同缔造

不论是设计前期的居民意愿调查、设计中期的采纳居民意见调整现场方案，还是全过程的居民现场监督，都是建筑师与居民共同缔造的过程。建筑师的设计完全基于居民和街道的需求，尽力"花小钱，办大事"，以"低影响，高性能"为原则，尽量小地拆建，更多地利用并丰富现有的空间，比如将人防出入口作为街道亟须的党建宣传栏；结合轮椅使用者和儿童的需求设置双层木质扶手，解决原来的不锈钢扶手在冬天过于冰冷，雨雪天也容易结冰的问题；同时围绕社区水站设置了交往等候区，原来居民们经常在打水时枯燥排队，现在可以在旁边坐着休息，甚至可以在这个区域进行二手交易等（图14、图15）。

图14　党建宣传栏现场照片

图13　建筑师负责制全程陪伴式服务过程照片

图15　居民了解方案并提出意见过程照片

（3）信息化管理平台

从项目立项到设计、选材、施工、验收全过程依托自主开发的精益化协同管理平台进行全过程的协同设计管理，并用自主研发老旧小区改造测算模型，实现最优化成本的性能和环境品质提升（图16）。

图16 精益化协同管理平台

4 思考与启示

倾心工程惠泽民生，倾心设计以心换心，项目在设计过程中和建成前后不断得到现场居民的鼓励、支持和肯定，居民们评价"看起来敞亮了，走着更方便更舒坦了""多年的老楼一下子就光鲜亮丽了""感觉咱们楼变高档了，房价都能跟着涨了"。以居民的需求为导向，以居民的满足感为目标，将会是今后特色社区更新等一系列城市更新项目的共同方向。

作者：薛峰[1]；凌苏扬[1]；刘霁娇[1]；李叔洵[2]（1 中国中建设计研究院有限公司；2 中国助残志愿者协会）

宜居住区——北京中信锦园项目

1 项目概况

1.1 项目基本情况

中信城（大吉危改项目）位于北京市西城区两广大街与菜市口南大街交叉口东南角，东至福州馆前街，北抵骡马市大街，南到南横街，东西长约700m，南北宽约600m。中信城距天安门广场直线距离约1000m，距离西单商圈约1800m，距离金融街约2500m，地理位置极为优越。

中信锦园是中信城项目1号地块，位于整个地块的西南角，总用地面积约4.3hm²，规划总建筑面积约24.47万m²，其中地上面积14.83万m²，地下面积9.64万m²，容积率3.91。该项目自2007年1月开始设计，2009年12月入住。

中信锦园项目所在地区历史文化传承厚重，在设计中引入宣南文化的核心精神。以开放、交流、融合作为规划导向概念，着力于对地域文脉的完美诠释。对用地内多个文物单位的保护和利用，是项目规划设计的出发点，融合了传统文化的崭新设计为该地段增添了富于人文特征的时尚亮点。

在规划设计中，按照危旧房改造与历史风貌保护相结合的原则，结合国内外文物保护的先进经验，完整保留了粉房琉璃街及两侧20余处四合院；并将其有机地纳入园林景观系统。同时，原地保留了16棵古树、百余棵原生树木，进一步提升了南城历史文化氛围。与此同时，作为北京市最大的旧城改造项目，将医疗、教育（从幼儿园到高中）、社区服务、金融、商业配套全部合理地布局在整个项目中。

1.2 总体规划化设计

中信锦园项目地上建筑18层，地下3层。由6栋住宅楼及3栋文物建筑构成。建筑高度53m。一层为商业及配套用房。文物建筑下方负一层为地下商业建筑，与地面文物形成良好互动，增加其商业价值。文物建筑位于用地西南角，西、南两侧均朝向城市干道，对城市形象有很好的提升（图1）。

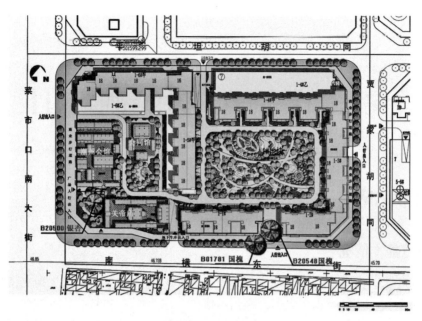

图 1 总平面图

1~4号楼采用侧"U"形布局，形成围合式院落及中心景观区。5号、6号楼形成反"L"形布局，位于文物区东北两侧，使文物建筑的形象得以充分展示（图2）。

图 2 鸟瞰效果图

1.3 交通布置

（1）动态交通

人车分流的立体交通。中信锦园项目采用人车分流的立体交通设计，车辆到达小区入口位置由城市道路直接进入地下停车场，小区内不设置地上停车位。地下工程共3层，除满足人防配套要求外,提供充足的机动车停车位。

步行系统的设计兼顾舒适性与便捷性,沿途设计景观小品、休憩空间,园区内的小路蜿蜒曲折,贯通相对宁静的休闲场所和公共空间,园路又同御道相连,构成完整有序的景观步行流线,同时4m宽的人行通道也可兼作消防通道。环绕建筑宅前的道路在功能上必须满足消防车的通过要求,在景观设计中经过处理削弱视觉的空旷感。

(2)静态交通

无车园区。小区地下工程共3层,除满足人防配套要求外,同时整个小区下部设置地下停车场,停车位与户数比值大于1∶1,提供充足的机动车停车位,因此小区内不设置地上停车位,有效地解决了小区的停车问题、人防问题,是提高土地利用率的重要解决方案(图3)。

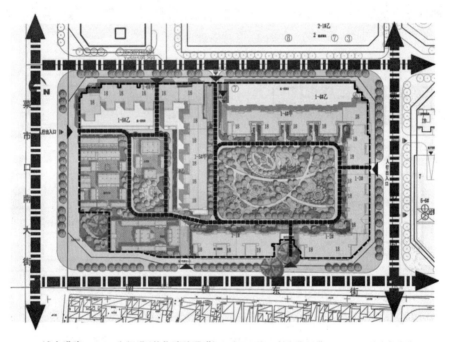

图3 交通分析图

1.4 建筑设计

1)中信锦园建筑风格简洁、大方,形象力求与环境融合而非彰显,建筑色彩遵循北京市城市主体色调,以灰色调为主,起到烘托主体的背景作用,使其中文物建筑的形象更加突出。建筑细部去繁求简,只在局部采用一些中国传统建筑的符号,起到画龙点睛的作用(图4)。

2)中信锦园为高档住宅,共有1518户,主力户型为90m^2以下中小户型,南北通透,采光充足,内部空间设计精细,使用率高,做到小户型高品质,实现了高容积率的情况下良好的居住品质(图5~图8)。

图 4 住宅实景照片

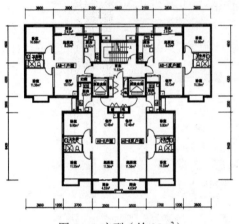

图 5 A 户型（约 85m²）

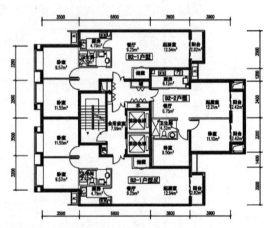

图 6 B2 户型（80～89m²）

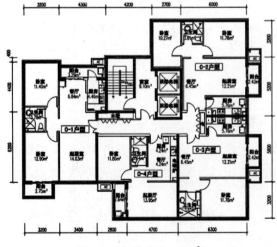

图 7 C 户型（59～89m²）

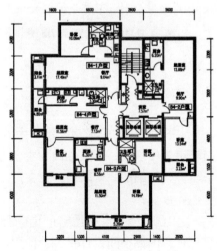

图 8 B4 户型（63～88m²）

2 技术特点

2.1 保护与迁建的实施

中信锦园所在的用地范围内有3处重点文物和3棵古树。

1）3处重点文物。其中"潮州会馆"属原地保护，"会同馆"及"关帝庙"为可迁建保护，"潮州会馆"西邻菜市口南大街，具有极高的文化价值及商业价值。在规划时将"会同馆"及"关帝庙"迁建到它的旁边，通过精心的布局，三座文物古建遥相呼应，形成了一个独具北京特色的文化商业广场，并充分开发文物广场地下空间的价值，与地上文物建筑联通，保护性开发利用文物，使之生命力得以焕发（图9）。

图9 项目保护后现状（重点文物）

2）3棵古树均有几百年历史，枝繁叶茂。为使古树长久地生存下去，规划新建筑时，均为古树保留了充分的生长空间，形成了小区内自然、绿色的空间节点。建筑单体采用半围合院落式布局，保留北京传统四合院的空间形态，也为小区居民打造一个繁华都市中心的宁静所在。小区内部环境的营造上，充分利用本地文物众多的特点，园区中的一石、一木、一砖、一瓦均取自本地拆除部件，既利用了废旧物品，也使本地区的文化得以延续，使人倍感亲切。环境小品更具匠心，宣南文化的精神得以延续（图10）。

图10 项目保护后现状

2.2 结构设计要点

本项目由6栋高层住宅及地下连体车库组成,主楼部分地下3层,地上18层采用钢筋混凝土抗震墙结构,地下车库部分地下3层采用钢筋混凝土框架结构。抗震设防烈度8度。混凝土结构抗震等级为地下二、三层梁、柱、墙为三级,地下一层及地上各层梁、柱、墙体为二级,框支梁、框支柱及局部转换墙体为一级。以下为本工程设计要点:

(1) 超长结构无缝设计

本项目地上由6栋18层的住宅楼组成;地下3层,通过汽车库在地下将6栋住宅楼连成一体,地下总长度240.92m,宽度140.46m。为满足建筑功能布置、机电专业管线管道敷设,本工程采用超长钢筋混凝土结构无缝设计先进技术。主楼与主楼之间、车库与车库之间不设永久性伸缩缝,通过设置后浇带解决混凝土硬化过程中的收缩应力;车库与主楼之间不设永久性沉降缝,通过设置沉降后浇带解决车库与主楼之间的差异沉降;通过在一层设置的沉降观测点定期观测建筑物的沉降。

(2) 充分体现节材、节时、节力、节空间的大型地下室结构设计

根据建筑不同的功能以及楼屋面受荷情况,采用3种不同的楼屋盖形式,特别是采用现浇无梁空心楼盖等新技术。地下一层顶板(除主楼):地上托古建部分,采用主次梁楼盖体系,使古建部分传力直接;车库部分覆土厚度2.3m,采用无梁实心楼板。地下二层顶板(除主楼):餐饮部分,采用无梁实心楼板;车库部分,采用无梁现浇空心楼板。地下三层顶板(除主楼):地下三层为人防物资库,考虑人防荷载,顶板全部采用无梁实心楼板。

(3) 大开间现浇长墙结构设计

地上6栋主楼均采用大开间现浇长墙剪力墙结构形式,墙体间距7.2~9.6m,做到房间内不露梁柱,空间完整,便于装修,建筑分隔灵活。采用钢制模板或多层模板时,墙面和楼板底表面平整,不需要湿作业抹灰。结构具有整体性强、侧向刚度大、抗侧力性能好的特点。

(4) 墙体布局及厚度调整,以实现整体结构安全可靠度的一致性

根据建筑功能要求和计算结果调整不同部位墙体的布置及厚度。地下三层为人防层,地下二层、地下一层为车库,主要墙体厚度300mm,加强区墙体厚度200mm,加强区以上墙体根据轴压比和层位角等控制参数,分别由200mm、180mm、160mm等组成。对受力复杂的节点尽量简化墙体的布置形式,对受力不利的"一"字墙体给予特别的加强设计,保证不同布置情况下的结构保持相同的结构可靠度。本工程的结构设计充分体现在满足结构安全及建筑使用功能的前提下,达到了节材、节时、节力、节空间的效果。

2.3 节水措施

中信锦园排水采用渗水路面,在保证路面强度等性能满足要求的同时,使路面保持良好的透水性。雨水能及时透过路面渗入地下土壤,达到快速排水的目的,渗水路面有利于生态和环保,对比普通硬地做法,其优点是防止雨天路面积水和夜间反光,改善行走的舒适性与行车的安全性；提高土壤的透气、透水性，改善土壤湿度、盐度，改善城市地表植物和土壤微生物的生存环境，可降低地表温度调节居住区气候，缓解居住区热岛现象，解决地表水分散、就地排放，减轻城市排水负担。

3 经验做法

3.1 采用人车分流系统，形成安全、友好的小区环境

1）功能性：以木平台区隔人行道，抽离出来的人行道空间让行人完全不受汽车的影响，充分保障社区内家庭生活的安全性与自由性。

2）便捷性：考虑到车主步行距离与地下车库距离，特别规划车行道进入社区适宜地段并有序排列，方便车主短时间步入车库，便捷出行。

3）环保性：场地周边设置乔木，充分缓解汽车行驶带来的噪声，并有效净化汽车尾气，有效解决汽车噪声与废气污染问题。

4）舒适性：社区内汽车路线与家庭休闲游戏场合完全分离，日常生活不受汽车影响，增大了居民的居住舒适度。

3.2 合理的进深尺寸，便于用户舒适使用

结合室内功能需要，选择合理的进深尺度。

1）起居室采用大开间。起居室连接等宽景观阳台，接景入室；客厅与餐厅连接在一起时，两者合在一起进深保持在 12m 左右比较合理。

2）卧室过大易让人感觉安全感低，私密体验感也较低。所以卧室采用开间适中、进深广的方式，如开间 3.2~3.6m，进深 3.5~4.8m，兼顾了私密性与舒适性的双重需求。

3）厨房的进深舒适度，进深在 0.9~1.2m，如果进深过于长的话，厨房就显得很狭长，使用时也不会很方便。

4）卫生间的进深在 1.2~1.8m 比较好。

3.3 合理设计临街住宅，远离噪声干扰

沿街单元，合理设置底商与住宅结合的模式，既增加了底商的高度，又有效解决了楼上居住单元临近马路、交通噪声困扰的问题。但还需要注意几点：

1）项目规划时，对于底商应该有一定的弹性，要方便投资者进行改造。要最小化上层户型方面对底商的影响。

2）将上层住宅的出入口设置在底商背街的部分，这样占用的是底商纵深部位，不会占用底商的黄金临街位置，而且这样可以做到商住分流，商不扰住。

4 思考与启示

中信锦园项目,是完全不同于传统意义上的地产开发项目,是与城市升级改造、居民居住水平和生活方式改变密切相关的社会项目。

中信锦园的建设极大地改变了地区面貌,改善了居民的居住条件和生活水平。在规划和建设中,高度重视对文物、古建、古树等文化遗存的保护和传承,使其与北京市提出的可持续发展理论相统一(图11、图12)。

图11 项目开发前原貌

图12 保护性开发后的古建、古树

4.1 修复及保护

本项目充分体现对北京传统文化的尊重,结合文物保护和旧城改造的需求,以文物建筑迁建的相关规定为准则,对中信锦园用地内现有文物、古树、街巷和绿地等进行合理的规划利用。保留其传统风貌,力求实现对古建文物"修旧如旧"的保护理念;在院落布局保持不变的基础上，对院落进行局部规整，以满足人流、交通相应尺度，改善采光、通风等使用条件。在建筑本体形制保持不变的基础上，对个别建筑平面内进行局部规整，以满足使用功能要求。项目内的 9 处文物，18 棵古树，20 座迁建四合院要与新的规划社区相互映衬，使项目独具京味儿文化特色。社区中心建设一处 3 万 m^2 的绿地文化广场，保持 800 年皇城的历史文脉，使人们在繁华都市中拥有宁静休闲的生活。

4.2 持续性利用

小区内部环境的营造上充分利用本地文物众多的特点，园区中的一石、一木，一砖、一瓦均取自本地拆除部件，既利用了废旧物品，也使本地区的文化得以延续，使人倍感亲切。环境小品更具匠心，使宣南文化的精神得以延续和发展（图 13）。

图 13　实景图

作者：史有涛；李文藤；韩蕊；梁文胜；郭庆文（中国建筑技术集团有限公司）

健康低碳——北京市房山区长阳镇棚户区改造项目

1 项目概况

1.1 项目基本情况

本项目位于北京市房山区长阳镇07街区，北邻京良路，西邻京深路，东邻规划沿堤路，南邻规划沿堤路。项目总建筑面积1158515.05m^2（回迁安置房用地），其中地上总建筑面积757008.87m^2，地下总建筑面积401506.18m^2。项目共计10个地块，均为R2一类/二类居住用地，作为"承接首都中心城区人口疏解的重要地区"，用途为棚户区改造和环境整治定向安置房及配套。设计时间为2017年8月，其中8个地块预计2023年底交付。

1.2 项目配套情况

07街区东邻永定河，距离房山最重要的商业综合体——首创奥特莱斯直线距离3km，距半岛购物中心2km。周边设有北京四中房山分校、黄城根小学房山分校，清华附中、人大附中等优质教育资源也已确认引入。房山区第一家"三级甲等医院"宣武医院也将落户房山长阳，与07街区毗邻。大型文旅项目"乐高乐园"及"熊猫基地"也将为房山区带来全新活力。

街区内配备有9班和12班幼儿园、24班小学和36班完全中学，居住用地围绕中心公园绿地设置，多处商业及派出所、邮政、公交车站、公共绿地等配套设施，周边配套完备（图1）。

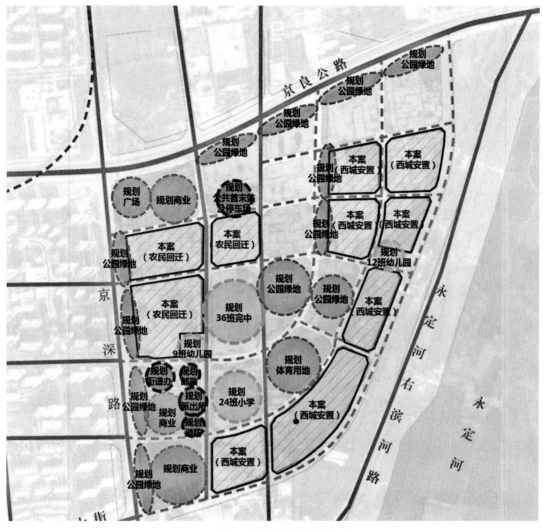

图1 基地内配套设施

1.3 总体规划设计

本项目为西城安置及农民回迁工程，西城安置由7个地块组成，农民回迁由3个地块组成。由于各块用地周边规划及自然资源差别较大，方案本着公平性原则，通过平衡各方面利弊，科学、合理、均衡地规划建筑单体，妥善设置各层次户型平面位置，以确定大中小户型高中低品质之分。

项目为多地块连续性用地，整体规划布局肌理结合用地走势，建筑单体尽可能多地以正南朝向为主，各地块形成空间渗透之势，使整片街区统一、完整。

用地范围内较方正地块采取"错位"方式布局，体现均衡性，有效增加容积率；较为狭长地块采取"大围合"布局方式，地块内各单体建筑品质相当。建筑所围合空间尺度适宜、严整有序，为景观设计提供最大的可能性。

各片区内采取人车分流方式组织交通，内环走人、外环行车，保障居民在小区内的安全。消防车可以到各个建筑物附近进行消防应急救援。小区内的主干道和次干道的布置原则为避免道路通而不畅，避免往返迂回（图2）。

图2　规划总平面图

1.4　建筑设计

建筑立面采用经过改良的新古典主义风格，保留了比例、材质、色彩的大致风格，可以很强地感受传统的历史痕迹与浑厚的文化底蕴，同时又摒弃过于复杂的肌理和装饰，简化线条，强调简洁、大气、新颖、尊贵、内涵，易于在控制成本的前提下彰显品质（图3）。

建筑户型设计满足差异化需求，西城安置片区采用65m²、85m²、90m²、105～110m²户型，农民回迁片区采用45m²、57m²、77m²、80m²、88m²、120m²户型。户型多样，适应多种需求。每户的景观、采光及通风都要一一细心处理，餐厅和客厅都有自然通风和采光，各户根据所处的地理环境进行个别斟酌，不局限于单一模式。功能合理、动静分区、污净分离、户户阳光，活动区、休息区、服务区三大主题居住空间功能分区明确，起居厅、餐厅拥有各自独立的空间；卧室休息区相对独立，私密性较强，每户保证充足的阳光。

图 3　建筑单体效果图

2　技术特点

作为房山区重要的安置房项目，承接西城区人口疏解任务，对建筑品质及社区环境有较高的要求。项目愿景为传承文化，建设科技社区，宜居颐养，打造健康家园，从绿色生态、预制装配、科技健康三个方面共创精品社区。

2.1　绿色生态

（1）绿色建筑

绿色建筑，就是在全生命期内，最大限度地节约资源（节能、节地、节水、节材）、保护环境、减少污染，为人们提供健康、适用和高效的使用空间，与自然和谐共生的建筑。根据《绿色建筑评价标准》GB/T 50378—2019，绿色建筑认证划分为三个等级，本项目设计目标为绿色建筑一星级，即满足全部控制项要求，且总分达到 50 分。

（2）海绵城市

海绵城市是新一代城市雨洪管理方法，下雨时吸水、蓄水、渗水、净水，需要时将蓄存的水释放并加以利用，实现雨水在城市中自由迁移。本项目下凹式绿地、雨水花园等有调蓄雨水功能的绿地和水体的面积之和占绿地面积的比例达到50%；公共停车场、人行道、步行街、自行车道和休闲广场、室外庭院的透水铺装率不小于70%；合理衔接和引导屋面雨水、道路雨水进入地面生态设施，并采取相应的径流污染控制措施。通过一系列渗、滞、蓄、净、用、排等措施，促进可持续发展。

（3）太阳能利用

响应"碳达峰、碳中和"目标，项目采用光伏技术，屋顶铺设太阳能热水管，集中式供应，节约能源，满足人们在生活、生产中的热水使用。

（4）隔声降噪

临永定河滨河路一侧采用复层绿化隔绝噪声，选取低分枝的常绿叶植物和大冠幅的常绿阔叶植物搭配种植，可有效降低各频段交通噪声。邻其他市政支路建筑采用隔声窗及其他隔声降噪设备以降低噪声干扰。

2.2 预制装配

作为北京市规模最大的装配式安置房项目，07地块所有建设住宅均实施装配式。根据《北京市人民政府办公厅关于加快发展装配式建筑的实施意见》和《北京市发展装配式建筑2017年工作计划》，采用装配式混凝土建筑、钢结构建筑的项目应符合国家及本市的相关标准。采用装配式混凝土建筑的项目，其装配率应不低于50%；且建筑高度在60m（含）以下时，其单体建筑预制率应不低于40%，建筑高度在60m以上时，其单体建筑预制率应不低于20%。

区别于传统建筑模式，装配式建筑大大减少了人工作业和现场湿法作业，且融合了大量的数字化技术，符合建筑业产业现代化、智能化、绿色化的发展方向，具有节省资源、缩短工期、减少污染、绿色节能的优势。

2.3 科技健康

本项目为精装修交付项目，在满足建筑功能的基础上，采用系统的家具设备集成方案，以环保节能的方式提高生活舒适度。同时，利用网络通信、安全防范、自动控制等高科技手段，将家居生活有关的设施集成，构建高效的智能设施与管理系统，提升家居安全性、便利性、舒适性，实现以人为本的健康居住环境（图4）。

采用绿色环保的装饰装修材料，采用节能设施设备，如建筑外窗材料采用铝合金断热窗双层Low-E玻璃，选择国家一级、二级能效的节能电气设备，以及节能马桶、节能淋浴等高用水效率等级的卫生器具。使用智能调节照明灯具及供暖空调系统，可基于使用者需求及人体热感觉进行动态调节。引入智慧安防系统。

充分考虑全年龄段人群需求，针对老年人的身体机能及行动特点进行适老精细化设计，包括无障碍设计、引入急救系统等。

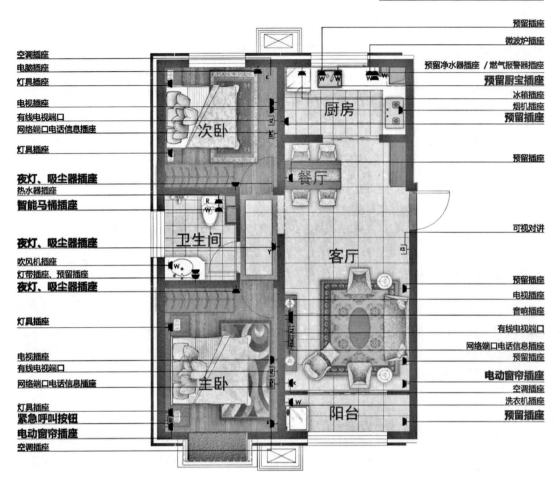

图 4　智慧家居系统

3　经验做法

3.1　健康舒适的宜居环境

做精品商品房品质的安置房社区，以人为本、舒适为先。从规划布局、户型设计及景观设计上均将使用者的舒适性放在第一位，楼座朝向均为正南北向，并充分利用场地周边良好的绿地景观及永定河景观资源，体现"以人为本"的设计原则，创造安全、方便、健康、紧凑、和谐的宜居环境（图5）。

3.2　绿色自然的出行体系

打造"一步一景"绿色出行体系，拉近人与自然的关系。以不同树种、花种打造具有区域特色的景观大道。建立慢行、骑行、公交的多层次通行系统，营造舒适、便捷、有吸引力的绿色出行环境。

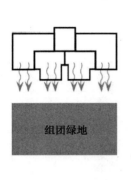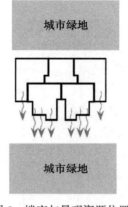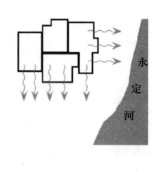

图 5　楼座与景观资源位置关系

3.3　文化传承的公共空间

塑造传统与时尚相融合的新型社区，尊重新住民对旧城的记忆。尊重西城及长阳安置房居民的生活习惯和特征，打造富含邻里观、延续风俗习惯及文化传承的社区空间。区内每块用地内都设置了小区共享空间和组团共享空间，包括绿地景观、公共广场、健身广场等场所，为居民提供多功能、多层次、景观丰富的公共活动空间，给予使用者足够的邻里及交流空间，营造良好的社区氛围。

3.4　人文和谐的无障碍社区

构建人文关怀至上的和谐社区，无障碍设计全覆盖。从住宅内部交通到小区公共交通，在遵从无障碍设计的基础上，尽可能向"零伤害"标准看齐。从人性化的角度，关注老年人及残疾人的身心健康，并鼓励他们走到户外，与阳光、空气亲密接触，开展丰富多彩的健身和文体活动，从而达到强身健体、愉悦心情的目的。

3.5　低碳人本的生态系统

创建人与自然高度融合的绿色生态社区，融入绿色建筑设计和海绵城市设计的解决策略。本设计以使用方便、节能减排为目标，统筹结合，选用绿色照明技术、节水器具及节水控制技术等节能、节水、减排技术。通过新技术、新材料、新设备的运用，为小区居民创造一个绿色生态的居住环境。

3.6　品质提升的其他细节

1）项目用地面积较大，整个街区划分为三大片区、两种颜色进行立面色彩划分，以深棕色和米黄色区分，体现区域色彩的可识别性。

2）地面访客停车场、地下车库出入口临近小区主入口设置，通过管理手段，引导车辆进入地下车库，尽量做到地块内人车分流。社区设置两个出入口，其中一个单车道，一个双车道，特殊时期可仅开放双车道出入口，节省人力成本。

3）社区配套服务设施设置，在考虑千人指标控制的同时，需考虑整合或分散的合理性。如商业服务设施应尽量整合于一条主要道路，使用时可高效集中；社区卫生服务站、托老所、残疾人托养所尽量在整个地块整合使用；物业管理用房分散布置，每个地块均应设置一个等。

4 思考与启示

装配式住宅建筑成为建筑行业未来发展的必然趋势，将此类建筑与绿色建筑、智慧科技理念进行深度结合，能够作为促进建筑业双碳化发展的重要措施。为此，完整的绿色智慧装配式建筑施工方案，对装配式住宅发展具有重要意义。需要设计人员加强对装配式建筑的预制结构设计与试验，同时做好施工方案、内部装修、细节设计等方面的处理，以全面提升绿色智能化住宅建筑的建造效率与质量，保障装配式住宅的经济效益、环保效益与社会服务效益（图6）。

图6 鸟瞰图

作者：张捷[1]；王育娟[2]；周朝一[1]；丁一凡[1]（1 中国建筑技术集团有限公司；2 中国建筑科学研究院有限公司）

绿色健康——北京当代万国城住宅项目

1 项目概况

北京当代万国城住宅项目位于北京市东城区香河园路1号，在机场高速北侧，由当代节能置业股份有限公司投资建设、北京首都工程建筑设计有限公司设计、第一物业（北京）股份有限公司运营。项目于2003年启动建设筹备工作，2006年完成施工图设计，2008年竣工投入使用。本项目总占地面积61800m^2，总建筑面积221426m^2，容积率2.64，绿地率34.2%。设计机动车停车位870辆（其中地上35辆，地下835辆）。总体为框架核心筒结构，连廊及悬挑部分为钢结构。小区包含8栋住宅塔楼、1座酒店塔楼及多栋裙房，利用空中连廊将9栋塔楼串连成整体，社区文化中心（多厅艺术影院）、国际幼儿园、咖啡厅、画廊、博物馆、阳光游泳池、健身房等功能空间灵活布置在裙房和空中连廊各处。实景如图1所示。

图1 项目实景图

2 技术特点

2.1 绿色低碳

本项目集成应用了高性能围护结构,采用可再生能源、雨水和中水收集回用、建筑全装修、节能照明、能耗分项记录等多项节能和绿色建筑措施,打造了一个绿色低碳居住小区。

(1)高性能围护结构

高性能外保温系统可起到良好的隔热、保温、节能效果,使室内寒冬不冷,酷夏不热。本项目于2006年完成施工图设计工作,执行的节能相关设计标准为北京市《居住建筑节能设计标准》DBJ 01—602—2004 和《公共建筑节能设计标准》GB 50189—2005,本项目外墙采用100mm挤塑板外保温,传热系数为0.35W/(m²·K),仅为当时节能标准的58%[标准限值为0.6W/(m²·K)];外窗采用断桥铝三玻 Low-E 玻璃,传热系数为1.5W/(m²·K),仅为当时节能标准的53%[标准限值为2.8W/(m²·K)]。本项目将可调节外遮阳系统完全嵌入外立面中,起到了良好的建筑被动节能效果(图2)。在太阳角度超过20°的情况下,能够有效地阻挡90%~95%的直射光线;在太阳角度较低的情况下,也可以阻挡75%的光线,且风稳定性高。根据测算,围护结构耗热量最高指标为13.6W/m²,全年采暖能耗指标为标准煤6.34kg/m²,而北京市规定的节能65%住宅全年采暖能耗为标准煤8.82kg/m²,与之相比,建筑采暖能耗降低了28%。

图2 项目外遮阳系统实景图

(2)可再生能源应用

北京当代万国城住宅项目夏季冷负荷为7890kW,冬季热负荷为9100kW,其中生活热水负荷为2500kW。本项目采暖空调冷热源为土壤源热泵系统,同时设置冷水机组和燃气锅炉用于夏季制冷和冬季供暖调峰。

本项目采用地源热泵技术，以地下100m处大地土壤为低位热源，由地源热泵机组、地热能交换系统、建筑物内系统和控制系统组成的供热系统，为天棚辐射系统和热水系统提供低成本、清洁、环保、可再生的能源供应。热源由地源热泵机组、地热能交换系统、建筑物内系统和控制系统组成的供热系统，为天棚辐射系统，首层地板采暖系统，热水系统提供低成本、清洁、环保、可再生的能源供应（图3）。

本项目设置两个能源站房，分别设置在1号楼及10号楼地下一层，每个能源站房配置两台地源热泵机组及两台冷水机组。1号楼能源站房供应电影院、1号、2号、6号、7号、8号楼；10号楼能源站房供应幼儿园、3号、5号、9号、10号楼。冬季供暖夏季供冷，保证整个园区的供暖空调需求（图4）。

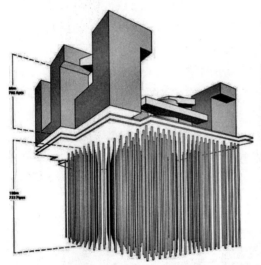

图3　地源热泵打井模型图

图4　能源自动控制系统界面

（3）非传统水源利用

小区内建设中水处理回用系统和雨水处理回用系统，收集园区内住宅、酒店等建筑的优质杂排水，经处理后用于小区绿化灌溉和景园水景补水。

本小区配套建设中水设施，设置中水回收系统及中水供水系统，中水站设置在地下二层。收集住宅内优质杂排水，经处理后全部回用于地下车库冲洗、景观补水及住区东南侧绿地灌溉等。收集原水204.9m³/d，在区内中水处理站设计处理能力为220m³/d，每小时处理能力10m³。

雨水收集回用系统收集屋面和地面雨水，回用于绿化灌溉及景观补水。小区雨水站设于北面绿化花园山丘地下，其中初期弃流池330m³，雨水储存池池体2552m³，清水储存池458m³，雨水处理及回用供水机房268m³，池体及机房总占地面积为669m²，雨水每小时处理能力为20m³。

项目既采用了中水回用系统，又采用了雨水回用系统。根据实际运行数据分析，2011年项目年市政自来水用水量约116000m³，非传统水用量为53366m³，非传统水源利用率达到31.47%。

（4）全装修交付

本项目采用全装修交付，交付时房间墙面粉刷完毕、灯具安装到位。全屋铺装木地板，厨房配套安装水槽、燃气灶、吸油烟机、烤箱、厨余垃圾处理器、24h 直饮水等必备设施。卫生间安装洗手盆、墙排马桶、浴缸、淋浴器等设施，住户可以实现拎包入住（图5）。

图 5　室内交付效果

（5）天然光利用

本项目地下一层车库顶板设置导光孔，充分利用天然光进行地下采光。共设置采光孔 5 个，采光孔直径 3m，可满足约 100m^2 地下车库的日间照明。

项目采用大楼间距、大窗地面积比设计，有效改善了建筑内部空间的自然采光效果。无论是建筑公区还是住宅户内，都具有良好的采光效果。

（6）分项能耗计量

本项目的物业管理部门配备了建筑能耗能源管理系统，对小区的居民用电、公共照明用电、配套公共建筑及商业用电、暖通空调用电、电梯动力用电、车库照明用电、园林照明用电进行了详细的分项计量。每个电表的数据都可以很方便地进行查询，也可以很方便地进行各用电分项的汇总和分析。项目每年都进行能源审计，根据能源审计报告结果适当调整运行策略。同时能耗能源管理系统可以根据项目运行情况调节地源热泵系统、水泵系统的运行工况，实现整个空调系统的节能运行（图6）。

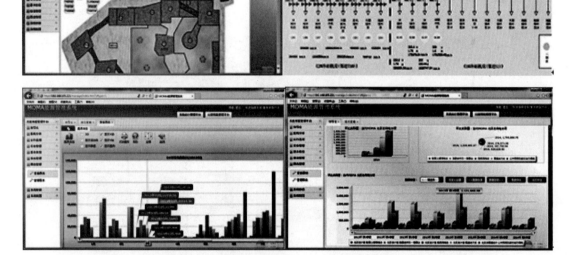

图6 能源管理平台

2.2 健康舒适

在营造健康舒适环境方面,本项目通过采用同层排水、水质净化和在线监测、建筑声环境控制、园区无障碍设计等措施进行综合设计,打造健康舒适的居住小区。

(1) 同层排水系统

本项目采用同层排水系统,卫生器具(包括浴缸、洗手盆、马桶等)的排水支管不穿越楼板,而是在同一层与排水立管相连,使污水及废弃物安静地进入主排污立管,降低排放噪声。在需要疏通清理时,采取在本层套内就能解决问题的排水方式,解决了传统的卫生间排水系统普遍存在噪声较大、遗留卫生死角、漏水、疏通清理不便等问题,提高了用户的居住体验。

(2) 水质净化和在线监测

本项目生活水箱设置紫外线消毒杀菌装置,对生活饮用水进行连续杀菌。每季度聘请第三方检测机构对直饮水、景观水、空调水、中水、生活饮用水、泳池水等进行取样检测,历次检测结果均符合水质要求,相关信息通过园区公告栏向业主公示。此外,本项目还针对直饮水系统设置了电导率监测系统,实时监测直饮水水质,发现水质异常时及时采取措施,确保用水安全。

(3) 建筑声环境控制

本项目产生运行噪声的设备如水泵站、通风机、制冷机组和设备间等分布在地下室的设备层,建筑物的外围护墙和屋顶均有一定的减噪作用。同时采用一些隔声降噪的措施,如墙体设置隔声材料、强化围护结构、设置双层玻璃、安装木地板、机房和泵房采用隔声门等保障室内的安静环境。为降低噪声，送、排风总管上均安装管道消声器。经抽样检测，建筑内典型房间昼间背景噪声为39.3dB，夜间噪声为34.9dB。

（4）无障碍设计

该项目全面采用无障碍设计。设计无障碍坡道、无障碍入口、无障碍停车位以及无障碍电梯，保证老年人和残疾人的生活安全方便。园区内地面均采用防滑铺装，楼层编号、楼号均为大字标识，地下车库设置无障碍停车位，墙柱家具等处阳角均为圆角。

项目各栋楼之间联系紧密、园区人车分流，地面没有机动车，各栋住宅楼之间设有连廊，方便人员往来于各栋楼。连廊设置了各类服务功能房间，满足交通服务的同时，提高房间的使用功能（图7）。

图7 北京当代万国城住宅项目连廊实景图

3 经验做法

3.1 温湿度独立控制，提升室内舒适度

本项目采用吊顶辐射+地板送风的温湿度独立控制措施，辐射吊顶承担房间的冷热负荷，新风系统承担室内湿负荷。夏季新风系统供回水温度为7℃/12℃，顶棚辐射系统供回水温度为18℃/21℃；冬季新风系统供回水温度为40℃/45℃，顶棚辐射系统供回水温度为28℃/31℃。通过均匀埋设在顶棚（混凝土楼板）中的PE-RT阻氧管（与建筑同寿命），施以冷热水循环，进行低温辐射式供暖或辅助制冷。冬季室内温度恒定为18℃（±2℃），温暖舒适，且不占用室内空间。夏季，冷量通过顶棚向下辐射，达到给室内降温的作用，辐射供冷无吹风感，房间温度均匀。同时，辐射供冷应用低品位热源，提高了

能源的使用效率。设置集中空调控制系统，能够根据负荷变化情况及时调整冷热源主机和输配系统的工况。在用户末端设置分房间的控制面板，用户可以根据自己的需求调节房间温度。

冷源采用高温冷水机组，大大提高效率；室内温度由干式末端控制，室内相对湿度由独立新风系统控制，互不影响，全年均可获得舒适的室内环境。空调末端干工况运行，可以避免冷凝水系统引起的各种健康问题。所有新风机组带高效板式全热回收机器，新、排风无交叉污染，热回收效率达到60%以上（图8）。

图8　全置换新风系统送风管道和辐射管道预埋施工现场图

3.2　全过程污染物控制，保障居住健康

本项目采用全装修交付，集中采购和安装室内家具检测，从源头有效控制室内装饰装修材料及家具和室内陈设品的有害物质浓度。地板、地毯及地坪材料、墙纸、百叶窗和遮阳板、浴帘和家具，以及装饰物和水封格栅等产品中DEHP、DBP、BBP、DINP、DIDP或DNOP的含量不超过0.01%。家具和室内陈设品来源可追溯，包含危险有害物质含量信息及健康影响声明。保障70%成本以上产品的VOCs散发量低于《室内装饰装修材料　木家具中有害物质限量》GB 18584—2001规定限值的60%、全氟化合物（PFCs）、溴代阻燃剂（PBDEs）、邻苯二甲酸酯类（PAEs）、异氰酸酯聚氨酯、脲醛树脂的含量不超过0.01%（质量比）。纺织、皮革类产品需满足相关规范的要求。

建筑采用气密性等级为7级的断桥铝合金窗，外窗关闭时能有效阻止室外空气渗透进入室内。本项目采用全置换式新风系统，24h为房间供应经过处理的新鲜空气，能有效控制房间的$PM_{2.5}$、PM_{10}的浓度。经检测，室内空气质量优于现行国家标准《室内空气质量标准》GB/T 18883规定限值的90%以上。

本项目通过在卫生间设置局部机械排风系统（排风量满足需求），避免空气中的污染物扩散到其他室内空间或室外活动场所。排风由卫生间集中排出单元，经屋顶新风机组集中热回收后排到室外。屋顶新风机组内送排风机均为变频风机，并控制变频器保证排风量为送风量的85%，以保证房间的正压。另外，地面风口还设置插板阀，可以根据需求调节风口开度。

3.3 营造花园式小区，提升居住品质

本项目绿地率34.2%，总面积超过500m²，室外种植苗木种类有42多种，每幢建筑顶层均设置屋顶绿化，室内门厅布置绿色植物。通过多层次、多维度绿化，提升视觉上的感受，使居民感受到春天蓬勃的生机。

项目中央设置大型人工湖，水域面积达到20000多平方米，并在水中种植芦苇、荷花等水生植物，一方面调节园区的小气候，另一方面提升了园区效果。湖边布置了座椅，同时结合地下室出口设置凉亭、仿古游廊等景观小品。茶余饭后，人们或临湖而坐，或环湖散步，形成了健身休闲的好去处（图9）。

图9 水景与建筑

在居住区整体设计时融入绿色、健康、智慧与全龄的理念，引导社区业主形成主动积极的文化比邻精神。从业主体育健身、休闲娱乐到人文交流角度出发，打造一个健康活力的绿色社区，让业主彼此互动、相互扶持、实现社区丰富充实的生活机能。社区囊括了儿童游乐区、适老活动区、活力社交互动区、日夜慢跑道等（图10）。

项目内还利用连廊空间，建设了当代博物馆，收藏和展出了詹富华、张志连、马克等收藏家的各类藏品，包括木雕、瓷器、家具等，免费对公众开放，提高项目用户和周围住户的文化生活水平。

图 10　小区室内外景观与活动场地

4　思考与启示

北京当代万国城住宅项目在建设之初就将节能环保、健康舒适、绿色低碳融入其中，从围护结构性能提升、可再生能源应用、非传统水源利用、室内污染控制、噪声环境控制、社区服务等多个维度精心设计，营造了绿色健康的居住环境。综合集成应用了地源热泵、可调外遮阳、三玻Low-E外窗、辐射空调、24h集中新风净化、排风热回收等绿色建筑技术，并在设计过程中植入生活便利、健康舒适的理念。北京当代万国城住宅紧密围绕绿色低碳和健康舒适两大主题，于2013年6月获得三星级"绿色建筑运营标识"，2018年获得三星级"健康建筑运营标识"。

作者：张然[1]；谢琳娜[1]；高千雅[2]；马千里[1]　[1　中国建筑科学研究院有限公司；2　第一摩码人居环境科技（北京）股份有限公司]

健康智能——中国·铁建太原花语堂 9 号楼项目

1 项目概况

1.1 项目简介

中国·铁建花语堂项目位于太原市万柏林区，长风街与晋祠路交口往北 500m。整体项目总占地面积 93182.81m²，总建筑面积 413789.24m²，容积率 3.50，绿地率 36.06%。由高层住宅楼、多层住宅楼、低层住宅楼以及小区公共配套设施组成。地块分为东西两部分，西侧地块布置低层住宅，以降低新建建筑对西侧场地外既有住宅的日照影响；东侧地块顺应地形排布楼栋，沿道路设置小户型楼栋，中心位置设计大户型楼栋，充分利用场地景观，使各楼栋相互影响最小，营造"宜居、韧性、生态"的生活环境。项目于 2021 年 5 月开始设计，目前正在施工阶段。总平面效果图详见图 1。

图 1 总平面效果图

1.2 政策要求

根据地方政策文件《山西省住房和城乡建设厅关于在超限高层建筑工程中开展绿色建筑示范的通知》和《超限高层建筑工程绿色创新技术导则》实施要求，项目 9 号楼（图 2）达到山西省创新示范项目要求及三星级绿色建筑（《绿色建筑评价标准》GB/T 50378—2019）要求，应用绿色建筑、智能化、建筑信息模型（BIM）、超低能耗、装配式建造、铝模板、保温结构一体化、可再生能源等技术，作为建设"长寿命、高品质、绿色低碳住宅"的设计标准。

图 2　9 号楼南、北立面效果图

2　技术特点

2.1　户型设计

9 号楼位于地块北侧，地上 41 层，层高 3.15m，建筑高度为 133.45m，超高层住宅。底部两层外饰面为石材，二层以上外饰面为仿石一体板和仿铝一体板，外观设计简洁明快，效果图详见图 2。核心筒集中设置，避免电梯井道和住宅空间贴临。住宅户型方正，空间轴线布局，南北朝向、采光通透，精装修交房（图 3）。户型三开间朝南，南向为大面宽起居室和主卧，客厅设置开敞景观阳台，面向小区的中央景观带（图 4）。

图 3　精装修实景图

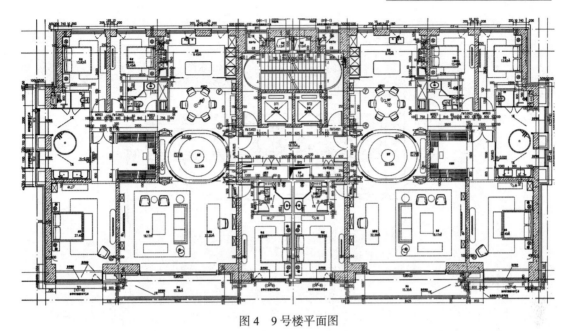

图4 9号楼平面图

2.2 保温结构一体化

9号楼外围护结构采用保温结构一体化设计，构造做法符合山西省地方标准《免拆外模板现浇混凝土复合保温系统（FS）应用技术标准》DBJ04/T 365—2018中的相关要求。外围护墙体为现浇混凝土和砌块墙，保温结构一体化构造由围护墙体、保模一体板、连接件、找平层、保护层和饰面层共同组成（图5）。外墙保温材料为90mm挤塑聚苯板，导热系数$\lambda = 0.030$W/(m·K)。外墙平均传热系数提升20%，满足绿色建筑三星级的技术要求。保模一体板复合墙体保温构造见图6。填充墙部分，保模一体板内侧用砌块砌筑，构造见图7。保模一体板具有较高的材料强度、较好的保温性能及防火性能，从根本上解决了外墙外保温易开裂、超高层住宅保温层在风压作用下易脱落的安全隐患，提升了外围护结构的耐久性。

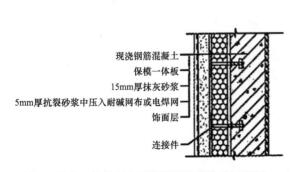

图5 保模一体板复合墙体保温系统构造示意图

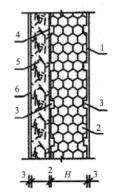

1、6—内外侧粘结加强层（3mm厚）；
2—保温层；
3—加强肋；
4—粘结层（2mm厚）；
5—不燃保温过渡层（25mm厚）

图6 保模一体板复合墙体保温构造示意图（单位：mm）

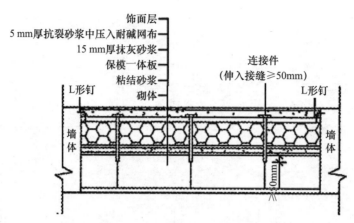

图7 填充墙部位采用保模一体板构造示意图

2.3 铝模板

9号楼自首层开始采用铝模板进行混凝土浇筑。对于外围护体系，外模板为保模一体板，中间为现浇混凝土，内模板采用铝模板。技术方面，铝模板有较好的强度、刚度及稳定性，平整度优于传统模板，拆模后可保证混凝土浇筑面质量。经济方面，铝模板周转次数高、使用寿命长，项目施工效率高，最大限度地缩短了工期。建筑内部墙面省去二次粉刷找平，节约材料，降低装修成本。环保方面，现场无加工模板工序，减少噪声及粉尘污染，铝模板是可多次、可循环利用的绿色环保建材。铝模板现场施工照片见图8。

图8 铝模板现场施工照片

2.4 室内环境设计

（1）高效通风及供暖设计

9号楼空调系统采用高效多联机空调加独立式新风系统，采用带热回收的户式除霾新风系统。多联机系统具有灵活可调控的特点，可根据负荷变化以及用户需求进行灵活调节。多联机压缩机采用直流无级变频压缩机,精准控制输入功率,IPLV 值达到 6.0,远超国家节能标准《公共建筑节能设计标准》GB 50189—2015 中的规定值,节能效果显著。室内供暖采用分户计量低温热水地面辐射供暖系统,采用单组分配器整体温控方式,每户地暖分配器供水管上安装分户控温调节阀。

(2)采用带热回收的户式除霾新风系统

9 号楼户内采用户式新风系统,系统风量为 500m³/h,采用 HEPA 多层复合过滤滤芯,设备 $PM_{2.5}$ 过滤效率高达 99%,能有效过滤室外 $PM_{2.5}$、PM_{10} 等颗粒物,增强室内换气次数,引入新风,稀释室内空气污染物浓度。户式新风换气机能够回收排风中的冷量/热量,有效降低因引进新风而增加的空调负荷新风与排风进行全热交换,温度接近室内空气,营造舒适环境。

(3)空气质量监测

9 号楼户内设置空气质量监测系统,可监测 $PM_{2.5}$、PM_{10} 与 CO_2 浓度。实时监测数据显示在每户入口的液晶显示屏中,让住户实时了解家里的空气状况。同时,空气监测器接入智能家居系统,当污染物浓度超标时报警。

2.5 智能化设计

(1)能耗监测管理系统

9 号楼设置能耗监测管理系统,系统分为设备层、网络层、应用层。设备层作为平台数据来源的基础,通过仪表与传感器对参数进行监测和计量。网络层通过协议转换功能将采集到的设备层的数据传递到应用层。应用层对设备层的数据进行分类、存储、统计分析。具体做法是在变配电室低压柜处设置数字式多功能测控电表,在换热站设置一级热计量表,在服务于公共区域的换热管道设置二级热计量表。电表经过供电局设置的电力监控系统上传至能源管理系统,热表直接上传至能源管理系统。实现 9 号楼公共区域的能效考核分析、需求侧管理分析、用能质量分析、能耗指标分析。能耗监测管理系统主机设置在控制室,可由值班人员操作维护。

(2)全域 5G 网络覆盖

9 号楼采用 5G 网络覆盖,5G 网络由运营商推广建设,预留 UPS 电量及机房位置。具体如下:5G 移动通信的基础设施分为移动通信基站设施和室内外分布系统设施,通信基站设施由基站机房、电源系统和地面设施组成,室内外分布系统由室内外分机房、电源系统、布线桥架组成。电源按 200kW 预留,且按每 10 万 m² 250kVA 预留备用电源 UPS 的容量。地下室按每 10 万 m² 设置 50m² 运营商机房,在避难层设置 20~30m² 的分机房。分室设备间结合电井设置,设备及通信端口放置在电井内。中间层设施放置在设备平台。在屋顶预留 20~30m² 基站机房。实现 5G 网络的全覆盖,可使网络稳定性更强、传播速率更快。

5G 通信基站发射电磁波的电磁辐射防护限值满足《电磁环境控制限值》GB 8702—2014 的相关要求,且 5G 通信基站满足《通信工程建设环境保护技术暂行规定》YD 5039—2009 中对噪声的控制要求。

5G通信基站采用高度集成化、低功耗的节能设备，并选用自然散热产品，减少对空调及风扇的使用。基站内的设备能根据业务量自行开关，降低运行能耗。

3　经验做法

3.1　保模一体板结合铝模板技术，降低保温脱落风险

外墙保温脱落问题是业主普遍关注的问题。目前，国内很多地区已经明令禁用限用外墙薄抹灰技术，但由于材料和施工质量上不能保证，外墙外保温经常出现开裂、脱落，甚至引起火灾的现象。

山西省目前推广外墙外保温与建筑结构同寿命的节能新技术。9号楼采用保模一体板复合墙体保温系统，内模板采用铝模板。钢筋混凝土外墙在保证安全耐久的前提下，建筑内侧采用绿色环保的铝模板。最大化发挥两种模板的优势，实现节约资源、保护环境、减少污染的目的。本项目通过BIM技术形成铝模板标准样板，合理布置排板图，进行工艺工法交底，保障保模一体板的施工质量。

该做法符合国家工业化生产及绿色低碳的发展方向，不仅降低了综合成本，缩短了工期，还降低了维修养护成本，解决了外墙外保温脱落的痛点。

3.2　户内除霾新风系统应用，提升室内环境品质

在新时代的大背景下，建筑室内环境空气品质越来越引起人们的重视。9号楼采用全热回收技术，夏季预冷新风、冬季预热新风，节能的同时营造舒适的热湿环境；9号楼采用带热回收的户式除霾新风系统，设备内置初效过滤器和$PM_{2.5}$高效过滤器双重滤网，净化室内空气，促进空气流通、调节、平衡室内温湿度，保持室内外空气循环，最大限度地保障了室内的环境品质，减少了疾病的感染概率。同时，本项目室内采用低温热水地面辐射供暖，室温自下而上，温度梯度合理，并且不占地面、墙面空间，能充分利用室内面积。

3.3　智能化住宅系统应用，提升住户场景体验

项目户内设置的空气质量监测系统，可监测$PM_{2.5}$、PM_{10}与CO_2浓度。系统内部设置报警模块，当环境中的污染物达到警戒值，就会自动触发系统的报警功能，自动对用户发出报警。同时，9号楼设置能耗监测管理系统，可监测本楼栋的公共设备。通过网络控制器实现节能控制策略，结合上报数据进行远程采集、分析、汇总和接收。设置全域5G网络覆盖技术，与传统4G相比，5G可以为固定互联网接入提供更可行的替代方案。

现在更多人愿意接受智能家居生活，随着住宅智能化水平的提高，用户可以在其智能手机上更快地接收有关房屋状况的更多数据。本项目提供按键、触控、语音、App四种方式，对全屋智能化场景和单个设备进行控制。借助5G，智能家居可以更好地节省能源成本。利用5G网络实现智能家居技术，不仅提高系统的速度和可靠性，还将扩大对智能家

居设备的需求，为住户自如使用智能家居系统提供条件。

3.4 BIM 技术应用，便于项目全生命周期管理

项目在设计及施工过程中采用 BIM 技术。设计阶段利用建模成果，完成了管线综合、结构洞口的准确预留、精装净高的合理性分析、公共管井布置优化等，便于现场施工。

施工阶段采用 BIM 技术，实现对场地布置进行优化，减少二次搬运；进行建筑面层深化，避免拆改及质量问题；建立安全维护模型，保证施工人员的安全；进行综合支吊架深化，便于施工单位后期综合协调；施工砌筑墙体深化，对精装承重点位提前加固，避免后期二次剔凿破坏墙体。BIM 点位加固模型见图 9～图 12。

图 9　卫生器具加固

图 10　浴室柜墙体加固

图 11　燃气热水器墙体加固

图 12　电箱预留孔

4　思考与启示

我国建筑业不断发展绿色建筑、健康建筑、低碳建筑，为高品质住宅发展建立了坚实

的基础。本项目场地重视健康宜居的环境景观设计，在建筑平面布局合理的前提下，采用新技术，打造新时代的高品质住宅。

本项目采用保温结构一体化结合铝模板体系，保障了外围护系统的安全耐久性能，避免了外墙外保温脱落的风险，保证了住宅建筑"安全耐久"性能。通过采用高效多联机空调加独立式除霾新风系统，提升了住宅建筑"健康舒适"性能。采用智能化设计，符合当代住户的生活模式，推动了住宅建筑"智慧科技"性能。采用BIM技术，实现了住宅"节约资源"性能，实景效果图见图13。

结合项目特点采用新技术，积极推动了住宅设计、建设从满足基本居住功能向绿色、低碳、健康、智慧、宜居的方向迈进。

图13　实景效果图

作者：孟士婕；赵彦革（中国建筑科学研究院有限公司）

百年住宅——山东鲁能领秀城公园世家项目

1 项目概况

鲁能领秀城公园世家项目位于山东省济南市领秀城 P-2 地块内，位于整个领秀城核心区域，东临望花楼山，西侧为领秀城，东侧为南北向主干道 5 号路，紧邻泉子山山体公园，可以直接欣赏到山景，南至规划中的漫山香墅洋房区，西面则紧邻学校，北至中央公园东一区。项目总占地面积 6.49 万 m^2，建筑面积 18.8 万 m^2，共有 16 栋楼，包括 15 栋住宅楼、1 栋配套公建楼。地上建筑面积约 13 万 m^2，容积率只有 2.0。住宅楼分别由 11 层（8号、10号、12号、15号）的小高层和 17 层（1～7号、9号、11号、13号、14号）的高层组成，规划总户数为 992 户，且大部分为一梯两户、南北通透户型，设计套型有 $95m^2$、$117m^2$、$128m^2$、$143m^2$、$175m^2$ 多种，完全可以满足多样化需求。

项目为中日百年住宅示范项目、住房和城乡建设部住宅产业化示范项目、广厦奖候选项目，已获得绿色建筑评价三星认证、住宅性能评价 3A 级认证。项目建设以新理念、新模式、新标准、新体系，以提高供给质量水平和降低资源环境负荷为目标，加快推动可持续住宅发展方式变革，通过建设产业化科技创新建设出长寿命、高品质、绿色低碳的好房子（图 1）。

图 1 鲁能领秀城公园世家项目实景照片

2 技术特点

项目规划建设采用国际新都市主义规划理念，打造集住宅、商业服务街区、滨水开放空间于一体的城市社区景观型项目，项目联合国内外十余家产学研用的科研和全产业链设计施工等单位进行科技攻关，从系统实施到设计、生产、施工、维护等产业链各个环节做了开创性集成技术探索及产业化应用实践。项目通过课题研究，首次攻关在住宅科技方面可达到国际水准的百年住宅建筑体系、干式ALC外墙系统、太阳能真空管垂直部品等关键技术。

2.1 百年住宅整体解决方案

百年住宅整体解决方案是基于SI住宅体系与模式，保证支撑体与填充体分离的模式。支撑体"S"是指住宅的主体结构（梁、板、柱、承重墙）、共用部分设备管线以及公共走廊和公共楼电梯等公共部分，具有100年以上的耐久性。支撑体属于公共部分，是住宅所有居住者的共有财产，其设计决策权属于开发方与设计方。公共部分的管理和维护由物业方负责。

填充体"I"指住宅套内的内装部品、专用设备管线、内隔墙（指非承重墙）等自用部分和分户墙（含非承重墙）、外墙（含非承重墙）、外窗等围合的自用部分等。具有灵活性与适应性的填充体是SI住宅体系的发展途径，提高了住宅在建筑全生命期内的使用价值，并使套内空间长期处于动态平衡之中，可根据居住者不同的使用需求，对填充体部分进行"私人订制"（图2）。

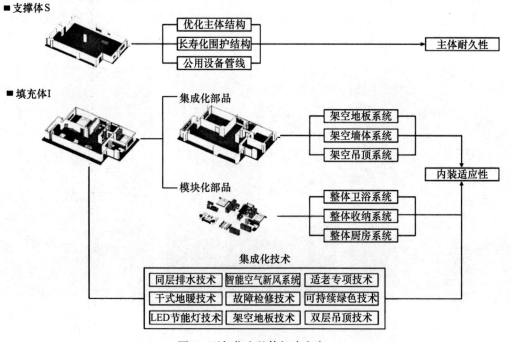

图2 百年住宅整体解决方案

2.2 大空间框剪支撑体系装配化技术集成

项目采用整体装配式结构体系，主要采用现浇框架式剪力墙结构＋PK预应力叠合楼板＋ALC外墙板，关键技术包括：1）预制叠合楼板集成技术；2）预制ALC外墙板集成技术；3）预制楼梯集成技术；4）预制叠合阳台板和空调板集成技术。

该体系竖向承重结构采用现浇工艺，水平构件与外围护结构采用装配式施工工艺，可有效提升施工效率，节约成本。框架剪力墙体系最大限度地减少套内结构墙体所占空间，为套型内部及套型之间的可变性提供有利条件。住宅体系的开放度越高，支撑体和填充体分离特性就越好，其全生命期内的使用价值越高，可持续性就越好。

项目主体结构产业化促进了项目建设全产业链整合升级，通过全建设周期BIM技术的应用，设计阶段即能解决制造、运输、施工冲突问题，提高了模具使用效率，且进度、品质、成本可控，实现了施工队伍的专业素质提升。另外，主体结构产业化也促进了环境改善，有效降低环境污染，解决了污水排放、建筑垃圾、工地扬尘、施工噪声等问题，打造了人居和谐绿色生态社会；节省资源，实现了资源优化利用，降低各种损耗；同时工厂生产自动化水平高，废品率极低，产业化项目整合能力强，也带来了制造品质的提升。

当前国内普遍采用的PC剪力墙结构体系部件自重大且种类多，生产施工难度较大，运输成本也较高。另外，其PC剪力墙结构体系施工安装过程中预制构件钢筋碰撞、构件裂损、安装定位效率过低等问题逐渐凸显。本项目大空间框剪支撑体减少了承重墙的数量，框架规格较为统一，生产和施工难度较低，运输成本也较低。同时，施工周期缩短，节约工期30%左右（图3、图4）。

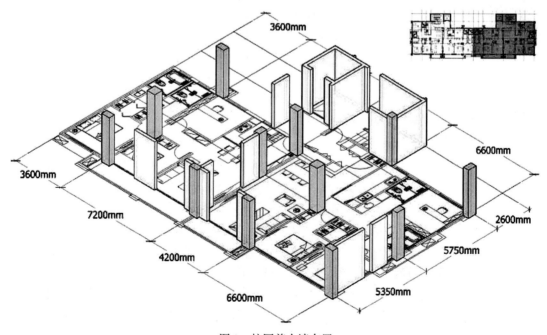

图3 柱网剪力墙布置

叠合楼板底板　　　　　　　　预制楼梯　　　　　　　　预制空调板

图 4　预制构件

2.3　基于 SI 建筑体系的长寿命技术体系

采用建筑形体规整化、可变性高的大空间结构体系，住户内部采用大跨度结构来保证空间的自由度。通过对支撑体形状的控制，减少开口凹槽，尽可能取消室内承重墙体，有效提高施工效率且保证施工质量。通过构成集约化的结构模块单元，可组合成不同楼栋，适应不同条件，同时楼栋公共空间集中管井管线等设施，满足卫浴等部分作为独立模块置入的条件。项目高层住宅采用的大空间框剪支撑体柱网正交布置，柱网最大距离 7.2m，最小距离 3.6m，户内仅有一根柱子，剪力墙布置在外墙和分户墙位置，减少对户内空间的影响，保证了套型的开放性、灵活性（图 5）。

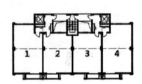

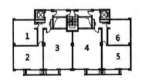 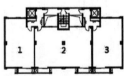 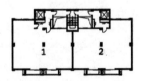 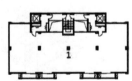

图 5　单元平面的开放性与项目户型灵活性组合

百年住宅建筑体系以实现住宅全生命周期内的适应性为目标，既满足了住户多样化与适应性的需要，SI 内装体系技术解决方案的研发应用，解决了装修质量通病严重等问题，也使建筑具备改造的可能性，适应未来发展变化的要求。项目建设既考虑到降低地球环境负荷和资源消耗，也要满足不同居住者的居住需求和生活方式，"S"与"I"分离体系整体提高了住宅的长久居住性能和质量，带来了建筑使用的灵活性，室内空间因为没有承重墙而可以根据功能需求进行划分，当建筑内部功能发生变化时，可以重新设计，以满足新空间需求。套型设计时充分考虑到家庭人口变动对功能空间的需求，采用可变性高的大跨度框剪空间体系和轻质隔墙，结合居住需求变化，在同一套型内针对育儿和适老等需求的空间进行了深入的设计研究（图6、图7）。

原始建筑图	套型变换		
	育儿二室	标准三室	适老二室
B套型			

图6　家庭全生命周期适应性设计

图7　育儿与适老套型的适应性设计

2.4　品质提升集成技术与内装部品体系

（1）集成技术体系

项目采用住宅主体与内装分离体系，将住宅的主体结构、内装部品和管线设备三者完全分离。通过在前期设计阶段对建筑结构体系的整体设计，有效提升了后期的施工效率，有助于合理控制建设成本，也保证了施工质量与内装模数接口的连接，方便今后检查、更换和增设新的设备（图8）。

墙面、吊顶及地面系统是实现内装工业化主体、内装、管线分离设计理念的核心内容。室内利用全吊顶空间敷设水电管线；在外围护结构墙与有保温的套间隔墙间，利用保温内衬墙敷设水电管线；在套内轻质隔墙中，利用轻钢龙骨墙体内部空间敷设水电管线；对于架空地面管线集成，主要利用架空地板空间敷设水电管线，并在合适部位设计检修口便于检修改造，既满足使用功能又可实现SI体系（表1）。

图8 管线分离现场施工照片

管线分离关键技术 表1

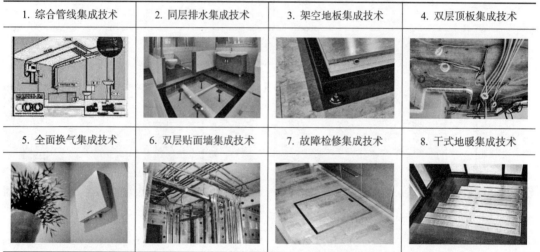

1. 综合管线集成技术	2. 同层排水集成技术	3. 架空地板集成技术	4. 双层顶板集成技术
5. 全面换气集成技术	6. 双层贴面墙集成技术	7. 故障检修集成技术	8. 干式地暖集成技术

（2）内装部品体系

本项目十分注重居住舒适性和健康化的打造，为居住者提供最佳的居住体验。首先，在施工方面同样采用干式施工的工业化集成技术，对房屋整体家装进行预先设计，实行一体化打造，提高效率与质量。从地面、墙到外墙保温系统，从屋面吊顶到管线集成系统，从门窗的选用到室内空间的布局，从整体卫浴到整体厨房的系统化设计，都大量采用了国内外先进技术，显著提升了居住品质。更为重要的是，随着居住者年龄的变化，对于居住舒适度的要求逐渐提升，项目打造人性化的适老性设施，实现各个年龄段的居住舒适度要求。

1）集成化部品关键技术

项目实现了地面、隔墙与顶棚的分离式架空设计，采用的集成化部品关键技术包括：① 卫生间干区位置局部架空地板集成技术；② 局部轻钢龙骨吊顶集成技术；③ 局部架空墙体集成技术；④ 轻钢龙骨隔墙集成技术。在实现以上关键技术的同时，其部品的设计符合抗震、防火、防水、防潮、隔声和保温等相关规定，并满足生产、运输和安装等要求（表2）。

集成化部品关键技术　　　　　　　　　　　　　　　表2

类别	位置示意	主要部品
架空地板集成技术	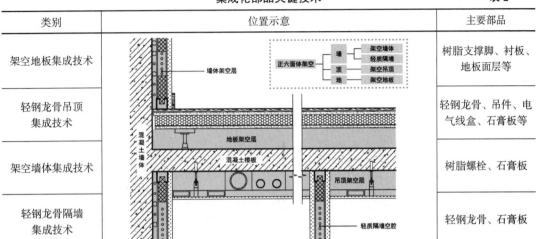	树脂支撑脚、衬板、地板面层等
轻钢龙骨吊顶集成技术		轻钢龙骨、吊件、电气线盒、石膏板等
架空墙体集成技术		树脂螺栓、石膏板
轻钢龙骨隔墙集成技术		轻钢龙骨、石膏板

2）模块化内装部品

项目采用的模块化部品包括：整体厨房、整体卫浴、整体收纳。整体厨房通过整体设计装修一次到位，综合设计整体橱柜模块、排布水、电、燃气等管线设备，整体配置橱柜、电器等厨房部品，提高空间使用效率和舒适度。整体卫浴所有部件全部在工厂内生产完毕，在现场装配或整体吊装，干法作业安装快速，配置采用防水底盘、检修口、节水型洁具，耐久性好、品质优良且更节能环保。整体收纳是在套型内各功能空间综合设计收纳空间，采用标准化设计部品，工厂生产现场装配，节能环保且便于灵活拆装（图9~图11）。

图9　整体厨房

图10　整体卫浴

图 11　整体收纳

3　经验做法

由中国房地产业协会和日本日中建筑住宅产业协议会于 2012 年 5 月 18 日共同签署了《中日住宅示范项目建设合作意向书》，就促进中日两国在住宅建设领域进一步深化交流、合作开发示范项目等达成一致意见，提出建设实施以建筑产业化生产方式建设的长寿化、高品质、低能耗的"中国百年住宅"。

中国百年住宅建设技术体系是在全面评估我国现有建筑生产方式及住宅设备管线维护方式对居住者和住宅长久价值造成的重大影响后提出的，其重点在于对设计、建造以及后期运维的整体思考方式。中国百年住宅建设技术体系将切实有效地实现住宅长寿化，促进建筑产业的技术转型升级；对于构建可持续性社会的居住与生活环境必将作出重要贡献。体系包括建设产业化、建筑长寿化、品质优良化和绿色低碳化 4 个方面（图 12）。

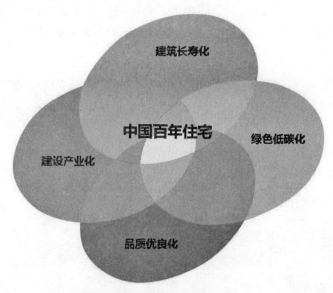

图 12　中国百年住宅建设技术体系

1）建设产业化：通过有组织地实施标准化设计，分步骤落实工业化建造技术，充分满足住宅质量优良、效率提升、绿色环保的建设要求，以及居住者高品质、高标准的居住需求。

2）建筑长寿化：在提高住宅支撑体的物理耐久性，使住宅建筑的寿命得以延伸的同时，通过支撑体和填充体的分离来改善住宅的居住适应性，提高住宅建筑全生命期内的综合价值。

3）品质优良化：通过对不同层次居住者生活模式的设定，对套型适用性与健康性要点进行了提炼与归纳，设计符合长期维护的需要，并针对老龄化社会的到来，提出了适老通用性技术解决方案。

4）绿色低碳化：最大限度地节能、节水、节材、节地，减少污染，保护环境，改善居住舒适性、健康性和安全性，使建筑在满足使用需要的基础上最大限度地减轻环境负荷，满足人们对可持续性绿色低碳居住环境的需求，适应住房需求的变化。

4　思考与启示

鲁能领秀城公园世家项目以提高绿色建筑全生命期的长久价值为理念，以新型可持续生产方式与集成技术为基础，实施了设计标准化、部品工厂化、建造装配化、管理运维化的产品整体技术解决方案，并填补了我国住宅建设中大空间框剪支撑体的建筑体系、装配式 ALC 墙板外围护系统和太阳能真空管垂直部品等研发应用的空白。通过系列装配式技术的实施，对于我国住宅未来开发建设具有引领示范作用。项目产生的一系列创新性成果，全面提升住宅品质、提高住房质量，给人民带来了"好房子"，高度契合党的十九届五中全会中提出的"提升人民群众的获得感、幸福感和安全感"，具有良好的社会效益。

项目建筑寿命从 50 年延长到 100 年，每年单位面积使用维护成本减少了 40%～50%。延长了房产的使用期限，保证了高性能，让老百姓手中的房产得到有效增值。推动产业发展，部品在工厂批量生产与供应，可有效缩短工期且节能减排效果显著。

延长建筑寿命是最大的"绿色"，本项目彻底改变了传统项目建设中的高投入、高消耗、高污染、低效益的粗放型现状，建造了与自然和谐共生的建筑。由于使用了大量可循环使用的建筑材料，有效减少了建筑全生命期内的建筑垃圾。

作者：刘东卫；秦姗；程鹏；卢建伟（中国建筑标准设计研究院有限公司）

绿色智慧装配式——青岛银丰松岭路商品住宅项目

1 项目概况

银丰松岭路商品住宅项目位于山东省青岛市崂山区松岭路以东、银川东路以南、仙霞岭路以北。项目总用地面积38297.80m²，容积率2.80，其中住宅部分容积率1.78，地下建筑面积49130m²，地上总建筑面积109036.78m²，总建筑面积158166.78m²，地上计容面积107233.84m²。项目开工时间为2023年2月28日，项目计划竣工时间为2025年12月31日。

项目地块内包含1~8号楼及其地下车库，其中1~3号、5号楼为高品质商品住宅（以5号为例）、4号楼为人才公寓，6~8号楼配有商业、办公等。项目效果图详见图1。本项目商品住宅按照AAA级装配建式建筑、三星级绿色建筑、配置品质智慧化基础设施进行建设。

图1 项目效果图

2 技术特点

本项目商品住宅按照 AAA 级装配式建筑进行设计，主体结构构件的应用比例不低于 55.25%，且单体装配率不低于 91%，通过青岛市装配式建筑预评价。

商品住宅按照三星级绿色进行设计，其要求不仅应满足所有控制项要求以及每类指标的评分项不得低于满分值的 30%，且其绿色建筑总分应达到 85 分以上。绿色建筑从安全耐久、健康舒适、生活便利、资源节约、环境宜居 5 个方面进行综合考虑。

项目采用 BIM 技术，预制构件三维效果如图 2 所示。

2.1 主体结构与围护墙部分

实现 AAA 级装配式建筑单体采用预制夹心保温外墙（图 3）、预制剪力墙、钢筋桁架叠合板（图 4）、预制楼梯（图 5）、蒸压加气混凝土（ALC）条板（图 6）等预制构件，其预制构件应用范围详见图 7，项目采用全装修、内隔墙与管线装修一体化、干式工法楼地面、集成厨房、集成卫生间等干法作业实现装配化装修。

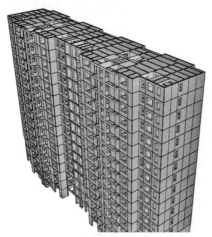

图 2　预制构件三维效果

图 3　预制夹心保温外墙

图 4　钢筋桁架叠合板

图 5　预制楼梯

图 6　ALC 条板

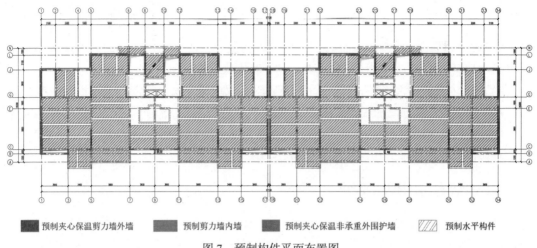

图7 预制构件平面布置图

采用蒸压加气混凝土（ALC）条板配合龙骨干挂装饰墙板来实现内隔墙与管线装修一体化，通过条板施工可以有效地提高内隔墙的施工效率，通过专用龙骨调平，取消土建墙面抹灰找平的湿作业（图8）。

图8 ALC条板＋龙骨＋装饰板

2.2 装配化装修部分

项目地面采用干法地暖模块，施工工艺如图9所示，取消了传统的豆石混凝土回填，后期若有地暖渗漏问题，可以直接找到渗漏点，便于检修。干法施工工艺不仅降低了楼面荷载，同时取消了原来的找平抹灰层，有效地提高了户内净高。

墙板采用金属龙骨配合装饰墙板，机电管线在龙骨与装饰墙板中进行明装，有利于后期的维修和改造。项目按照集成厨房（图10）、集成卫生间（图11）进行设计，厨卫的墙面均采用整体岩板，有效地防止后续瓷砖的脱落。

图 9　预制沟槽保温模块→铺设加热管→水泥压力板→地板或地砖

图 10　同期其他项目集成厨房　　　　图 11　同期其他项目集成卫生间

3　经验做法

3.1　提高办公区密度，降低住宅区密度，提升居住舒适性

项目 5km 范围内拥有金岭山、石湾森林公园、浮山森林公园三个山系公园及石老人海水浴场，项目背靠天赋约 3000 亩的原山密林，每天可吸收 20 万 kg 二氧化碳，释放大量氧气，项目实现绿色的天然氧吧与自然共生。

为了配合周边原生态的山海自然，项目容积率为 2.8，项目前期通过提高办公区域的容积率来降低住宅区域的容积率，实现住宅小区容积率仅为 1.78，不仅满足功能层面的需求和居住的舒适性，更致力于将更多的空间还给自然，将建筑融入山海中，以园林景观滋养生活日常，使业主如同住进公园里，实现了建筑成为景观点缀效果，让业主能享受到更多的自然美景与更健康的生态氛围。

3.2 采用台地式园林景观，避免雨水积存，实现全维园林景观空间

项目比周边地势高约 10m，以约 3.8 万 m² 的土地面积建造约 3 万 m² 的台地式园林景观，因循山形地势而筑，无论是暴雨突袭，还是连绵阴雨，皆可避免雨水积存。此外，因台地高度差的存在，房间采光面积会更大，同样的楼层会获得更多的阳光，实现建筑让位自然，以风景装点窗景。

项目实现全维园林景观空间（图 12），三条景观主轴线、一个环形沿街展示面、多个景观花园组成，中央景观园林包含树木、草坡、水体、平台、亭榭等设施，风雨连廊连通各住宅楼、环绕中央景观园林，并延伸至会所及东侧商场，搭接风雨无阻回家路。

项目采用功能化景观空间设置，其中高科技塑胶漫步道让运动更贴近自然，主题儿童活动区域可以让孩子们在太阳下一起嬉戏，老年慢生活圈促使邻里一起享受闲暇时光，打造集休闲娱乐、乐活亲子、友邻互动于一体的阳光草坪（图 13）。

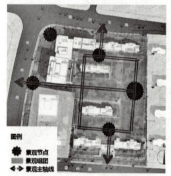

图 12　全维园林景观空间

图 13　景观组团花园

3.3 铝板幕墙打造古典秩序的现代公建化立面

项目采用铝板幕墙配合落地窗进行立面设计（图 14），其中铝板幕墙主要选择银灰色铝板配合深灰色铝板，落地窗以 Low-E 蓝灰色玻璃为主。各大地产均在大力推广以现代简约为主的"功能主义"立面的市场情况下，本项目采用保留装饰主义的竖向线条阵列感与秩序感，打造具有庄重的古典秩序的现代公建化立面。

项目运用简单的素色营造冷淡风的低饱和度色彩实现高级感，让立面显得更加干净利落。转角的透明玻璃幕墙围合而成的建筑立面，与不远处的山脉和海洋呼应，以柔和的姿态融入城市。

图 14　南立面（图左）、北立面（图右）

3.4　通过大平层户型实现多元交融空间

项目以清晰的高端住宅定位，采用建筑面积 236~331m² 阔景户型，四房起步，标准层层高均不低于 3.2m，社区里每一户都是纯粹的大平层产品。

设计采取独立入户的方式，采用智能节能、家居系统，主卧套房均采用大面宽设计，每户均有专属的管家空间，采用交互式中西双厨设计，实现客餐厨阳台一体化，多元交融空间，形成无界的家庭场景。

考虑到若遇到封控及其他等特殊情况，业主可以通过进深 1.8m 的无边柱子阳台兼做吃饭、看书、健身的区域，同时也能享受阳光。331 户型（图 15）采用 23m 面宽、270°山海星幕宽厅及全幅落地窗，让业主体验 IMAX 级巨幕视野，真正感受高品质生活。

图 15　331 户型平面图

（1）预制构件与铝模板配合技术提升产品质量，减少扬尘污染

预制构件在工厂采用钢模板进行生产（图16），构件模具可多次重复利用，工人的生产作业环境比施工现场好，不仅可以有效地降低构件成本，而且可以保证构件的成品质量。使用预制构件可有效减少现场的模板用量（图17），铝模板与预制构件配合使用（图18）实现了项目免抹灰，不仅可以减少扬尘污染，而且大量减少建筑垃圾，降低了现场对于人工的需求，有效缩短项目工期。

图16　预制墙生产照片

图17　叠合板减少现场模板

图18　铝模板配合预制构件现场示例

（2）装配化装修减少甲醛污染，便于后期改造

项目按照上述要求进行装配化装修，地暖管、墙内管线、吊顶内管线均采用明装的敷设方式，项目实现了管线分离，为用户后期的二次装修、维护或者改造提供了便利。将工厂生产的部品部件在现场进行组合安装，不仅施工效率高，而且产品的精度和质量更可控，取消了传统装修的大量湿作业，有效地减少了甲醛等污染物的产生。

3.5　三星级绿色建筑提升项目品质

（1）提升防滑等级，实现安全耐久性能

项目选用耐久性好、易维护的装饰装修建筑材料，室内外地面或路面设置防滑等级达到Ad、Aw级，场地室外铺装材料均采用A级防滑材料，建筑出入口及平台、室内外活动场所、楼梯踏步等采用防滑条（图19），并采用规定等级防滑地砖（图20）等防滑构造技术措施。

（2）设置新风系统，增加天然采光，提高建筑健康舒适性能

每户均设置新风系统，从户外引入新鲜的空气入室内，采用空气质量监测系统，实时显示室内的空气质量，有效降低室内颗粒污染物浓度，保障室内人员安全及高品质空气要求，实现氨、甲醛、苯、总挥发性有机物、氡等污染物浓度低于现行国家标准《室内空气质量标准》GB/T 18883规定限值的20%，住户也可根据室内空气质量情况随时开启新风机进行净化，降低新风设备运行能耗。

通过合理设计建筑布局和采用大窗墙面积比设计，充分利用自然光，减少照明用能，采用措施控制室内眩光，如图21所示。

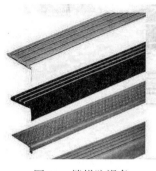  

图 19　楼梯防滑条　　　　图 20　防滑地砖　　　　图 21　大窗墙面积比

（3）出行便利，服务设施齐全，采取智慧运行系统，提升居住生活便利体验

项目位于青岛市崂山区的中心区域，石老人前海稀贵海岸，金家岭 CBD 核心区域，四通八达，地铁公交均有设置，交通便利，项目 3km 范围内拥有商圈、学校、绿地、医院、剧院等丰富的配套资源。在基础弱电智能化系统之上创新采用智慧化家居系统，并配备远程监控功能（如家电控制、照明控制、安全报警、环境监测、建筑设备控制、工作生活服务等）。可有效让住户生活更加智能和便捷，同时系统通过对空调、灯光等设备的管理，能够有效地控制家庭电源，在不使用电器时会及时关闭，减少家庭用电能耗。

4　思考与启示

结合当地相关政策，本项目外墙采用预制夹心保温外墙，1088.49m² 的建筑面积可不计入项目容积率，有效地缓解了高品质住宅带来的成本增量，提高了建设单位开发建设的积极性。

在低碳环保型建筑发展越来越迅速的时代背景下，绿色建筑为人类营造良好居住环境的同时，能有效减少环境污染和节约土地、水、能源等各项资源。

高品质住宅项目应该采用全过程、全专业、各参与方之间一体化协同设计，装配式建筑和绿色建筑设计均应在方案阶段介入，并在施工图设计、精装设计、构件生产、现场施工、运行阶段与各专业相互配合，实现生产、施工、运营维护各方的前置参与，推进工程全生命期系统化集成设计。

高品质住宅项目应避免技术上生搬硬套、技术堆砌，更多地侧重于项目的经济性、美观性、技术的可行性与合理性，应有针对性地采用技术措施，真正实现项目在全生命期内节能降耗，达成节约资源、保护环境、减少污染环境、提高人员居住舒适的目标。更应该协调周边原生态的自然人文环境，真正实现质量优良、安全耐久、功能优化、健康舒适、环境优美、便利宜居、设施完善、技术先进、低碳绿色、节能环保、服务精细、邻里和谐的品质要求，起到引领美好居住生活发展方向的作用。

作者：徐韶霞[1]；李伟兴[2]（1　青岛天华易境建筑设计有限公司；2　上海天华建筑设计有限公司）

可持续的装配式建筑——陕西天伦·云境天澄住宅项目

1 项目概况

天伦·云境天澄项目位于大西安都市圈核心区——咸阳高新门户，总占地面积286亩，总建筑面积约75万m^2，产品规划涵盖空中墅院、低密洋房、15万m^2旗舰商业、60亩教育配套（幼儿园、九年一贯制学校）。住宅产品形态为臻致精装房，户型面积区间为99～239m^2，项目分两期开发，一期2024年交房，二期建设开发中，2025年交付。

1.1 规划理念

本项目遵循人与自然和谐共生的绿色生态规划设计理念，筑造适合于关中地区气候、生态、人文的庭院文化示范项目。以6m通高的空中墅院手法营造宜居、舒适的居住环境，注重人与人、人与自然的和谐共处。项目设置1.5万m^2中水、雨水景观湖区和3个宅间花园（宅间1占地面积1.24万m^2、宅间2占地面积1.16万m^2、宅间3占地面积1.18万m^2）的集中共享生态宅间空间。鸟瞰图见图1。

图1 鸟瞰图

1.2 设计理念

在借鉴南方城市四代建筑案例的前提下,融会贯通创新设计,研发出适合关中地区的四代人居。户型设计采用了大面宽、小进深、前庭后院的手法,以 2.4~3.6m 空中庭院、阳台和花池相结合的空中露台,使得空间和日照均不受影响,奇偶层错开实现 6m 挑高空间,重叠部分与下层临边处采用盆栽藤蔓植物作为柔性隔离,有效减轻楼面荷载及植物根系穿刺和防止建筑长期潮湿环境下对建筑构件的腐蚀和破坏,从而延长建筑使用寿命,防止建筑墙面污染,更方便非专业人士对绿植的日常维护和管理。见图 2。

图 2 中心湖区透视图

1.3 装配式设计

地产行业节碳分为设计—预生产—运输—建造(拆除)—运行等阶段,其中运行阶段要占到 50% 以上。

本项目高度重视国家提出的"双碳"目标,关注前期设计和后期运行阶段,注重建筑全生命周期的成本和碳排放,并前瞻性地提出了在设计、预生产、运输、建造、拆除以及后期运行阶段的节碳措施与目标,高标准设计建设。

创新建造方式结合节约型设计是建筑行业减碳的重要一环,当前住宅建筑的车位配比成为缓堵保畅的关键指标。

2 技术特点

2.1 车库"革命"——装配式预应力槽型大板

在满足车位配建指标的前提下,选用装配式预应力槽型大板,优化了车位面积,创新了建造方式，减少了运营阶段的碳排放，见图3～图7。

预应力构件90%以上技术广泛应用于公路、铁路、桥梁工程中，项目通过专家论证会，引进专利技术产品——预应力槽型大板，其主要在同面积、同层高和同单方造价的前提下，增加约20%停车位，实现无柱停车空间。

图3 车库设计效果图

图4 吊装现场

图5 吊装前现场

图6 车库实景

图7 车库叠合层浇筑前实景

2.2 高精度模板应用——铝模板系统、外保温系统

铝模板系统采用模块化组装技术，模板材料80%可循环利用，其余20%也能在一类标准楼层中循环应用；正常情况下铝模板可周转60次以上。铝模板系统采用快拆体系，

大大降低材料的使用用量，节材也是非常出色；稳定性好、承载力高的材料性能从原材上为质量提供支撑，铝模板施工技术指标先进，能满足国家、社会对建筑工程的要求。

铝模板体系的应用是将主结构、二次结构和装饰抹灰作为一个整体质量目标同步实施，进而达到结构安全、绿色施工、降本增效的目的。

（1）门窗洞口

门窗洞口可根据需要设置内高外低"Z"字企口，有效地防止外门外窗渗漏水问题。同时净尺寸的定型高强度铝模板系统为后期门窗下料和安装提供精准尺寸，提高建筑门窗整体质量。

（2）门头过梁

本项目采用门上砌筑及过梁改为配筋混凝土吊挂板，二次结构门口部分不需要预制混凝土过梁和砌筑，提高了门上部实体质量，也加快了砌体结构施工时间。

（3）楼梯间、阳台滴水线

结构连廊、阳台、露台全部深化设计10mm×8mm凹槽形滴水线，有效地解决连廊、阳台顶板后期抹灰成型难题，且在人工费用不断增加的今天，经济效益不可小视。

（4）二次结构

住宅结构户型较多，小尺寸墙体是二次结构施工的难点，小尺寸墙体全部采用砌体材料砌筑费时费料，且存在抗震风险。采用铝模板优化为构造钢筋混凝土一次浇筑成型，减少植筋和二次抹灰施工，既保证二次结构的质量又提高了进度。

（5）保温结构一体板

XPS建筑节能与结构一体化复合免拆保温模板和铝模板体系全部采用编号定位拼装系统，一次拼装设计多次使用，刚度大、变形量很小，一次成型浇筑后，XPS保温结构一体化免拆板的锚固件与混凝土结构有效构造在一起，永不脱落。外墙保温系统随结构同步进行，加速项目建设的进度，从而达到质量和进度的增值。XPS工法展示见图8。

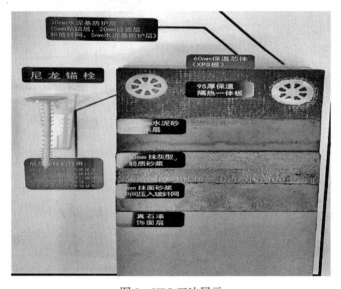

图8 XPS工法展示

XPS建筑节能与结构一体化复合免拆保温模板采用工厂化定制生产，具有致密的表层及闭孔结构内层，其导热系数大大低于同厚度的岩棉板，因此具有更好的保温隔热性能。基于内层的闭孔结构，使其具有良好的抗湿性，在潮湿的施工环境中，仍可保持良好的保温隔热材料性能。基于构造原理，其抗压强度极高、抗冲击性强，能承受多种施工荷载。

完全闭孔式结构与其蜂窝状物理结构，使其具有轻质、高强度的特性，便于切割、运输，且耐久、不易破损，安装方便。施工工序见图9。

图9 施工工序示意图

2.3 混凝土结构墙、NALC轻质隔墙管线一体化

项目室内精装集成应用了管线分离和装配式装修技术（图10、图11），将强弱电、设备管线、冷热管预先设计在铝模板定制前预留、预制管线槽；NALC轻质隔墙板在出厂前预留管线槽、孔。

图 10 管线一体化实景照片

图 11 室内精装实景

2.4 地源热泵系统设计施工技术

气候条件：采暖室外计算温度-3.6℃，夏季通风室外计算温度29.9℃。

（1）冷热负荷（暂未计算商业负荷）

采暖设计：本工程采暖热媒为45/35℃低温热水，本工程供暖总热负荷约为11700kW；空调设计：本工程空调冷冻水供回水温度为7/12℃，本工程供冷总冷负荷约为19297kW。

（2）设备选型

1）选用特灵机组，冬季制热量、夏季制冷量根据三个机房的总负荷分别配置。

2）冬季增加一台锅炉进行热负荷补偿（参数略），只需要一期的机房采取泄爆措施就可以。其他两个机房不再安装锅炉。

3）住宅一期、二期和商业分别设计三个机房相互贯通，根据供能负荷要求智能启动机组，系统智能、节约、安全、可靠。

（3）地源井换热器设计

1）通过打试验井确认该地区地下土层结构满足地源井设计150m要求，因此该方案地源井设计深度为150m，换热系统采用管径25mm，双UPE换热管。冬季换热量为每延米井不小于35W，夏季换热量为每延米井不小于45W。

2）地源井换热器设计：设计地源井总延米为345000m。地源井共分为20个区域，总共设置地源井约2300口，合理分布在小区适宜位置（位置略）。

3）地源井分别设置在地下车库抗水板以下、车库外红线内的区域、学校操场区域，按井字形分布设置，地源井间距4m。

4）根据区域分布用水平UPE管连通地源井双UPE换热管，每个区域分别设置出水、回水检查井一个；出水管与分水器相连，进水管与集水器相连，地源侧集分水器连接主管道，再与机房回水和供水连接。

（4）末端与供能管道系统设计

1）根据分区机房位置，设计一套供热供冷管道系统，按楼栋高、中、低区分别至层管道井。

2）在户内厨房或卫生间设置倒换开关阀门，夏季倒换至中央空调末端机供冷，冬季倒换至集水器给地暖供暖。

3）计量表统一安装在管道井里，按量计费。

（5）施工技术要点

1）住宅楼基础施工完成后即开始地源井施工，以保证车库主体建设不受影响。

2）地埋管道必须采取热熔或电熔连接。

3）垂直地埋换热管的U形弯管接头须选用U形定型成品件，杜绝自制管道。

4）水平连接管需采用沙子埋设，转弯处需采取保护措施。

5）垂直地埋换热器U形管安装完毕后，应立即原浆灌注回填。

6）地埋管换热器垂直管下管前应对管道进行第一次充水试压，压力值0.6MPa。

7）分别在垂直管与水平环管、水平环管和集分水器、系统全部完成后进行第二、三、四次充水试压。

3 经验做法

3.1 装配式预应力槽型大板

装配式预应力槽型大板应用于车库，是本着不为装配率而革命性地尝试应用，因为规范对地下建筑部分装配式构建不作为评价与评分依据。目前所有商品房规划的停车位指标都是开发单位难以规避的必达项，根据陕西省1~1.2个/100m²停车位标准，地下建筑面积将是项目总建筑面积的三分之一，成本之大可想而知。

采用装配式预应力槽型大板，同样的停车位指标，将减少20%以上建筑面积的地下车库的投资建设，大大降低开发成本、开发风险。在采用厂家定制生产现场吊装方式，质量可控、工期可控和造价可控的同时，减少施工阶段的碳排放。项目投产实施运营过程中，因为节约建造20%以上建筑面积的地下车库，故成本和碳排放为零。另外槽型大板的大跨度实现无柱停车空间，在使用中停车便捷、无监控盲区。综上所述，装配式预应力槽型大板对于车库的应用，将会是实实在在的一项全生命周期可持续发展的绿色装配式建筑应用典范。

其优势分析如下，见图12、图13。

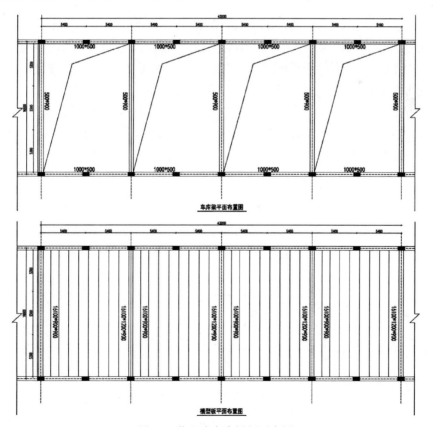

图12 装配式车库梁板示意图

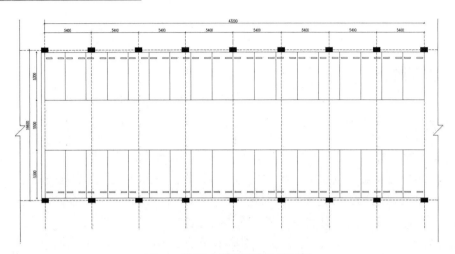

图 13 装配式槽型板车位平面图

跨度大、荷载大：最大跨度可达 33m，选用 16.6m×5.4m 柱网，16.6m×10.8m 框架梁构造体系，实现两排停车位，中间双向车道。

利用率高：槽型车库板比传统现浇车库方案增加车位数量为 20%，单车位面积约 20m²（不含车库坡道出入口）。

造价低：因跨度大，减少一排基础，综合单方造价可节约 10% 左右。

工期短：工程质量可控，成品构件直接吊装，缩短工期三分之一以上。

成本分析：以本工程为例，一、二期地下车库建筑面积 120974m²，车位数为 4900 个（含 465 个机械车位），通过计算得出平均车位建筑面积为 24.69m²（含坡道出入口、设备房），除去机械车位后，单个平层车位建筑面积约为 26m²。

按传统结构设计布置车位，4900 个车位需要约 155000m² 的车库面积，但采用槽型板结构可节约 34000m² 的车库面积，按 3000 元/m² 建安成本，节约 1 亿元以上直接成本。而在后期运营期间，就减少了 34000m² 车库的运营成本、碳排放。

方案对比分析见图 14、图 15。

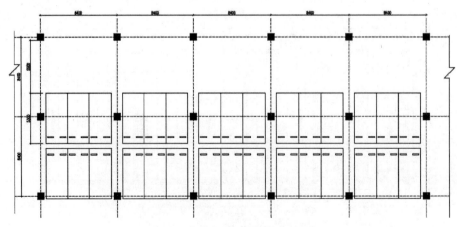

图 14 传统车库柱网车位布置图

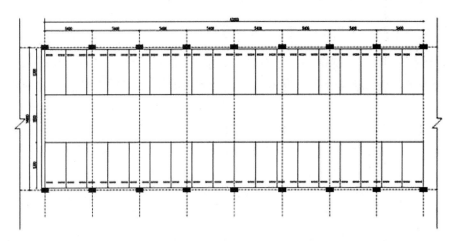

图 15　预应力槽型大板车位布置图

图 14 为传统车库柱网布置方案，按照 8.4m×8.4m 标准柱网，纵横两跨且保证 5.5m 双向车道宽度的条件下，可布置 30 个标准车位，单个车位建筑面积约 23.52m²，标准车位尺寸 2.4m×5.3m（下同）。

图 15 为预应力槽型大板车位布置方案，横向 43.2m，纵向 16.6m 跨度，保证 5.5m 双向车道宽度的条件下，可布置 36 个标准车位，单个车位建筑面积约 19.92m²。

通过以上案例对比得出：

① 平层车位

传统方案与槽型大板方案对比，槽型大板方案单个车位所占面积比普通梁板方案节省 3.6m²。同等车位数量条件下，槽型大板方案比传统方案地下车库的建筑面积减少 18%。

② 机械车位

根据两种方案布置双层机械车位，传统方案可布置 20 个车位（传统 5 变 3），槽型大板方案可布置 34 个车位（一组机械车位只需空出一个车位）。槽型大板方案东西方向为 N 跨，则车位数是 $2N-1$ 个，停车优势更加明显。

3.2　高精度铝模板系统及 XPS 建筑保温和结构一体化保温系统

双系统的融会贯通应用，是对采用装配式建筑的最高诠释和探索升级应用。解决了投入使用后的外墙保温脱落、抹灰层龟裂掉皮、外墙漆褪色等质量通病，杜绝了外墙渗水的风险。同时双系统的应用，在免除拆模工序的同时，有效延长了混凝土结构养护时间，结构更安全。

双系统的应用，外门窗洞口一次完成内高外低"Z"字企口，减少钢副框的投入，降低外门窗边沿向室内渗水风险。因为双系统的同步应用，外窗的下窗台外口平面部分因一次成型浇筑后，不会产生龟裂和向保温层渗水的风险。

因为双系统的应用，二次结构、外墙保温与主体同步施工，故将达到封顶即主体验收的目的，有效缩短了工期。

3.3 地源热泵系统，绿色节能、高效双管

项目规划有 15 万 m² 商业、一所九年一贯制学校和一所幼儿园，这就给选用地源热泵系统奠定了基础。地源热泵系统是依靠大地的自然恒温体系，通过预埋地下管中的水介质在土壤中循环而产生能源，因为依靠地下土壤换热，不受环境温度影响，运行更加稳定，制冷供热无影响，室内照样舒适宜人，所以夏季制冷是平衡系统的关键。相比传统水冷机组的冷却塔露天安装，环境噪声大，特别是在夜间运行时，噪声影响更明显；而地源热泵外机安装在机房里，环境噪声较小。地源热泵系统的主机不与大气换热，只需放置在通风良好处，可遮蔽设计于地下室、车库，不影响外立面及庭院的整体装修效果。

地热能是一种可再生能源，循环再生利用，不产生任何废弃物，系统采用冷热一套系统，两种末端，采用转换阀门夏季供中央空调、冬季供地暖，一机多用。同时建筑外立面无室外空调机位，无需配置空调用电负荷，户均配电减少 30%。

系统比传统供能运行效率高 40%～60%，节能和节省运行费用 40%～50%。

3.4 6m 通高奇偶层阳台连廊设计，营造四代人居空间

本项目设计师通过阳台营造和空间设计，利用奇偶层相互错位设计，让高层拥有了一方"私人空中庭院"，实现一步室内、一步室外与自然完美融合的生活场景；俯瞰城市灯火辉煌比传统院落多了些轻盈、多了些归属感，身处空中院落，坐看风云起，静待花开花落的设计愿景（图 16）。

图 16　外立面透视图

本项目分四种手法呈现设计空中庭院、共享庭院和阳光书房（休闲空间）。
1）南向动静区域分奇偶层相互错位手法，即中户设计（图 17、图 18）。

| 图 17　偶数层 1 | 图 18　奇数层 1 |

2）山墙与南向动区域分奇偶层相互错位手法，即端厅设计（图 19、图 20）。

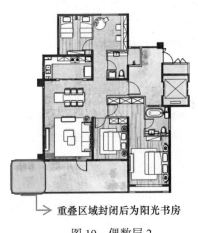 

图 19　偶数层 2　　　　　　　　图 20　奇数层 2

3）利用奇偶层消防疏散后连廊，实现两层一处空中共享庭院空间（图 21、图 22）。

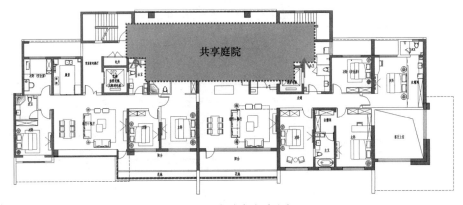

图 21　空中共享庭院空间

图 22 阳台未封闭透视图

4）利用电梯门对开方式实现电梯独立入户，前室成为第一会客区（图 23）。

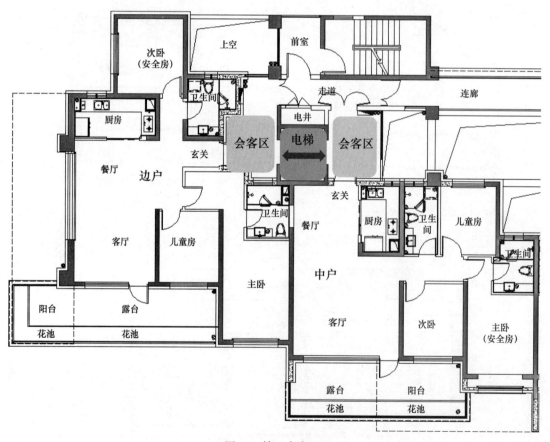

图 23 第一会客区

4　思考与启示

任何时代，建筑都将服务于生活，在当今国家"双碳"目标、"装配式建筑"等一系列背景下，绿色生态建筑正承担着节能减碳的时代责任。

作为绿色节能行业的践行者，在深刻领会国策战略内涵的同时，探索出一套集约、科学、合理的装配式建造体系，真正做到不为装配率而装配，让绿色装配式建筑与时代同行，引领行业健康发展。

作者：陈相平；张小峰（陕西东方天伦房地产（集团）有限公司）

绿色健康宜居——张家港张地云栖雅苑项目

1 项目概况

1）地理位置：项目位于江苏省张家港市，项目地块北侧为规划一支河，西侧为职中路，东侧与张地 2006-A25-C 地块接壤，南侧为市疾病预防控制中心。项目于 2021 年开始设计，目前在施工阶段，鸟瞰效果图见图 1。

图 1 鸟瞰效果图

2）经济指标：总用地面积为 26037.62m²，建筑密度为 17.8%，总建筑面积为 53097.2m²，地上计容建筑面积 57282.76m²，地下建筑面积 21740.44m²，容积率 2.2，绿化率 35.7%。1 号楼：层数 24/-1，地上建筑面积 7667.58m²；2 号楼：层数 24/-1，地上建筑面积 11090.50m²；3 号楼：层数 25/-1，地上建筑面积 15979.46m²；4 号楼：层数 25/-1，地上建筑面积 20071.07m²。项目总平面效果图详见图 2。

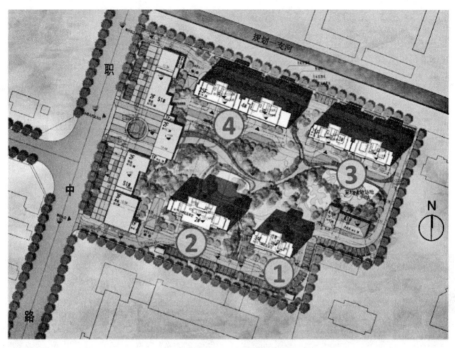

图 2　项目总平面效果图

2　技术特点

2.1　地源热泵技术

本项目采用 4 台地源热泵作为空调系统的冷热源，为保证地下热场平衡，避免冷热堆积，另外设置 2 台冷水机组联合提供冷水供夏季空调使用，2 台开式冷却塔完全根据热泵系统运行情况及地下温度监测情况实时开启，即在夏季运行时为地埋管系统放热提供补充。冬季供热热源则完全由 4 台地源热泵承担。本项目另设置集中生活热水系统，生活热水热源由 2 台高温地源热泵承担。

2.2　室内环境健康技术

（1）污染源控制

户内装修材料均采用环保材料，室内涂料、涂剂类产品、板材、木家具产品有害物质限值均满足相关国家标准要求。本项目采用集中送新风与排风系统，新风通过竖井内的新风管与布置在地板下的送风支管，从地板送风口送至每套住宅的卧室、起居室，排风口设于卫生间与厨房顶部。

（2）空气净化措施

采用带净化功能的集中式热回收新风系统，新风机位于地下与屋顶，对 $PM_{2.5}$、PM_{10} 过滤效率达 95%。对室内颗粒物预评估计算，以典型户型 C 户型为例，室内 $PM_{2.5}$ 浓度可达 11.58μg/m³（年均），PM_{10} 浓度可达 17.06μg/m³（年均）；在不保证 18d 条件下，$PM_{2.5}$ 日均浓度为 23.56μg/m³，PM_{10} 日均浓度为 32.20μg/m³。TVOC 与苯不超过限定值的 90%，二甲苯、甲醛不超过限定值的 70%（表 1、图 3、图 4）。

室内空气中的污染物浓度预评估表（以 C 户型为例） 表 1

参数	单位	限定值	限定值的 70%	限定值的 90%	预评估值	备注
总挥发性有机物（TVOC）	mg/m³	0.60	—	0.54	0.457	8h 均值
二甲苯	mg/m³	0.20	0.14	—	0.0791	1h 均值
苯	mg/m³	0.11	—	0.099	0.0539	1h 均值
甲醛	mg/m³	0.10	0.07	—	0.0582	1h 均值

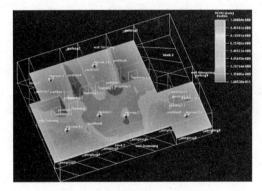
图 3 典型户型甲醛浓度预评估 1

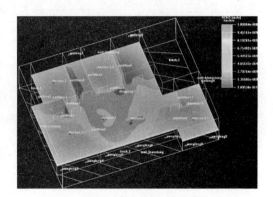
图 4 典型户型甲醛浓度预评估 2

2.3 水系统健康技术

（1）水质保证技术

本项目采用了一系列保证住户用水质量的措施。在给水排水系统方面：生活水箱二次供水采用紫外线消毒器消毒，雨水回用系统设置沉淀池和紫外线消毒，生活热水加压水泵出水采用紫外线消毒，空调循环冷却水系统设置超声波除垢器。同时，项目在各户厨房设置分散式直饮水机，保证饮用水质卫生安全。

（2）水系统健康技术

本项目所有卫生间采用同层排水系统及同层排水密封地漏，排水横管在本层套内敷设。坐便器采用挂墙式后排水方式，水箱隐藏在墙体内，墙排占用空间和卫生间内其他管井设置在同侧，保证了卫生间内部的完整性和美观度。淋浴采用耐久性更高的恒温混水阀，保证花洒出水温度的恒定。这种新技术在提高用户使用淋浴安全性、舒适性的前提下，比传统淋浴方式更加节水。

（3）水质监测方式

本项目由物业制定水质送检制度，饮用水、生活热水直饮水每季度送检 1 次，回用雨水和空调系统循环水每半年送检 1 次。

2.4 健身人文配套设计

(1) 室外健身场地

小区内设有 306m² 室外健身运动场地,约占用地面积的 1.17%,并在健身场地附近设饮水设施。小区内设置全民健身器械,主要有乒乓球台、腹肌锻炼器和动感单车,总数量为 10 台,比例达到 0.95%,种类不少于三类。设有 383.52m 的健身步道(用地红线周长为 678.47m),比例为用地红线长度的 56%,宽度为 1.5m,并设有健身引导标识。

(2) 室内健身场地

在 1 号、2 号、3 号首层设置健身房,供小区内住户免费使用,总面积为 362.17m²,占比为 0.63% > 0.5%。设 15 台各类健身器械,占比为 1.42% > 0.5%,主要有跑步机、椭圆机、划船机等。

(3) 交流空间设计

场地中部 4 号楼南侧位置设置 57.6m² 室外交流场地,比例达到 0.22% > 0.2%。并设有 5 个双人座椅,周围采取种植乔灌木等遮阴设施,遮阴比例为 61.28%。

场地内设置 159.62m² 儿童活动场地,设置 3 个双人座椅,并在周边种植乔木遮阴,场地内铺装弹性面层材料,设置不少于 3 个儿童游乐设施。儿童活动场地日照充足,满足大寒日不少于 2h 日照要求。

场地内设置 76.46m² 老年人活动场地,设置 3 个双人座椅,并在周边种植乔木遮阴,场地内铺装弹性面层材料。

小区配套商业楼首层设置 71m² 音乐舞蹈教室,二层设置 40m² 公共图书馆。

(4) 适老化设计

建筑内部设置无障碍电梯、防滑铺装、大字标识等适老化设施,公区大堂阳角采用圆角护角。老人卧室和卫生间设安全抓杆及扶手。项目南侧设有公共卫生服务设施(疾病预防控制中心),距离场地出入口 216m。物业设急救箱,主卧及主卫设紧急求助呼救系统,可与物业连通。

2.5 互联网服务

本项目建立健康信息服务平台——"国泰·健康·家",采用微信公众号的方式,免费为项目内的业主提供服务:对接线上医疗、物业缴费、健康档案、室外空气质量发布、室外温湿度、气象状况、健康宣传、社区活动发布、设备维修保养记录查询。

3 经验做法

3.1 采用可再生能源技术,高效节能降低污染

本项目采用地源热泵系统,充分利用了土壤的蓄热能力,与传统冷源相比,地源热泵受环境因素影响较小,地下环境温度相对稳定,机组能效比会一直保持较高的水平。与以

化石燃料为能源的锅炉相比,地源热泵空调系统没有化石能源的燃烧过程,避免了氮氧化物、二氧化硫和烟尘的排放。地源热泵系统因为依靠地下土壤换热,不受环境温度影响,运行更加稳定,制冷供热无影响,室内照样舒适宜人。相比传统水冷机组的冷却塔露天安装,环境噪声大,特别是在夜间运行时,噪声影响更明显;而地源热泵外机安装在机房里,环境噪声较小。地源热泵系统的主机不与大气换热,可遮蔽设计于地下室、车库,不影响外立面及庭院的整体装修效果。

地热能是一种可再生能源,在使用过程中,随时可以再生被利用,并且在使用中不产生任何废弃物,采用地源热泵技术将给建筑节能带来突出成效,在环境保护方面有着非常显著的效果。采用地源热泵为建筑物供热不仅节能,也大大降低了因燃烧化石燃料而引起的 CO_2 和其他污染物的排放,提高建筑品质的同时还会获得巨大的环境效益。

3.2 采用户内除霾新风系统,提升室内环境质量

本项目采用顶棚辐射(供冷供暖)+置换新风的模式,新风为地板送风,排风设置在卫生间与厨房。新风为带全热回收的新风处理机组,设置湿膜加湿器,调节湿度。针对本项目全部户型进行热湿环境的模拟,现以C户型为例进行介绍:采用CFD软件airpak对室内热湿环境进行模拟分析。夏季:PMV为0.398,PPD为9.75%;LPD1为0,LPD2为2%,LPD3为8%。冬季:PMV为-0.232,PPD为9.84%;LPD1为0,LPD2为2%,LPD3为12%。热湿环境整体评价等级达到1级,局部评价指标达到1级。主要功能房间均设置开启扇,保证在过渡季时建筑能获得良好的自然通风;自然通风条件下经模拟分析,PMV为-0.516,APMV为-0.411,在-0.5~0.5。适宜的环境温湿度,提升了室内环境品质(图5)。

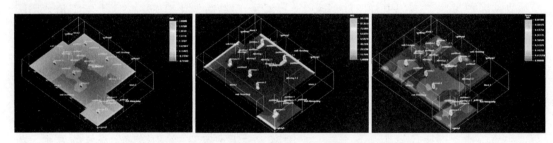

图5 夏季1.5m处PMV值、PPD值、风速云图

3.3 采用同层排水技术,减少噪声降低渗漏

目前随着生活水平的提高,人们越来越关注住宅内部的健康水系统。卫生间排水是住宅中最易导致环境卫生不达标的区域,传统的异层排水存在很多痛点。

本项目采用了同层排水的方式,卫生间排水管路系统布置在本层(套内)业主家中,管道检修可在本层(套内)内进行,避免漏水对下层住户的影响。卫生器具的布置不受限制,可以满足住户个性化的需求,提高了房屋品位。排水支管布置在楼板上,经过楼面做法覆盖后有效地降低排水时的噪声,具有很好的隔声效果。污废水横支管不穿过楼板,减

少了漏水点，降低漏水概率。同层排水仅需对卫生间的地面、墙面做好整体防水即可，避免排水立管穿过楼板造成渗漏。

3.4 采用隔声降噪技术，保障室内声环境质量

本项目周围无交通主干道（城市快速路、主干路），噪声污染较小，场地声环境噪声满足不大于1类声环境功能区标准限值（图6）。

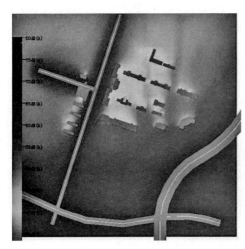 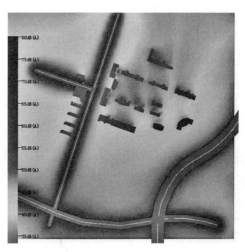

图6 项目场地噪声模拟声压级分布图（昼夜）

外墙采用：水泥砂浆 5mm ＋ 石墨复合聚苯板 80mm ＋ 水泥砂浆 15mm ＋ 钢筋混凝土 200mm；分户墙采用：水泥基无机矿物轻集料保温砂浆 20mm ＋ 钢筋混凝土 200mm ＋ 水泥基无机矿物轻集料保温砂浆 20mm；外窗玻璃采用：6高透（Low-E）＋12Ar＋6（暖边）；分户楼板采用：胶合板 20mm ＋ 通风管层 113mm ＋ 水泥砂浆 40mm ＋ 钢筋混凝土 120mm。

根据室外噪声模拟计算结果，选取最不利楼栋1号楼的最不利房间进行噪声分析计算，室内噪声级昼间为32dB（A），夜间为30dB（A）。噪声敏感房间（卧室）与普通房间之间的空气声隔声性能为55dB，噪声敏感房间顶部楼板的撞击声隔声性能为53dB。采取降噪措施还有：1）电梯井道未与卧室贴邻，并在电梯机房设置隔声减振垫。2）新风空调机组、风机等设备采用阻尼型弹簧减振器，出风管接头为软接头。3）空调机组的进出水管设置不锈钢金属软接头，风管系统采用阻抗复合消声器或消声弯头。4）新风机房内及地下室的空调风、水管道均采用减振支吊架。最大限度地保障了室内声环境品质。

4 思考与启示

项目强调建筑设计、规划设计与景观设计"三位一体"的理念，注重城市设计的核心作用，注重住宅区景观的环境设计以及城市景观特色的塑造，充分体现了规划地块的整体性。

项目坚持"以人为本",以创造生态型的居住环境和高质量的城市空间环境为目标,满足城市可持续发展的要求,力求提高居住环境质量,强调环境资源利用的公平性,让社区更和谐。强调绿化与居民社区活动的融合,将住宅与绿化融为一体,构建多层次、多样化的绿化空间,让绿地更亲近。充分利用规划地块的区位条件、自然条件和文化条件,将此小区建设成为居住舒适、环境优美、服务便利,符合现代社会要求的综合性城市居住小区,综合提升住宅品质。

作者:王冠璎;赵彦革(中国建筑科学研究院有限公司)

高耐久围护结构——上海万科中房翡翠滨江二期项目

1 项目概况

1.1 项目简介

万科中房翡翠滨江二期项目，位于上海市浦东新区陆家嘴的延伸段，紧邻黄浦江。总用地面积 31616.8m²，容积率 2.5，绿地率 35%，限高 80m。项目设计范围：5 栋高层住宅实施装配式建造，装配率超过 50%，3 栋多层住宅、1 栋商业用房和地下车库采用现浇混凝土结构，总建筑面积 11.1 万 m²，建筑功能为住宅和商业配套。本项目设计时间为 2015 年，竣工时间为 2017 年（图 1、图 2）。

图 1　项目建成实景

图 2　项目鸟瞰图

1.2　规划设计

充分考虑与周边环境、建筑的关系，采用新月公园式的中央景观，合理布局组团空间和集中绿地，形成气势恢宏的西方庭院空间，营造了疏密有致的空间形态，避免了大面积采用行列式布局。与罗马圣彼得教堂相比较，本项目采用了半径为51.8m的圆弧（图3、图4），给人以气势恢宏的空间感受。

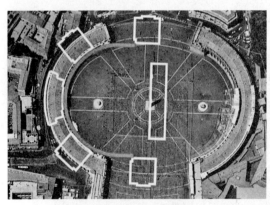

图 3　罗马圣彼得教堂

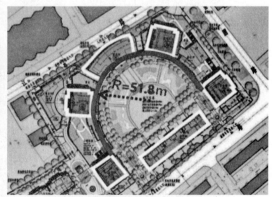

图 4　平面布局特点

1.3　立面设计

1）作为古典主义大都会风格的建筑，立面相对比较复杂（图5）。立面选用耐久性强、易于维护的高品质建筑材料——石材，确保城市界面景观效果。

图 5　大都会风格——3 号楼塔楼

2）重要界面进行公建化处理。采用点式布局，视线通透，打造高品质公建化的滨江界面（图 6），实现规划逻辑与景观资源最大化兼顾。

图 6　黄浦江滨江界面

3）人行出入口结合配套商业一体化设计，公建化的立面打造了稳重、对称、均衡的城市形象（图 7）。

图 7　仪式感人行入口

2 技术特点

2.1 先进的装配式技术

3号楼预制范围为5~20层，主要预制构件有预制外墙板、预制楼梯、预制飘窗、预制ALC条板（图8、图9）。

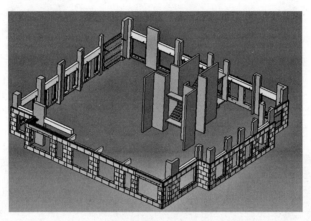

图8　3号楼标准层预制构件三维图

（a）预制外墙板

（b）预制楼梯

（c）预制飘窗

（d）预制ALC条板

图9　预制构件类型

2.2 标准化的设计

本项目通过户型组合满足工厂规模化生产和平面的多样性，标准化户型面积占比达82%；具有相同外形尺寸的预制构件数量均不少于50件，构件标准化程度相当高（表1）。

户型面积配比 表1

户型	户数（户）	总面积（m²）	面积比例
105~115m²	96	10330.34	15%
155m²	90	12935.8	19%
240m²	62	14565.21	21%
300m²	100	29345.19	42%
变异户型	7	2366.6	3%
合计	355	69543.14	100%

2.3 集成化的设计

1）预制楼层外墙采用石材反打饰面、铝合金窗框工厂预埋、预制外墙带水平/竖向企口、外侧打胶，实现外墙与饰面、窗框集成（图10、图11）；

图10 反打石材预制外墙　　图11 构件成品保护及窗框预埋

2）全专业协同设计，精装修、管线分离，实现建筑与装修集成（图12）；
3）机电管线通过对水井、强弱电井、风井进行集中布置，实现建筑与机电集成；
4）外墙保温形式为内保温，集成精装，实现外墙保温与精装的集成设计。

图 12　精装修实景

3　经验做法

3.1　石材反打，提升立面品质及耐久性

鉴于国内没有石材反打相关的标准以及仅有很少的项目经验，为了测定石材与混凝土基层的粘结性能，前期通过制作石材反打试件，进行剪切和拉拔试验，作为设计取值的参考，同时也为石材选型提供依据。本项目采用的石材与外墙板连接节点见图13。拉拔试验表明拉伸粘结强度比手工现场铺贴提高3倍以上。

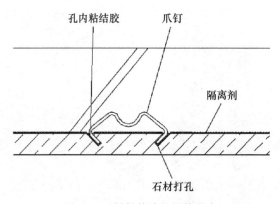

图 13　石材与外墙板连接节点

预制外墙采用反打技术，石材粘结力较传统手工铺贴方式大幅提高，且质量稳定，可基本消除石材高空坠落的风险。石材反打工艺流程见图14。集成化预制外墙的应用，大大节省现场人工投入，节约建设总工期。

设计过程中采用BIM建模、预制构件详图绘制，利用软件检验预制构件之间、预制与现浇之间钢筋的碰撞，便于现场施工；通过在模型里模拟出饰面石材的铺贴，解决了石材在预制构件存在弧度、转角、立面分缝等情况下拼贴易错、对缝不齐等问题，实现了较好的立面效果。

(a) 石材上架　　　　　　　(b) 粘贴胶带

(c) 背涂隔离剂　　　　　　(d) 爪钉设置

(e) 石材入模　　　　　　　(f) 脱模吊装

图 14　石材反打工艺流程

3.2 集成窗框技术杜绝渗水隐患

采用铝合金窗框直接预埋于预制构件内，结合预制墙板带水平／竖向企口，外侧打胶处理，做到构造防水、材料防水相结合，有利于建筑外墙防水，杜绝渗水隐患（图 15、图 16）。

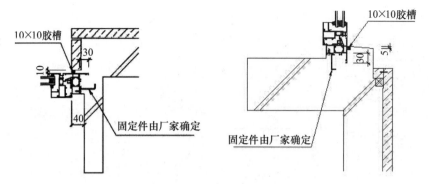

图15 铝合金窗框预埋

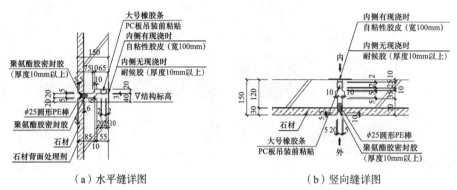

（a）水平缝详图　　　　　　　　（b）竖向缝详图

图16 接缝防水构造做法

3.3 附着式升降爬架及铝模板提效

采用定制工具式升降爬架，避免外立面石材穿孔或预埋件破坏建筑立面效果，同时减少穿孔引起的渗漏质量隐患；上下楼层穿插作业，节省人工，大幅缩短了总工期，本项目建设总工期相比传统现浇住宅项目节省了约90d（图17）。

图17 工具式升降爬架现场施工

采用铝模板成型技术，PC结合铝模板，支撑简洁，拆卸方便，现场安全、整洁。通过合理安排现场工序，提高了工作效率，实现首栋楼2期：首层7d、二层6.5d、三层6d，后续标准层2期均实现了6d/层（图18）。

图18 铝模板拼装及现场施工

4 思考与启示

高品质住宅设计需结合智慧化基础设施配置、绿色建筑、装配式建筑的指标要求，从规划、建筑、绿化设计等方面提出品质提升要求，优化住宅建筑空间布局和立面设计，塑造良好的人居环境。

作为古典主义大都会风格的建筑，立面相对比较复杂，但是也可以通过预制混凝土（PC）设计来实现，在国内市场大部分装配式住宅立面比较简单的情况下，树立了一个新的标杆形象。

本项目采用外模内浇技术体系，装配与现浇两种施工工艺相对独立，避免了作业面的交叉作业，实现了标准层6d/层的施工进度；通过土建与精装、土建与外装饰装修工程、建筑单体与室外总体的立体穿插，实现了总工期相较于传统现浇住宅项目节省约90d。

通过铝模板和预制构件的组合应用，大幅提高了土建结构构件的平整度和垂直度，结构第三方实测实量分数稳定在95分以上；通过外墙窗框集成、疏堵相结合的防水构造和定制爬架的综合应用，减少了外墙的渗漏风险；通过预制外墙反打技术应用，基本消除石材坠落的隐患；各种有效措施的运用，综合提升了住宅品质。

作者：强旭媛；李伟兴（上海天华建筑设计有限公司）

全龄友好——昆明经投·湖山望（观林湖花园）项目

1 项目概况

昆明经投·湖山望（观林湖花园）项目位于云南省自贸区昆明片区经济技术开发区信息产业基地（观山公园）旁，是经济技术开发区目前建成的公园景观低密度高品质社区。项目用地面积125991.09m²（189亩），总建筑面积217438.02m²，其中地上建筑面积136319.00m²，地下建筑面积81119.02m²，主要由多层住宅、低层住宅、幼儿园以及公共配套用房组成（图1）。地块北邻汕昆高速，东、南与大观山生态林地相接，西北侧邻15m宽城市道路，东侧南侧均邻公园用地，景观具备天然的城市绿地优势。该项目于2019年7月开始设计，2022年1月入住。

项目建设用地呈三角形，总体东高西低，北高南低，最大高差近87m。如何合理利用场地打造高品质全龄友好宜居社区，同时兼顾成本造价成为项目设计的重难点。

图1 建成实景照片

2 技术特点

项目整体规划设计充分尊重地形环境，顺势匍匐于山坡，建筑尺度宜人，景观空间自然穿插流淌于房前屋后，宛若居于自然深山，但又具有现代化的功能配套和科学的流线及功能空间组织。

2.1 场地策略——依山就势，构建全龄人行车行系统

项目原始地形高差较大，最大高差近87m，且地形地貌、地质结构较为复杂，对建筑排布较为困难，如何结合地形高差设计是本项目的最大难题。设计充分尊重原始地形的高差特点，采用依山就势分台处理的手法，因势利导结合场地等高线设置分台走向，共整理10个平台嵌入地形，平台上方为居住功能及人行系统，下部为车行系统和车库（图2、图3）。

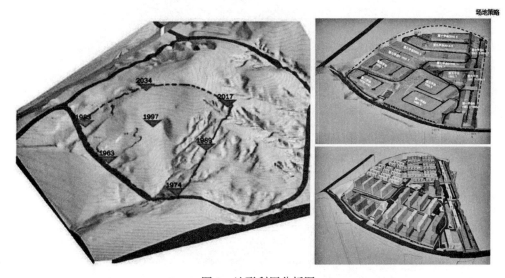

图 2 地形利用分析图

图 3 实景航拍图

结合高差设置的车库可平进平出，减少坡道占用空间，提高地下车库的价值。车辆通过小区道路进入每个平台车库，人行则通过景观步道、台阶、坡道、观光电梯等穿梭于各平台上部的景观环境中，最大限度地减小对原始山形走势破坏的同时，实现了土方最优化和人车分流微循环。台地人行步道和庭院穿插，典雅的景观自然覆盖每一寸土地，为居住者营造出最贴近自然的宜居环境。在一步一景的人行系统中，通过无障碍观光电梯及架空连廊的设置，实现了全龄友好无障碍通行环境，构建全龄友好的理想社区（图4、图5）。

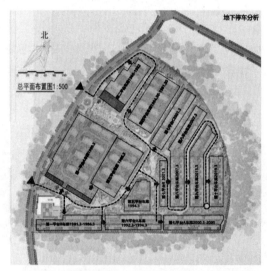

图4　车行流线分析图

图5　无障碍观光电梯及架空连廊

2.2　产品策略——现代中式，营造全龄宜居体验

项目地处自然环境优雅的坡地，对高层高密度住宅是天然抵触的，因此从规划之初，

结合规划条件和开发单位的策划意见，本项目定位清晰指向"多层电梯洋房+低层住宅"，力求通过宜人的建筑尺度和沉浸式的自然景观体验，结合建筑超大尺寸的前后全景阳台和落地窗实现与自然景观的渗透，南北通透的户型设计，加之现代中式建筑风格的典雅呈现，使得建筑完美融入自然环境中，并且让每户都能有充足的日照时间（远大于冬至日1h），体现昆明市温和B区的气候优势，满足全龄段的宜居体验。

低层住宅产品采用L形合院拼接，既能实现朝向的均好性，又能保证庭院的私密性（图6）。另外，低层住宅产品结合高差分小台设计，通过对前后排住宅层数的控制，形成前后错落有致的建筑空间，同时增加了后排产品的采光日照及观景价值。同时，通过巧妙的地形处理和利用，做到双首层全明地下室，为低层住宅产品打造提供更大的可能性。在户型产品设计中，除多层设置无障碍电梯外，低层住宅户内也预留电梯井道，以满足全龄段使用需求。

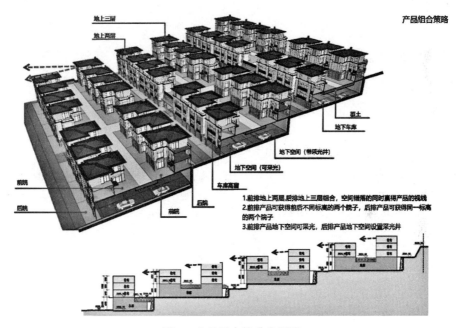

图6 产品组合策略分析图

2.3 空间及环境营造——庭院花园，实现全龄健康空间

从平地到半坡，独特坡地建筑自成一体，建筑依山形错落而上，南向阳坡上户户皆宽景，俯瞰果林湖，远眺滇池实景。随着社会发展及个人审美的提高，人们对住宅环境品质的需求也日渐提高，高品质的室外环境成为人们选择住宅的重要指标。低密度高绿地率，以独特的分台式景观设计手法，力求达到自然环境、小区景观与建筑的最佳融合，使项目环境品质得到质的飞跃，居住体验感更加舒适自然。室外慢行步行系统约1000m，穿插于绿地、花园、庭院、住宅和各类活动场地间，宅前即场地、出门即锻炼。散布在不同景观核心的老年活动场地与儿童游乐场地，年轻人的活力跑步道等，以及配套完善的高品质幼儿园，共同实现全龄健康空间（图7）。

图 7　区内实景

3　经验做法

3.1　依山就势分台设计

本项目因场地高差较大，场地处理采用依山就势分台设计的方法，但分台的大小取决于地形坡度及建筑的使用功能，同时还需控制分台后挡墙的高度，以兼顾安全性及经济性。本项目是需要满足建设需求、居住人群需求、社会需求等多个维度的综合产品，纯粹的依山就势、完全尊重地形的设计方式虽然很理想，但不能兼顾项目方方面面的需求。因此，总结归纳地形趋势，顺应地势并加以利用，才是铸造山地建筑的关键。项目通过对地形等高线走势的总结，共分为十个平台，平台结合地下车库使用高度及覆土厚度要求，确定平台之间高差为6m。平台上设置地下车库，车库顶部与高台平接，车库底部与低处地面平接（图8）。

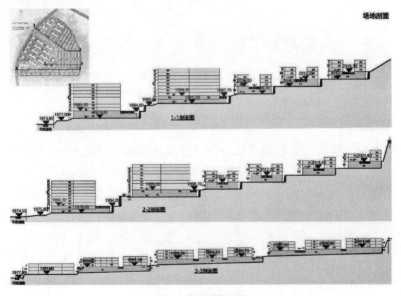

图 8　场地剖面图

3.2 建筑与挡墙的衔接

本项目建筑与挡墙之间通过挑板的方式连接,为保证景观的连续性,挑板降低至-2m标高,挡墙顶部与挑板平接,通过设置T形钢板和防水层的特殊构造处理,挑板和挡墙顶部均设置覆土绿化,有效隐藏挡墙,达到建筑与室外景观自然衔接的效果。并且通过降板覆土的方式,使得原本设置6m的挡墙减小为4m,有效优化了挡墙造价(图9)。

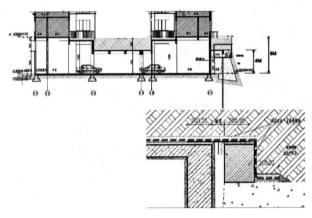

图9 建筑与挡墙衔接示意图

3.3 临空地下室人防外墙处理

场地分台后带来所有地下室均出现临空面,如何解决人防问题是项目难点。经技术论证,项目人防地下室在临空面设置1.5m厚夹土墙,非临空面直接挡土,可满足人防相关要求。夹土墙构造做法为:250mm厚钢筋混凝土墙+1000mm厚回填土+250mm厚钢筋混凝土墙,上部可种植绿化与小区景观融为一体。本项目采用"夹土墙"的方式解决地下室临空面外墙的防护措施,项目的建成也成为云南山地特色的人防工程典范(图10)。

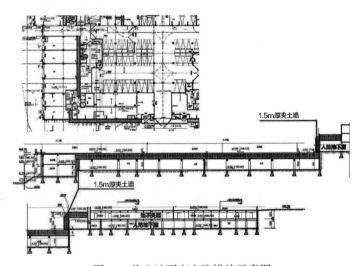

图10 临空地下室人防措施示意图

3.4 屋顶太阳能一体化设计

多层住宅采用集中供热太阳能热水系统，屋顶设置太阳能集热板和水箱；太阳能与屋顶挑檐构架紧密结合，形成虚实对比的斜屋面；利用楼梯间与电梯冲顶及机房高度，将水箱隐藏在楼梯间顶部，合理有效地利用自然条件的同时还考虑了建筑的美观性（图11）。

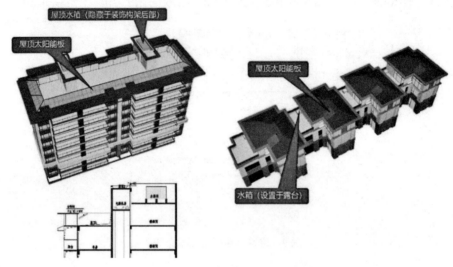

图11 屋面太阳能建筑一体化示意图

4 思考与启示

通过对本项目的实践，对全龄友好、高品质理想社区规划设计方法可总结为以下方面：一是全龄人群的需求，如儿童、青少年、成年人、老年人等，针对不同年龄段的人群，规划不同的活动空间、儿童设施和老年设施等；二是环境空间营造与可持续性，如合理利用地形高差、自然生态环境的营造、生态的建筑材料及绿色技术措施等；三是交通组织的合理性与便利性，兼顾全龄段人员的无障碍通行环境；四是适应本地文化、自然、气候、环境等地域特色。未来的高品质理想社区一定是注重年龄包容和极具人性化的全龄友好社区。

作者：单治超[1]；李步波[1]；范国跃[2]；董晓蕾[2]；胥劲[1]（1 云南省设计院集团有限公司；2 昆明经百实业有限公司）

第 4 篇　国外案例篇

　　本篇展示了亚洲、欧洲、美洲共 13 个高品质住宅项目的案例，包括保障性住宅、老年公寓、高端商业住宅、住宅综合体等不同类型，既有新建项目，又有改造项目，从中可以总结出国外住宅一些共同的设计理念。

　　第一，设计注重人性化。住宅不再是简单满足居民某一阶段的生理需求，而是从户型布置、面积配置、空间可变性、适老化设施等各方面给居民提供一个可持续的、宜居的生活。

　　第二，打造健康、宜人的居住环境。居民能够获得良好的通风、采光和景观，社区环境舒适宜人；室内装饰装修材料使用低污染的健康材料，在室内外设置健身场所，共同打造健康的生活环境。

　　第三，打造完善的社区配套服务设施，提供高品质的物业服务。公共服务设施的规划充分考虑服务半径，保证居民便捷可达。除了对普通居民的生活、运动、娱乐、出行提供服务外，还针对小朋友、老年人、残疾人提供精细化的专门照顾，通过完善的无障碍设施打造公平与包容的设计，让所有人都能有尊严地生活。

　　第四，重视邻里之间的交流互动。一个高品质的住宅通过打造便捷可达、舒适宜人的公共交流空间，让不同年龄、不同收入、不同家庭状态的使用者之间和谐共处，增强社区的归属感。

　　第五，节能低碳与可持续发展的理念在全世界推广，住宅也致力于从可再生能源利用、材料选择、可持续发展和节约资源等方面提升建筑品质。

　　可以说高品质的住宅已经不再是仅为居民提供一套房子，更是全方位地满足居民的需求，为他们打造一种高品质的生活。

　　可持续住宅综合体——奥地利温塔尔特拉森住宅项目，将传统公寓拓展为可以同时满足大众居住、青年居住、老年照料等多个领域的住宅综合体；住宅内部空间的划分考虑灵活变动的可能性，满足使用者不断变化的需求；利用地源能、太阳能降低空调、供暖、热水和用电能耗，降低使用成本。

　　绿色更新——德国弗赖堡高层公寓综合改造项目，通过对原有建筑的改造重组了平面布局，为居住空间赢得更多的天然采光和自然通风；通过合理设定隔热边界、提升围护结构的热工性能、采用低能耗的设备、利用可再生能源降低了建筑能耗。

　　"平台上的住宅"——荷兰"微型城市"住宅项目，建筑与巴士站、火车站以及购物中心的相互连接，将建筑本身打造成高效的多式联运的交通枢纽；充分利用屋顶花园、露台、阳台，提供有吸引力的景观和社交场所。

水上庭院——荷兰斯莱晒什住宅项目，通过水上庭院式的建筑造型和对建筑体块的切割，使居民在不同位置都可以享受到不一样的风景；建筑与周边环境交融，户外走廊把游艇码头、帆船学校、公共露台、中央庭院串连在一起，促进邻里交流，打造一个亲水近水的生活方式。

高品质、重服务——荷兰德普卢斯普伦堡老年公寓项目，布置多功能的共享空间，鼓励老年人自发组织活动；营造五彩斑斓的走廊，促进住户相互交往、展示自我；打造开敞自由的老年人居室，为居民日常生活提供便利；老年人在这里可以便捷地获得生活起居、医疗护理服务，通过软硬件的配合打造一个原居安老的生活居所。

模块化的绿色住宅——美国明星公寓项目，打造开放的社区空间，促进邻里之间的交流；通过植物、清新的空气、天然采光、绿色环保的建材和完善的公共服务，鼓励居民过上健康的生活。

绿色阶梯——美国维阿韦德住宅项目，以开放式的花园作为整个项目的组织元素，从一层庭院到一个个阶梯式抬升的屋顶花园，把绿色开放的空间作为项目的组织元素，又通过节水、节能措施，可再生能源的利用，为居民打造了绿色高效、健康宜居的生活。

KSI 住宅体系——日本赤羽台团地项目，以支撑体 S 和填充体 I 分离体系为基础，建设长寿化、可持续的可变居住空间；公共服务的设施考虑所在街区的服务半径，方便居民步行前往；设置丰富的停车、休闲、绿化等开放空间。

多代同堂的花园住宅——新加坡杜生阁公共住宅项目，通过景观设计打造可持续、生物多样的"公园住宅"；住宅楼、配套服务设施以及园景露台之间以连廊联通，促进居民互动；为单身、年轻夫妇、有老人的家庭等不同的人口结构打造不同的户型，并实现大家庭的近距离居住。

气候适应性住宅——新加坡"天际都市"住宅项目，"空中街道—空中花园—空中村落"串连的社区共享空间关系，单元与单元之间通过露天的街道相连接，打造交流和共享的日常生活方式；通过强化自然通风、灵活多变的户型设计提升居住品质。

公平与包容的设计——新加坡滨海北岸住宅项目，践行通用设计、智能化设计的理念，以无障碍设计为基础，打造通畅可达、全龄友好的居住区，促进不同年龄层级的人的互动和联系。

高品质的生活——英国城市大道 250 号高层住宅项目，以人性化高品质的物业服务提升项目吸引力；配置以健康生活为导向的服务设施，采用高品质的生活设备，大面积的公园绿地打造舒适的人居环境。

零碳生态社区——英国贝丁顿住宅项目，通过绿色交通计划减少化石燃料的使用；对水资源、生活垃圾进行循环利用；采用当地建材；使用热电联供技术和太阳能减少供暖、热水、出行的能耗；通过空中花园强化通风和采光，打造一个零碳、健康的生态社区。

以上项目虽然不同，但是设计理念和方向是相似的，落实的手段是可以学习和借鉴的。本篇希望通过展示国外同行们在高品质住宅设计方面的设计理念、技术特点和经验做法，为中国居住区与住宅建筑的规划设计带来一些思考和启示。

可持续住宅综合体——奥地利温塔尔特拉森住宅项目

1 项目概况

Wientalterrassen（音译：温塔尔特拉森）住宅项目位于奥地利维也纳第 14 区 Käthe-Dorsch-Gasse 街道（图 1），2022 年竣工，是一个总面积约 30000m² 的旗舰住宅综合体（图 2）。该住宅综合体凭借其独特的空间设计、节能理念，凭借其大量使用绿色屋顶与能源技术创新获得了 Klimaaktiv 金奖，项目呈现设计者面向未来的生态意识，展现了设计者在建筑方面极佳的专业水平，是在施工与运营里实践综合类住宅可持续性的典范案例。

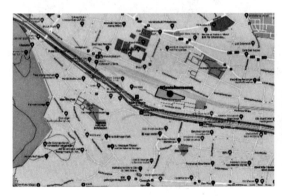

图 1 Wientalterrassen 地理区位

图 2 北侧铁路视角立面

2 技术特点

2.1 功能复合，回应社会居住课题

Wientalterrassen 住宅综合体为居住者提供了可以面向各种生活方式的住房选择，该项目共包括 295 套公寓，其中有 196 套为政府补贴租赁公寓，99 套为较小型 Smart 公寓，另配备了两个面向儿童与青年群体的共享公寓社区以及两个为特殊人群服务的辅助单元。此外，该住宅综合体还配备了一个由 Wiener Pensionist：innenheime（维也纳退休之家）运营管理的日间照料中心，一个为残障轮椅使用者服务的服务中心及办公空间。

该住宅综合体集合了大众公寓、青年公寓、老年社区和特殊人群辅助单元等多种居住产品，建立多代人彼此间的联系。随着社会老龄化的发展，需要不断探索隔代人之间、特殊群体与大众之间的居住关系，而该案例的建成与运营，打破了传统居住建筑中多代人之间的隔离，是对未来住宅形式很好的探索。

2.2 注重在地性，兼顾景观与品质

该项目由5栋维也纳河畔的建筑组成沿河排列的建筑群，5个结构清晰的建筑体量由3个连接元素连接起来，在北面铁路线一侧呈现出一条长而富有节奏感的"背影"（图2），其中设有通往内部庭院的独立玻璃开口。在空间形态上，建筑很好地延续了当地的城市肌理（图3~图6）。

图3　入口街景视角

图4　建筑入口庭院

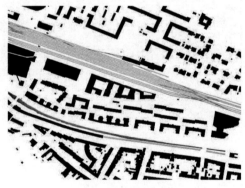

图5　城市建筑肌理

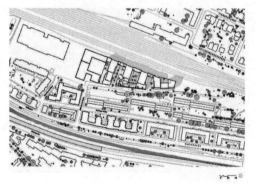

图6　总平面图

半开放、半封闭的庭院是该综合体的核心部分，为户外交流和互动提供了理想环境。为了将本项目的独特性融入所有居民的体验中，宽阔的露台区域位于较低、朝南的建筑上方。它们的垂直位置和错落排列为居住在此处的人们提供了有趣的开放空间。

该项目的一个显著特点是地面与北部铁路区域的高度差。为了适应这一地形，建筑结构自铁路高处逐渐向南部与现有住宅楼群相衔接。因此，所有住宅单元均朝东、西、南三个方向。在内部庭院、屋顶和外墙上，3个公共露台都进行了绿化种植，创造了多样的植物群落，以应对夏季城市热岛效应的出现（图7~图11）。

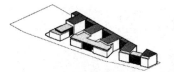

图7　露台与围合庭院　　　　图8　景观视野分析　　　　图9　露台庭院与景观分析

图10　屋顶开放露台　　　　　　　　　图11　半开放庭院

2.3　空间灵活性

在空间功能使用与布局上，打破了传统固定的思路。大多数建筑的功能空间是在设计之初预先确定的，而该住宅综合体方案通过使用轻质隔墙划分内部空间，实现小空间与小空间、小空间与大空间多种连接组合的可能性，空间灵活且便于个性化改变。使用者拥有多种方式进行平面功能调整（图12～图14）。空间内的划分采用轻质墙体，部分区域还配备了可轻易封闭和分离的"可转换房间"，如果拆除生活区和睡眠区之间的隔断墙，还可以创建阁楼式、开放式空间形式。通过划分较小的单元和连接较大的单元，该综合体还能够实现多种用途的作业空间和办公室的任意改造（图15），而无需担心任何限制。交通空间采用鲜明色彩区域标识划分，楼梯的曲线设计体现儿童与老人友好（图16～图18）。由此，该方案的内部空间成为该设计在可持续性与灵活性方面的一个特色。

图12　首层平面图　　　　　　　　　　图13　标准层平面图

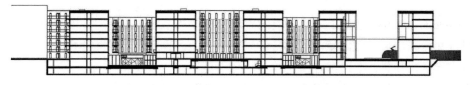

图14　剖面图

图 15　多功能活动室

图 16　交通走道与楼梯

图 17　内庭院与平台

图 18　鲜明的颜色分区

2.4　可持续与低碳绿色

该住宅综合体在维也纳建筑中具有独树一帜的地位，得益于其多种可持续发展的创新元素，该项目低碳绿色的显著特点体现在广泛应用地源热泵、绿色屋顶和太阳能电池板。通过创新和高效的能源技术手段，使得整个住宅区实现了可持续供暖和制冷，大幅降低对化石能源的依赖。

房间供暖和制冷由地源热泵与低温太阳能系统提供冷热源，并通过混凝土楼板吸热或供热（图19、图20）。在夏季，混凝土楼板吸收房间内的热量，并将吸收的热量通过地埋管传导至地下（图21）。在冬季，地源热泵系统、太阳能集热板配合沥青管集热器共同提供热源，并通过混凝土楼板供热（图22～图25）。

热水供应通过生活废水余热回收实现（图26），此时沥青管集热器与地源热泵辅助供热。

Wientalterrassen还使用了一套高效的太阳能电池板系统（图27），极大地降低了项目的碳足迹和能源消耗。太阳能电池板与建筑屋顶造型、景观设计完美融合。住宅的电力供应通过光伏系统和公共电网耦合实现。

上述设计可以最大限度地降低空调、供暖、热水和用电的运营成本，进而降低租金。

图 19　热泵探头施工　　　图 20　沥青管集热器　　　图 21　地面辐射系统

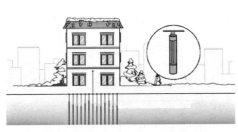 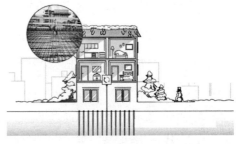

图 22　热泵探头采集热量　　　图 23　地面辐射系统释放热量

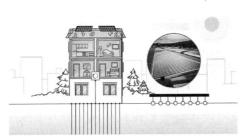 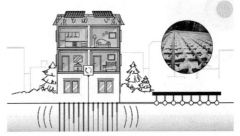

图 24　太阳能采集热量　　　图 25　沥青管集热器收集热量

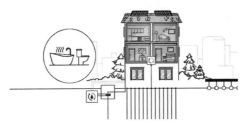 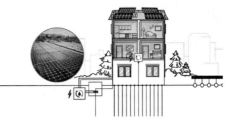

图 26　废水热回收　　　图 27　太阳能发电供应转换设备

3　经验做法

3.1　探索住宅形式可能性

Wientalterrassen 住宅综合体将大众公寓、青年公寓、老年社区、特殊人群服务单元巧妙融合在一个项目中,将传统住宅的概念提升发展出"住宅综合体"概念。将传统的公寓住宅进一步拓展成为可以同时适应大众居住、青年居住、老年照料等多个领域的复合型住宅产品，打破了传统公寓住宅建筑的设计思路。

3.2 注重住宅建筑的在地性

国内大多数住宅项目因追求短周期，其产品类型均质化严重，对建筑的在地性思考不足，对建筑所在区域的环境回应程度较低。Wientalterrassen住宅综合体从城市建筑肌理和场地环境呼应两个方面出发，并未追求单一形式，也未刻意追求国内住宅朝南的刻板印象，而是通过体块错落、围合的多种设计手段，创造庭院、平台等丰富空间，将环境视野最大程度地打开，内外张弛有度。

3.3 注重空间使用的灵活性

建筑空间具有时间维度，建筑空间也有其生命发展过程。尤其是对于公寓类住宅建筑而言，随着时间的推移和使用者的不断变化，功能空间应当具备一定的灵活度和发展性。除了建筑主体结构的固定，内部空间划分应考虑灵活变动的可能性，如在Wientalterrassen住宅综合体中内部隔墙使用轻质墙体，在时间维度上面对不同的使用者始终拥有改造的可变性。

3.4 注重住宅建筑低碳绿色和可持续

Wientalterrassen住宅综合体创造性地使用了沥青管集热系统与地源热泵的整合，大大提升了能源利用的效率和质量。在太阳能的利用上，巧妙地布置设计太阳能板，使其与屋顶绿化相互搭配且完美融于建筑本身，营造一种无缝的、富有视觉吸引力的整体建筑美感。

4 思考与启示

随着我国社会老龄化的发展，公寓类住宅建筑的形式也应当不断与时俱进，奥地利维也纳Wientalterrassen住宅综合体为我们提供了新颖的思路。在我国未来社会中，复合型且可承载不同年龄使用者的住宅产品或许是一个新的探索方向。在可持续与低碳绿色上，Wientalterrassen住宅综合体案例启发设计者应当尝试不同类型的能源利用以及整合手段，在节能设计形式、节能技术上敢于创新，从材料、形式、技术等多方面积极探索绿色节能的新形式。

作者：赵颖[1]；苏辰光[2]；李小宝[1]（1 同济大学建筑设计研究院（集团）有限公司；2 同济大学建筑与城市规划学院）

绿色更新——德国弗赖堡高层公寓综合改造项目

1 项目概况

项目位于德国弗赖堡市西部的一个 20 世纪建成的社区中，是一栋 16 层的高层住宅建筑，首层为多功能公共空间，2~16 层为单元式出租公寓，每层 6 个单元，共 90 套公寓（图 1）。这栋建筑建于 1968 年，于 2009~2011 年作为德国被动房改造项目的试点工程，得到全面更新。改造后建筑能耗显著下降，基本达到德国被动房的能耗标准，同时居住品质得到全面提升（图 2）。

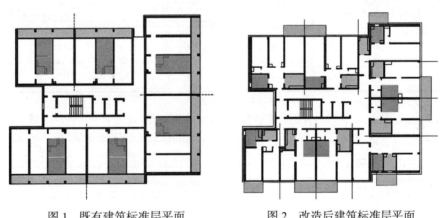

图 1 既有建筑标准层平面　　图 2 改造后建筑标准层平面

2 技术特点

在对原有建筑进行全面勘察分析的基础上，确定了整体改造目标：以可负担的投入，获得居住品质的全面提升，满足不同租户的需求；有效降低建筑能耗，达到被动房能耗标准。具体措施包括以下几个方面。

2.1 室内布局重组

为了满足不同租户的需要，将原来占据有利位置的厨卫空间，调整到单元空间的边角位置，一方面让出更多采光、通风良好的空间作为居室，另一方面使得厨房临近起居厅、卫生间临近卧室，功能分区更加合理（图 2）。有效空间面积增加，使得原来每层 6 套公寓改造为每层9套公寓，改造后标准层1室公寓6套、2室公寓3套，全楼公寓套数由原来的90套增加到139套，满足了更多租户的需求。

2.2 合理设定隔热边界

公寓有效面积的增加，不仅源自厨卫空间的重新布局，更主要的贡献是建筑隔热边界的设定，综合考虑了降低能耗、施工便利和增加室内面积。

既有建筑周边较长的阳台热桥问题突出，是降低能耗需要首要解决的问题。设置完整封闭的隔热边界可有效应对热桥，表1是设置隔热边界的三种方案，经过比选权衡，最终采纳了方案3。

设置隔热边界的三种方案（来源：作者根据资料自制） 表1

方案1保留阳台，在既有建筑外墙铺设隔热层，缺点是施工不便	方案2将阳台纳入隔热边界，缺点是原室外阳台变为室内，失去与室外环境的交融	方案3将原阳台改造为室内居住空间，同时为每户增设一个无热桥的外挂室外阳台

作为实施方案，方案3不仅有效解决了热桥问题，保证每户有一个无热桥的室外阳台，维持原有的生活品质，而且给全楼增加了近1000m²的室内居住面积，提升了室内舒适性，增加了租金收益。

2.3 其他节能措施

除了设置连续完整的隔热边界外，其他降低能耗的措施包括：

1）高性能、气密性良好的外围护结构：带有保温隔热层的外墙及地下室顶棚的μ值达到0.15W/(m²·K)，屋顶μ值达到0.19W/(m²·K)，三玻两腔的窗体μ值达到0.7W/(m²·K)。

2）无热桥的建筑构造：公寓原有的阳台纳入隔热边界，成为室内空间的一部分，新增的外挂阳台采用无热桥的节点与建筑主体相连（图3），地下室的墙体及卷帘百叶与墙体连接处等细部均有隔热处理。

3）低能耗建筑设备：采用介质为50℃的低温供暖系统及散热器减少热损失，安装带有热回收装置的新风系统，新风系统布置在保温隔热良好的建筑顶层中以减少热损失（图4），选用节能灯具、节能的电梯和用电设备。

4）可再生能源：高层公寓的屋顶安装了24kWp的太阳能光伏板，提供绿色清洁的电能，进一步减少化石能源消耗，节能减排。

5）分类分项计量：公寓每三层设置一组分类分项计量装置，监控取暖、热水、照明及其他用电设施的运行情况。

图3　外挂阳台细部

图4　位于屋顶的机房及通风管道

3　改造效果及经济性分析

该项目经过前期的精心策划和方案比选，在经济可承受的范围内，达到比较理想的效果。

建筑改造前的采暖能耗为70kWh/(m²·a)，改造后的能耗计算值达到了被动房标准，即采暖能耗为15kWh/(m²·a)，实际测试的能耗情况也低于20kWh/(m²·a)。改造前后建筑采暖能耗计算值降低了78%（图5），一次能源消耗降低了约40%（图6）。

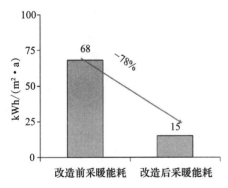
图5　改造前后建筑每平方米采暖能耗对比

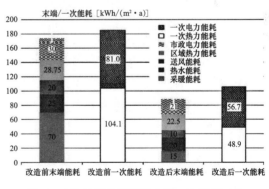
图6　改造前后建筑每平方米一次能耗对比

该项目总体改造费用为13440000欧元，按照改造后的建筑面积计算，每平方米改造费用为1680欧元，其中用于节能改造相关的费用为每平方米600欧元，其余资金主要用于设施更新、土建、人工及其他费用。相对于德国的物价水平及人工成本，这个价格仍然偏高。作为示范项目，改造经费分别来自被称为"Social City"的社区更新项目、低息贷款等，除项目资助外的其他投入将通过租金回报及降低的运行费用逐步回收。相比周边尚未改造的公寓建筑，该项目的每平方米租金提升了38%。

243

4 思考与启示

在城镇建成区域中存在大量能耗高、舒适性差的存量居住建筑，对于这些住宅的绿色改造，是提升居住品质的重要组成部分。然而相对新建建筑而言，既有建筑的绿色改造在资金投入、政策法规、实施协调等环节难度更大。本项目在改造过程中，通过项目计划实施过程中的公众参与，最大限度地调动社区居民的积极性；利用底层公共空间进行常态化的绿色知识普及和被动房使用培训，提高居民的环境意识，保证被动房的高效运行。

既有居住建筑的品质提升，不仅涉及降低能耗的材料、构造和设备更新，更是一次从策划和前期设计开始的综合改造过程。增加使用空间、调整功能布局甚至建筑外在形象的焕然一新，都会有效激发社区居民的认同感、有利于获得持续的资金支持。图7展示了本项目改造后与周边尚未改造的高层公寓的形象变化，图8为项目改造后充满设计感的公寓入口空间及无障碍坡道。改造后的高层公寓已经成为该地区的地标，租金显著提升，也为后续社区更新获得资金支持奠定了基础。

图7 未改造的高层公寓（左）与本项目改造后的形象（右）对比

图8 改造后的高层公寓入口空间

绿色建筑以及既有建筑绿色改造中成本增量的问题一直是争论的焦点之一。该项目实施过程中获得了科研项目、社区更新项目、低息贷款项目等的支持，资金相对宽裕，但实施过程中仍然注重居民的深度参与以及改造措施性价比的反复权衡，从而保证了各项措施有效落地，较好地实现了预期目标。但是对于大量的社区更新和既有建筑绿色改造而言，获得充足资金的难度较大，在此背景下片面追求高性能指标，可能难以保证绿色措施的有效运行，因此实际操作过程中必须综合考量改造目标和性价比，考虑成本回收的周期和方式，在前期缜密策划、精心设计的基础上，保证改造过程中的施工、构造、材料、主动系统之间实现最佳协同。

作者：刘丛红（天津大学建筑学院）

"平台上的住宅"——荷兰"微型城市"住宅项目

1 项目概况

Het Platform（"微型城市"住宅项目）是建立在荷兰乌得勒支乌伊特霍夫线（Uithoflijn）轻轨之上的"平台"项目，是TOD（以公共交通为导向）发展模式下综合住区开发的典型案例。该项目集生活、工作、社交与娱乐等多种功能于一体。其居民在5min步行时间内即可到达目的地或公共交通枢纽；与此同时，它通过独特的设计手法让住宅融入城市与自然环境之中，成为一个开放的、可持续的"平台"。

该建筑建成于2020年。整个建筑架设于轨道之上，占地面积仅为170m²，高46.5m，总建筑面积18500m²，其中居住功能使用面积15455m²，设施面积约3000m²。

2 技术特点

2.1 公共交通导向发展模式

项目提出了"基础设施与城市开发一体化"的构想——优化公共交通网络，在节点将所有交通方式（步行、自行车、轻轨、公共汽车和铁路、飞机等）有序连接，形成多式联运的交通枢纽。对枢纽地区进行最大限度地开发，从而将居民和企业吸引到交通便利的地方。在这个前提下，将更为广阔的国土空间作为自然保留与保育地，从而形成具有超高效交通结构和高生活质量的多中心城市网络，以及可持续的生态格局。

具体到本项目中，乌得勒支是荷兰第四大城市，项目北侧的乌得勒支中央火车站是全国重要的交通枢纽。南侧紧邻的人行与骑行天桥（与本项目同步规划设计）横跨了火车站南侧轨道，连通了原本隔离的两片城市区域。建筑西侧为巴士总站，而建筑下方的有轨电车站（与本项目同步设计建设）连接了中央火车站与城市的轻轨网络。候车区设巨大的室内通道通往建筑中的"城市客厅"（八楼大悬臂下的遮蔽空间）。此外，建筑内还设置自行车停车场，以方便换乘与出行，见图1。

整个建筑提供了一种类似折纸的交通架构——通过桥梁、楼梯、坡道、贯通的露台等多种方式，实现了建筑与巴士站、火车站以及购物中心的相互连接，提高了多种交通方式的可达性与转换的便捷性,从而将建筑本身打造成高效的多式联运的交通枢纽,见图2。

图1 区域鸟瞰

图2 建筑透视图

2.2 功能混合的微型城市

建筑共12层,底部架空,1~2层为公共设施空间,如美食广场、健身中心、电子竞技训练设施、自行车停车场、共用休息室、工作区以及接待访客的场所。这些设施面向城市，不局限于居民使用。建筑3层以上为201间公寓和公共花园。公寓中25%为租赁，75%为售卖，见图3、图4。

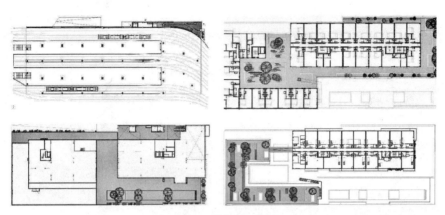

图3　部分平面图

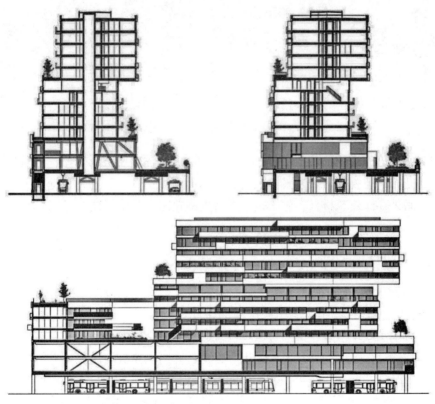

图4　剖面图

2.3　特殊的结构与施工方式

为了同时满足电车站和建筑的需求，结构和建筑进行了完全一体化的设计，开发出具有3D桁架的定制轻质钢结构——一块厚约1.80m的混凝土板，同时作为车站屋顶与住宅基础。支撑它的柱网按照有轨电车车站的要求设计，两柱之间的自由跨度为12m，这种网格也延续到高层结构中。该设计将所需的钢材和混凝土用量减少了一半，见图5。

图5 电车车站与建筑的一体化设计

在施工方面，建筑工地位于乌得勒支市市中心，紧挨着中央火车站，项目建设后期有轨电车已经通行，需要非常紧凑的运输与建设时间安排。此外，在建筑地块上及周边几乎没有任何空间来存储建筑材料，施工过程中将内部花园作为临时建筑工地以解决该问题。

3 标准应用情况

1）建筑规范：由于本项目中的许多方面均系荷兰首创，没有适用各方面的规范。因而在项目策划与推荐过程中产生了一个新的设计规范，同时也调整了"上位规划"。即，通过本项目影响了政策法规，又通过政策法规影响了城市开发。

建筑师在设计中除了受新规范的约束外，也遵守当地原有的设计规范，如Bouwbesluit 2012。该规范从安全、健康、可用性、能源效率和环境等不同角度对住宅的建造、使用和拆除进行了详细的技术规定。以可用性为例，对起居空间、卫生间、浴室、室外储藏室、室外空间等均进行了详细、明确的规定，从而严格控制住宅建设中的各个环节，以保证建筑品质。

2）当地政策：在乌得勒支市，市政当局通过政策手段规定了新开发项目中必须完成的可负担住宅（Affordable Housing）的最低指标，本项目满足该要求。

3）绿色建筑评价：该项目在设计时就以Breeam-nl（绿色建筑评估体系）为目标，并在建成一年后获得认证。

4 经验做法

4.1 更好的可达性

项目针对各类慢行交通的特征，对空间进行精细化设计与组织，将建筑自身打造成一个多式联运枢纽。更好的可达性、互补的多种功能、更具吸引力的公共空间等要素相结合，缩短居民出行时间、提升了居住幸福感，同时打造更健康的城市生活环境。

4.2 灵活的户外空间，使每间公寓都享受不同的景观

为了打造有吸引力的生活区，围绕着"平台"的公共空间设计以及内外、公共和私人之间的过渡，成为设计的重要组成部分。为此，充分利用屋顶花园、露台和阳台空间，为居民提供有吸引力的景观与社交场所。建筑的不同楼层都有独特的植被，以及差异化的景观设计方式。每间公寓都享有不同的城市景观与户外空间，居民通过走廊、楼梯和连接桥可轻松到达各个露台和花园。

4.3 蓝绿色基础设施

设计的目标之一和设计理念的特色之一是将建筑打造成植物、动物和人类的绿色"跳板"，将市中心的绿化带到火车轨道的另一侧，进而为这个被钢筋混凝土包围的城市环境作出贡献。为提高当地生态系统的复原力，建筑师与生态学家、景观设计师和种植专家合作，针对建筑不同位置选择合适的树木和植物，以吸引整个动物链。

屋顶和阳台上的植物、灌木和树木可以降低炎热夏季的温度，提供遮阴，改善室外区域的音响效果，帮助收集雨水，减少能源使用，改善空气质量。总之，建筑物内部和周围的绿化确保了居民愉快及健康的生活环境，增强了生物多样性，并有助于适应气候，见图6~图9。

图6 建筑屋顶

图 7　庭院透视

图 8　连廊中的绿色基础设施

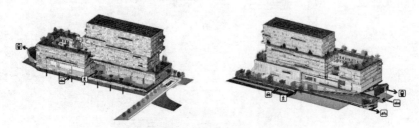

图 9　建筑上的屋顶、露台和阳台花园

4.4 隔声设计

目前国内外 TOD 住宅的主要弊端在于隔声问题。轨道周围的位置通常意味着额外的声学潜在影响，而居住等功能对于隔声和通风有着很高的要求。项目设计了独特的声学结构，外窗配备了声学通风格栅，而内窗是旋转/倾斜的。居民可以通过隔声格栅进行良好的通风，而关闭时，居民不会知道他们正处于荷兰最繁忙的车站区域的中心。此外，阳台位置还采用 PASK 窗或平行距离滑动倾斜门。这种滑动窗可以像倾斜/旋转窗一样打开，并在橡胶中完全关闭，再次防止噪声。

5 思考与启示

火车站曾经是把城市分成两部分的障碍物。而今，轨道上方公寓建筑的加入令这个区域的功能变得饱满且有活力，而各种"平台"的搭建——各种交通模式的精心梳理、自然生态景观的引入、社交空间的组织——实现了方案"在城市的不同部分之间建立平滑联系"的设计理念。

住宅不仅是住宅本身，更成为中央火车站区域再生的"激活器"，令火车站地区成为城市新的物理空间和功能空间的中心，成为荷兰目前"城市加密"发展策略的核心着力点，实现了建筑本身与城市的共同增值。

从住宅建设到车站更新，从区域再生到城市战略。本案例是对"从好社区到好城区，进而把城市规划好、建设好、管理好"的绝佳阐释。

参考文献

吉斯·克里斯蒂安，爱德华·舒曼，于淼. 荷兰当代住宅变迁：历史、类型及城市设计策略[J]. 建筑师，2021，210（2）：20-27.

作者：张蔚；郑婕；杜甜甜；焦燕；贾子玉；宋子琪（中国建筑设计研究院国家住宅与居住环境工程技术研究中心）

水上庭院——荷兰斯莱晒什住宅项目

1 项目概况

Sluishuis（音译：斯莱晒什）住宅项目位于阿姆斯特丹东部的 IJburg 湖畔的人工岛，处于阿姆斯特丹城市中心与郊区的交汇处。项目于 2022 年竣工，用地面积约为 46000m²，建筑共 10 层，高约 40m。

Sluishuis 的功能包含 442 套用于出租和出售的住宅。这些住宅为不同的目标群体提供了丰富多样的产品选择。在标准层设有面对中端市场的紧凑型公寓和出租屋，在顶层设有针对高端客户的高级复式公寓。不同产品设在不同的楼层，互相分开以避免干扰。

另外，在建筑首层临近城市的方向设有总计 4000m² 的帆船学校、水上运动中心和带露台的餐厅等公共服务建筑，同时设有一座拥有 30 个帆船泊位，总计 400m 长的码头。在项目用地内还有一个可供小动物栖息的小岛，见图 1、图 2。

所有的公寓业主都可以从湖上驾船或者从公路先进入中央庭院，再从中央庭院进入住宅。建筑四周环绕着长廊，并延伸到水里，串连起游艇码头、帆船学校、水上运动中心、餐厅等公共建筑。不同的功能区域都有自己的交通流线。

图 1　项目总平面图

图 2　鸟瞰图

2　技术特点

2.1　造型独特

项目用地位于 IJburg 湖，并与城市居住区相邻。

建筑师以欧洲传统的庭院式建筑为设计原型。在邻近 IJburg 湖的一侧，正方形的建筑被削去一角。建筑悬挑形成一个拱门般的空间，让湖面与建筑的中央庭院交汇。而在与城市相邻的一侧，建筑造型层层跌落，小区业主可以拾级而上至屋顶平台，俯瞰这座水上住宅的全景。建筑与城市、湖面融为一体，见图 3～图 6。

图 3　从 IJburg 湖上看 Sluishuis 住宅

图 4 从城市方向上看 Sluishuis 住宅

图 5 从中央庭院看 Sluishuis 住宅

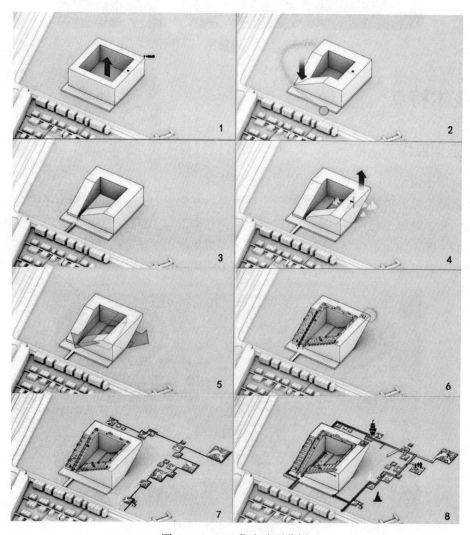

图 6 Sluishuis 住宅造型分析

建筑独特的造型让人们从每个角度看，都能感受到 Sluishuis 体型的变化。无论是在船上，还是在高速公路上，又或者是在庭院里，或者是在跨越屋顶的公共楼梯上，甚至从空中俯瞰这座建筑，Sluishuis 都会从各个角度给人带来惊喜，见图 3~图 6。

2.2 节能低碳

复杂的造型虽然增大了表面积，但同时也为建筑带来总计约 2200m^2 的太阳能光伏板，为建筑提供供暖、热泵、通风和 LED 照明的所有电力消耗。

建筑的所有户型在享受 IJburg 湖美丽景色的同时，又可以通过阶梯式的造型和中央庭院获得优秀的天然采光。

建筑在临湖和临城市方向开口，留出通风廊道。吹过湖面的风又可以为住宅降温，调节了小区的微气候。同时，建筑内部的公共走道开设外窗，也带走建筑内部的热量，改善了空气质量，见图 7。

室外阳台成为立面的主要符号，为建筑遮阳，见图 8。

图 7　良好的通风和采光　　　　　　　　图 8　室外阳台

建筑使用三玻外窗提升了气密性和热工性能。建筑还采用了新风热回收、生活污水热回收、屋面雨水回收再利用等主动技术。

荷兰政府通过控制"能源绩效系数（EPC）"来要求建筑节能减排。尽管造型复杂，但 Sluishuis 通过以上的主被动技术降低了运行能耗，它的能源绩效系数（EPC）为 0.00 级别，成为荷兰最近完成的最具可持续性的建筑之一。

2.3 建筑材料

设计团队使用可回收与可重复使用的建材，同时善于体现不同建材的不同质感。使用未经处理的粗糙铝制幕墙反射水面或其他周围的环境，让建筑在不同的时间、不同的光线、不同的角度下，呈现出不同的立面效果。而木质的屋顶露台和栈桥长廊，则给人以亲切的归属感，见图9～图11。

图9 早晨的铝制幕墙

图10 黄昏时的铝制幕墙

图11 木质露台

3 经验做法

3.1 景观均好

庭院式的建筑造型和对建筑体块的切割，使业主在不同的位置可以享受到不一样的风景。

在标准层的公寓，通过室外阳台和落地窗可以看到中央庭院和IJburg湖的景色；顶层公寓带有豪华和阳光充足的观景露台，拥有最佳的视野。在建筑悬挑位置的公寓，整个房间悬在水面上。建筑师为这里的业主提供了最独特的视角——通过落地窗和倾斜的外墙，业主不仅可以毫无阻碍地就近欣赏湖景，还可以看到船只从窗户正下方经过，见图12。

在户外，业主可以从楼梯沿着公共露台拾级而上，不仅提供了一个可以俯瞰IJburg湖开阔水面的最佳视角，也吸引着人们来此活动和休息。另外，在码头上、中央庭院里都为业主提供了不同的观赏角度。

图 12　悬挑位置的公寓位于湖面正上方

3.2　生物多样

精心设计的景观包括中央庭院、一系列的屋顶花园和一个湖边小岛。通过种植本地植物来增加建筑与环境的契合。有植物，有水面，还有专门设置供鸟类等小动物栖息的小岛，为小动物们提供了良好的生存环境，促进了生物的多样性。

3.3　邻里交流

建筑与湖面交融，户外走廊让住宅与游艇码头、帆船学校、商业餐饮、湖边小岛之间方便可达。同时，穿过公共露台的户外楼梯、中央庭院中的活动场、湖畔观景平台，也都在鼓励居民到户外活动，为邻里交流创造了机会和空间，打造了一种亲水近水的生活方式，见图13、图14。

图 13　穿过公共露台的室外楼梯

图 14　中央庭院活动场

同时，业主的私人屋顶露台不是简单地设置屋顶绿化，而是在露台四周设置高出屋面的植物种植箱，一方面提供了绿化和遮阴，另一方面也保护了业主空间的私密性，见图 13。

4　思考与启示

Sluishuis 通过独特的造型，为建筑赢得了更多的天然采光、景观视野和自然通风，也为光伏设施和邻里交流搭建了平台。

对于一些处在特殊位置或者拥有良好环境资源的高端商业住宅来说，建筑需要把景观优势彻底发挥出来，以实现资源最大化。但通常来说，建筑体型越复杂，体型系数就越大，越不容易节能减排。Sluishuis 通过一系列的设计措施，在节能与造型之间取得了一个很好的平衡。

设计师认为："水与城市的交融让阿姆斯特丹名扬天下。而 Sluishuis 的设计也继承了这一点，建筑与水相互交融，为居住在 IJburg 湖畔的人们的生活模式带来了更多的可能性。"独特的造型，使 Sluishuis 成为阿姆斯特丹的一张名片，也为人们打造了一个亲水近水的生活方式。

作者：洪源；王涵（中国建筑科学研究院有限公司）

高品质、重服务——荷兰德普卢斯普伦堡老年公寓项目

1 项目概况

De Plussenburgh（音译：德普卢斯普伦堡）老年公寓项目源自一项 2001 年以"退休住房"为主题的建筑设计竞赛项目，该项目的设计灵感来自现代社会对老龄化的"拒绝"，设计师认为老年人也是自由活泼的群体，其住所不应是呆板生硬的，因而提出"彩色公寓楼"的概念来迎合"新老年人"的审美品位。

项目定位为租赁型老年公寓，为老年人提供像家一样的居住空间和公共活动场所。公寓位于城市的黄金地段，紧邻一家护理院，附近还有购物中心、轻轨站等（图1），为入住老年人的日常生活带来了便利。公寓建成于 2006 年，总建筑面积 15678m²，共设有 104 套房间，5 种居室类型，大多为两室一厅，面积在 80～100m²（表1）。

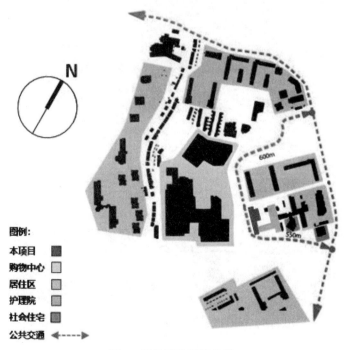

图 1 项目周边环境分析

De Plussenburgh 老年公寓基本信息 表1

所在地	荷兰鹿特丹，艾瑟尔蒙德
开设时间	2006年
设施类型	租赁型老年公寓
总建筑面积	15678m²
建筑层数	17/7
居室类型	5种，以两室一厅为主，面积在80～100m²
居室总数	104套
收费标准	每月：819～1190欧元房租＋70欧元服务费（2019年9月数据）
工作人员	仅有1名兼职管家
入住条件	55岁以上的老年人
入住人数	130位（2019年9月数据）
设计团队	Arons en Gelauff Architecten

公寓采用"十字交叉"的建筑形式，17层高的竖向塔楼与7层高的架空水平条状建筑连接在一起，造型独树一帜（图2）。

图2 De Plussenburgh 老年公寓楼栋外观

建筑立面用波浪形阳台营造了三维立体感，另一侧立面装有200多块红、黄、橙和紫色的自洁玻璃板，色彩缤纷（图3、图4）。

图3　具有三维立体感和丰富色彩的立面

图4　公寓外观（夜景）

底层架空的水平建筑下方隐藏着水上休闲空间及室外花园，地面无高差，方便使用轮椅、助行器和代步车的老年人通行（图5）。

图5　高架水平建筑下方的水上休闲空间

2 运营情况

2.1 运营方：鹿特丹最大的专业住宅协会 SOR

该老年公寓由鹿特丹老年住房基金会 SOR（Stichting Ouderenhuisvesting Rotterdam）所持有。SOR 成立于 1986 年，是鹿特丹最大的专业住宅协会，旨在为鹿特丹的老年人，尤其是低收入老年人提供高质量的生活环境。

SOR 目前拥有 58 栋住宅公寓楼，共计 5300 多套居住单元，遍及鹿特丹及其周边共 6 个城市。根据建筑本身及周边环境的特点，SOR 将其自持的公寓分为 5 大类，包括"精细服务型""经济适用型""豪华舒适型""郊区私密型""城中热闹型"，老年人可根据自己的性格特点、收入状况等确定住房需求，从 SOR 平台选择适合自己的公寓租住。De Plussenburgh 公寓属于其中的"豪华舒适型"，每月租金为 819～1190 欧元，相比其他公寓的平均租金高出 100～300 欧元，其套型面积也相对更大，适合追求生活品质且经济条件较好的老年人租住。

除了为老年人提供租赁式公寓，SOR 还拥有 22 家疗养院，共 2000 张床位。这些疗养院均以出租的形式交由专业的医疗护理团队运营，为那些需长期专业照护的老年人提供服务。

目前，SOR 的主要工作是监督和维护这些自持物业，以及寻找市场上空置的医疗保健用房，将其改造成人们负担得起的住宅。

2.2 运营模式：租户自治

SOR 的口号是"让人人都能有在家一样的感觉"。De Plussenburgh 公寓的运营初衷是通过提供可开展居家照护服务的住房，让老年人实现原居安老，享受自主自治的生活。

De Plussenburgh 老年公寓实施"租户自治"模式，老年人在这里的生活完全由自己决定。住户通常会自主选举居民委员会，居民委员会负责组织活动、关心大家的日常生活，并代表租户向运营方寻求帮助。

值得一提的是，公寓仅提供建筑空间供老年人居住，并不提供照护服务，租户可根据自己的意愿和需求自行联系居家照护团队提供上门服务，也可向 SOR 寻求帮助，让其代找居家服务商。

De Plussenburgh 老年公寓配备了 1 名工作人员，即管家，由 SOR 分派指定。管家的主要职责包括：保证建筑内部及周边环境的干净整洁；处理住户的技术问题及维修申请；回答住户关于日常生活及周边设施的问题。租户若遇到紧急状况，也可自行在网上提交申请，以便及时获得帮助。此外，SOR 会派专职人员对公寓进行一周 3 次的公共维修和保洁。

2.3 租户画像：高龄老人

截至 2016 年，公寓共入住 116 位老年人，其中有 12 对夫妇、5 名单身男性和 87 名单身女性,年龄在 57~92 岁;截至 2019 年,入住老年人已有 130 位,其中夫妇占比及性别比例变化不大,平均年龄为 80 岁。入住老年人中,大约 40% 仅需要基础家政服务(比如清洁打扫服务),有 25% 除了家政服务外还需要个人生活护理,如助浴、协助穿衣、协助如厕等。对于医疗照护需求更多的老年人,SOR 会为其配备个人应急呼叫设备,以便及时发现问题、给予帮助,同时公寓附近的护理院也可为需特殊照护的老年人提供上门的医疗照护服务。

住在这里的 80 多岁的 Bob 爷爷告诉我们,"这栋建筑设计得非常特殊、醒目,我很喜欢,能住在这么漂亮的房子里我感到非常开心、自豪!"

3 技术特点

公寓首层布置了后勤、办公空间及可供租户自由活动的共享空间(图 6)。其他各层均为居住空间,4~10 层每层设有 11 套公寓(图 7),2 层、3 层及 11~17 层每层设有 3 套公寓(图 8),共计 104 套,其中两居室 40 套,三居室 61 套,四居室 3 套。公寓设有 3 部电梯、3 部楼梯,其中一部电梯及一部楼梯仅为消防疏散使用。

这栋公寓不仅造型奇特,立面色彩缤纷、充满活力,内部空间也具有很多可满足老年人使用需求的设计特色。

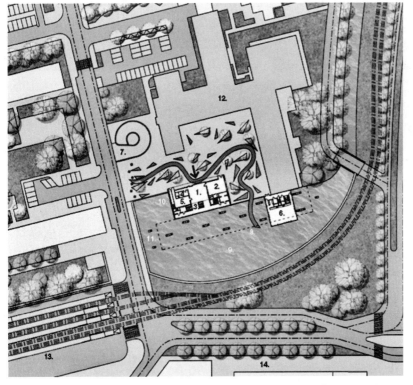

图例:
1. 门厅
2. 健身房
3. 电梯
4. 办公室
5. 储藏室
6. 共享空间/会客活动室
7. 地下停车库入口
8. 人行道/观景台
9. 水池
10. DP公寓(竖向塔楼部分)
11. DP公寓(水平板楼部分)
12. 毗邻的护理院
13. 轻轨站
14. 购物中心

图 6 公寓首层平面图

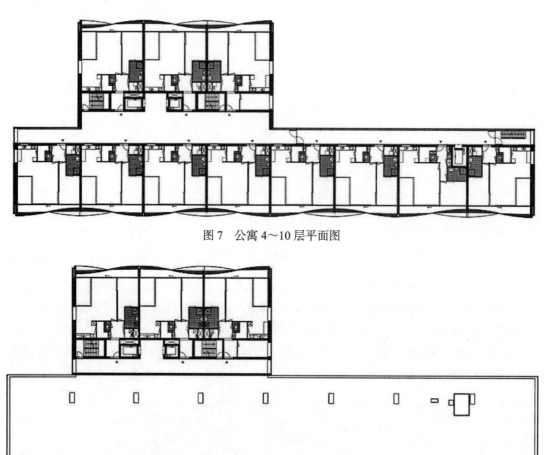

图7 公寓4~10层平面图

图8 公寓11~17层平面图

3.1 特色1：布置多功能共享空间，鼓励住户自发组织活动

建筑首层布置了面积约250m²的共享空间，一个"漂浮"在水上的方盒子，是公寓最主要的活动空间（图9）。空间三面均以玻璃围合，宽敞明亮，具有良好的景观视野，很大程度上吸引了老年人前来活动。室内布置了读书角、影音区（图10）、餐饮区、水吧等各类功能区域，供老年人组织活动时使用。活动空间配置的家具轻便灵活，可自由移动，便于老年人根据活动需求灵活摆放。虽然公寓仅设置了这一处共享活动空间，但空间功能丰富，灵活性高，基本可以满足老年人的社交活动需求。据介绍，租户们每周在这里自发组织一次活动，大家聚在一起聊天、制作饮品、做游戏，还会举办沙弧球（shuffle-board）比赛，为老年生活增添不少乐趣。

图9 公寓首层的共享空间

图10 共享空间中的影音图书区

3.2 特色2：营造五彩斑斓的走廊，促进住户相互交往、展示自我

该建筑在设计上最突出的特点之一是走廊一侧布置的多色玻璃板。在阳光的照耀下，走廊显得五彩斑斓，极具吸引力（图11）。走廊宽2.2m，一些老年人会将座椅、茶几等简单的家具搬到这里，布置成门前休息区，在这里俯瞰窗外美景，同时创造了彼此交往的机会（图12）。

图11 五彩缤纷的艺术走廊

此外，每套公寓朝走廊一侧都设有水平条窗，窗户不仅增加了户内的自然采光，还被住户当作"展示窗"，用以展现自家风采（图13），走廊也因此被称为"艺术廊"。老人们十分重视"展示窗"，各家各户都拿出能体现其品位和个性的"展品"摆放于此，向参观来访的人展示自己。老人们的家就像是一间间"人生故事"博物馆。

走廊的玻璃窗色彩斑斓，在阳光的照耀下产生了丰富的光影，笔者调研时能立刻感受到大面积色彩带来的视觉冲击，一定程度上具有"鼓舞人心"的作用。但同时，长时间处在如此丰富的光环境下，眼睛也稍有不适。或许我们需要思考，老年建筑中的色彩设计应控制在何种强度，才能最好地实现正向刺激？

 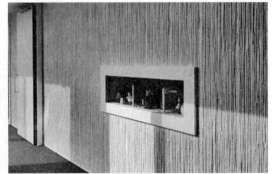

图 12　老年人自发在走廊布置的休息交流区　　图 13　面朝走廊的长窗既可增加采光，又可展示家庭特色

3.3　特色 3：设计开敞自由的老年人居室，为住户日常生活提供便利

公寓共设有 5 类户型，包括两居室、三居室和少量的四居室，每套户型中都包含 1 间卧室，被称为"自定空间"（图 14），老年人可根据自己的需求决定其使用功能，并进行个性化布置：有的老年人将其作为次卧（图 15），有的把它布置成书房（图 16）或工作室，而大多数老年人拆除了该空间的围合墙体，获得一个更大的起居厅（图 17）。公寓除了基础的洁具、厨具外，未配置其他固定设施设备，租户可自带家具，将其布置成自己理想中家的模样。

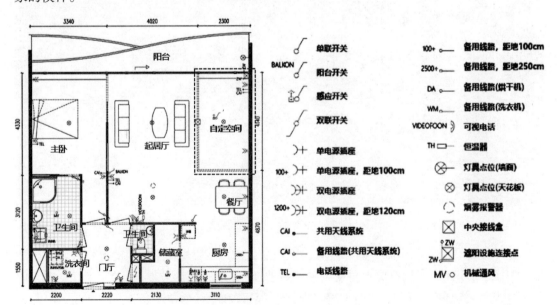

图 14　每套户型均设有"自定空间"

图 15 "自定空间"作为次卧　　　　图 16 "自定空间"作为书房

图 17 "自定空间"的隔墙被拆除,打造更宽敞的起居厅

　　户型设计还实践了"自由平面"的理念,空间分隔较少,且多使用推拉门,创造了回游动线(图 18)。室内空间宽敞、地面无高差,保证使用轮椅的老年人通行便捷无障碍,方便其进行日常活动,也为开展护理服务提供了便利。此外,当推拉门都打开的时候,室内空间一览无余,十分通透(图 19),不仅增加了房间的视觉面积,还能在夫妇入住时促进相互交流。

　　住在这里的 Bob 爷爷很满意现在的生活,他跟我们说,"人即使老了,也需要社交。SOR 让我们这些同龄人在一起生活,大家可以一起组织活动,互相交流,生活很愉快。在这里的生活还很自由,我可以按照自己的安排选择在房间休息,或下楼喝杯咖啡。辛苦了一辈子,这个时候就希望有个舒适的家可以安享晚年,这儿就很符合我的要求。"

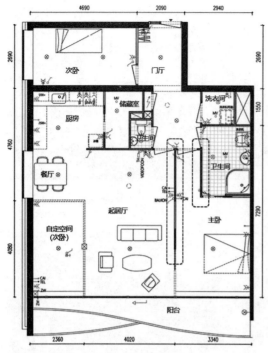 

图18 套内空间分隔少且设置多处推拉门，创造了回游动线　　图19 不同房间的推拉门都打开时，视线通透

4 小结

这栋老年公寓很好地践行了"原居安老"的理念。一方面，建筑邻近护理院，并和多家居家服务团队合作，获得护理服务较为便捷，为入住老年人的医疗护理提供了保障；另一方面，建筑设计充分考虑了开展服务的空间需求，设有大而开敞的居室，室内空间贯通，无高差、无门槛，保证了入住老年人生活起居及获得服务的无障碍。软硬件的配合打造了一个安全的生活居所，让老年人可在此安心"居""养"。此外，老年人在这里拥有绝对的自主权，能够自行决定空间使用方式、生活方式，实现了有尊严的变老。

5 后记——调研故事

本次调研由1名SOR的负责人及2名在公寓租住的老年人全程陪同解说，参观过程中遇到了很多令人眼前一亮的场景（图20~图24）。两位老年人热情地向我们展示自己的家、自己的兴趣爱好和日常生活。从他们自豪的表情中，能深刻感受到他们在这里生活的幸福。住在地标建筑中，享受自由的生活，既有独处空间，又可和同龄伙伴分享乐趣、互帮互助。这应该是每个人都向往的老年生活吧！

01 共享空间中的水吧

共享空间中设置了一个水吧，可售卖酒水饮料。带领我们参观的负责人介绍，"这是由租户自营的，管理人员不参与，他们会定期进货，为租户提供饮料、咖啡，生意很好。"

图 20　共享空间中的自营水吧

02 可爱的挡门神器

调研时发现，很多老年人的家门口都摆放了各式各样的宠物玩具，后来得知其具有挡门的功能。虽然入户门本身已经设置了吸门器，但玩偶更加可爱，趴在门口像是在跟来访或路过的人打招呼，为生活增添了更多情趣和活力，十分受老年人喜爱。

图 21　居室入户门的挡门玩偶

03 Bob爷爷的收藏癖

Bob爷爷酷爱收藏，家里摆放了各类收藏柜、展示架。他告诉我们，"我年轻时组过乐队，很喜欢音乐，这是我收藏的CD。这边是我女儿旅游时从全世界带回来的石头和琉璃瓶，我太太喜欢这些艺术品，她三年前已经离世了，我要继续帮她保管这些宝贝。"

图 22　住户家中的收藏品

04 "我要隐私"

公寓入户门旁设有窄长的透明玻璃门，调研时发现租户们或用帘子或用玻璃砖或用百叶将此部分遮挡住，以保护自己的隐私。遮挡方式也成为每家每户的个性特色。

图 23　不同公寓入口玻璃门的遮挡方式

05 阳台的"花园"

这里的租户普遍喜欢养花，阳台都种满了各种植物。立体感的栏杆加上各式的花架，为建筑立面增添了几分生机。

图 24　用作"私家花园"的阳台

调研团队与调研对象合影
于2019.8.16

参考文献

Victor Albert Regnier. Housing Design for an Increasingly Older Population [M]. John Wiley & Sons, Inc, 2018.

作者：周燕珉；陈瑜（清华大学）

模块化的绿色住宅——美国明星公寓项目

1 项目概况

明星公寓（Star Apartments）项目是位于美国洛杉矶市中心的一项保障性住房项目，建筑面积8800m^2，于2014年10月投入运营。该项目旨在为无家可归者、残障人士和低收入家庭提供能负担得起的住房选择。

项目位于加利福尼亚州洛杉矶中城东地区的一个低收入社区中，项目所在地的东北面为东6街，东南面为华尔街，西北面为枫树大道，见图1。

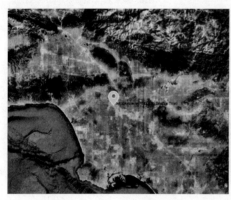 

图1 项目区位

明星公寓采用创新性的预制模块化居住单元，并使新建结构架设在既有建筑上方。该项目作为洛杉矶市"健康住房"计划的一部分，是一个获得LEED白金级认证、北美模块化建筑协会月度最佳建筑奖，并入选《时代》杂志评选的年度创新建筑项目，见图2。

明星公寓从下到上分为三部分，第一部分为既有的零售商店建筑；第二部分为一个公共露台和健康与健身中心；第三部分为新建的居住区域。居住区域由102间预制居住模块组成，被安装在第二部分的结构上方，见图3。

图 2　明星公寓街景

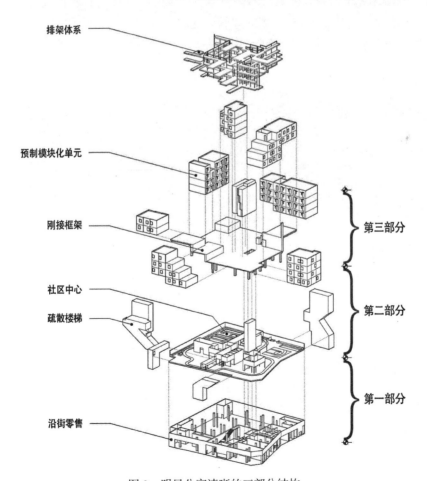

图 3　明星公寓清晰的三部分结构

高品质住宅标准与案例

2 技术特点

明星公寓由美国贫民区住房信托 SRHT（Skid Row Housing Trust）开发并所有。SRHT 成立于 1989 年，旨在通过"美观的设计，高质量的住房，专业的物业管理和创新性的社会服务供给"，为当地经历过无家可归、长期极度贫困、残疾、精神疾病的人们提供永久居所并让他们有机会重新回归社会。

目前，通过新建和既有建筑改造，SRHT 已经建造并运营了 26 栋公寓。这些项目成为近 2000 人的固定住所，并累计帮助数千人通过这些公寓重返社区，走向更加健康和独立的生活。

明星公寓是这 26 个项目中最具示范性和创意性的设计方案。该项目不仅成为洛杉矶第一座模块化建造的公寓，为后续高品质住宅的快速建设提供了经验，同时也成功获得当地健康与卫生部门的服务及资金支持。

2.1 既有建筑改造

项目位于社区街角的一处破败的零售商店。如果拆除这栋承载着社区成员日常生活和社区回忆的建筑物，不仅会制造更多的建筑垃圾，更会导致社区内部空间和社群的割裂。出于保护当地社区空间"原真性"的考虑，设计团队选择保留一层的沿街界面、结构和原来零售商店的功能，见图 4。

图 4　开发前后街景

在公寓二层，设计团队重建了既有建筑的屋顶，并在其上布置了社区公共厨房、艺术室、塑胶跑道以及其他服务性空间。公寓的居民还可以共享一个社区农场以及多个室外庭院，用于种植、收获、锻炼和集体活动，见图 5。

为了不破坏现有结构，设计团队在二层搭建了一个类似"托盘"的独立混凝土框架结构来安置上部的居住模块。为了确保上部模块获得足够的支撑，他们在混凝土结构中应用预应力混凝土板技术，这种技术可以增大板跨，并削减板厚，见图 6、图 7。

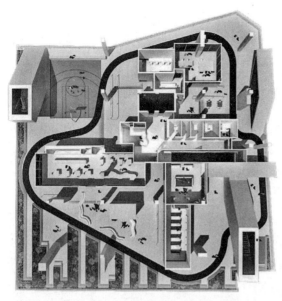

图5 二层露台的公共设施　　　　图6 新建独立混凝土结构位置示意

图7 施工中的混凝土"托盘"结构

2.2 模块化装配式

模块化建造是装配率相对较高的装配式技术,由建筑师萨夫迪于1967年设计的栖息地67号模块化住宅至今仍是人们津津乐道的著名建筑案例。在本设计中,102套木制模块化住宅单元全部由制造商 Guerdon Enterprises LLC 在爱达荷州的工厂内预制。每个木结构单元都可以实现自支撑，面积约为 28m²，带有完整的厨房、浴室和室内装饰。由于每个模块都有独立的保温隔热构造，整个公寓展现出良好的保温和气密性，见图8～图10。

图8　预制模块生产过程

图9　预制模块室内情况

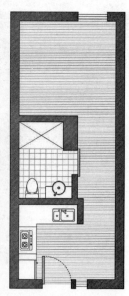

图10　预制模块户型平面图

为应对紧张的工期和有限的预算，设计团队决定将预制模块吊装到既有建筑上方就位。预制模块将满足更严格的安装公差，并显著加快施工时间，从而进一步降低施工成本，见图11、图12。

图 11　预制模块吊装过程

图 12　预制模块落位

2.3　绿色建筑设计

竣工后，明星公寓获得美国绿色建筑委员会（USGBC）的 LEED 白金级认证，这是 LEED 认证体系的最高评级。在具体设计过程中，团队做到利用已开发的场地和既有结构的适应性再利用，从而避免对未开发场地的潜在破坏和减少了不必要的建筑垃圾产生。值得一提的是，为了减少私人交通工具的使用并推广绿色生活，设计团队设计了 31 个共享自行车存放点，这为缓解洛杉矶市日益严峻的交通问题提供了解决思路，见图 13。

图 13　车库中的自行车存放处

同时，明星公寓平面上的围合式建筑布局与剖面上下分离的结构组成了一个有利于自然通风和散热的筒形结构。这一被动式空间设计有助于社区微气候的形成，同时减少用于室内制冷的能源消耗，见图 14。

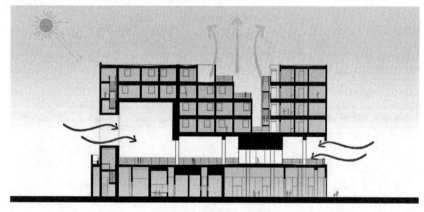

图 14　加强自然通风

此外，该项目还选用符合标准的"能源之星"电器、高效热源机组以及较高节水性能的室内外用水和灌溉器具。投入运营一年后，明星公寓的综合节能率相比加利福尼亚州建筑能效标准低 28.8%，被美国绿色建筑委员会（USGBC）评为 LEED 年度杰出经济适用住房项目。

3　经验做法

3.1　空间营造

尽管明星公寓的模块化居住单元是重复的，但它们在空间形态上的围合和集聚形成了一种强烈的"社区感"。这一设计有助于加强社区纽带，促进社区间交流以及认同感的形成。在明星公寓，许多入选居民都罹患疾病，更开放的公共空间和加强与城市视觉联系的设计缓解了围合体量造成的潜在压力，对于他们的康复起到重要作用，见图15、图16。

图15　空间形态上的围合和集聚

图16　二层露台与城市的视觉联系

3.2　绿色建材

在围护结构和室内装饰上，明星公寓的设计团队为每个预制居住单元选择基于全生命周期考虑的绿色建材，包括无挥发性有机化合物材料（no-VOC materials）和美国森林管理委员会（FSC）认证的木材。此外，每个居住单元在立面上都涂有环保的灰泥饰面，这一设计减少了工厂制造带来的冰冷的工业感，同时增加了公寓整体的隔热性能。同时，建筑外墙上采用高反射系数的色彩，也有助于减少加利福尼亚州四季强烈的太阳热辐射，见图17。

图 17　围护结构

3.3　健康生活

明星公寓的设计以积极培养居民的工作技能、人际关系的理念为基础，辅以提供正规的医疗服务，真正实现了使居民身心"疗愈"的作用。该建筑在二层设有一个用于多个社区康复活动的露台，最大限度地使用植物、空气、自然光线和公共服务带来的积极作用，鼓励居民过上更健康的社区生活，见图18。

图 18　丰富的社区活动

3.4　社区交流

明星公寓项目充分考虑了居民的需求和反馈，设计团队通过与居民合作和多次会议，制定了针对实际需求的设计和规划方案。例如位于露台的都市农业区，有一个由居民自发组织的充满活力的园艺小组。这个小组为居民在市中心培育农作物提供支持，以便让他们亲自动手种植食物和草药，分享技巧和资源，以及发展新的社交关系。根据后续对入住居民伊芙琳一家的访谈，伊芙琳认为除了定居的需求，她们同样需要更多元的社区活动和交流空间，公寓提供的社群活动使她过上了"安全、稳定的健康生活"，见图19。

图19　位于露台的都市农业区

4　思考与启示

明星公寓突破了传统的住宅设计模式，采用既有建筑改造和预制模块单元相结合的方式，不仅避免产生不必要的建筑垃圾，更重要的是充分照顾到受帮助的居民的感受。同时，通过与政府部门的合作，部分既有建筑作为办公室出租给洛杉矶市卫生服务部门（DHS），不仅可以直接为居民提供社区医疗和公共服务保障，同时也可以通过租金为公寓的日常运营提供资金支持。

明星公寓的设计创意展示了一个由政府、居民和市场形成的多元主体共建共治共享平台的巨大潜力，其成功经验可以为当前城市更新和保障性住房设计、开发与运营提供一个可行的样板。

作者：陈程芊；王冠璎（中国建筑科学研究院有限公司）

绿色阶梯——美国维阿韦德住宅项目

1 项目概况

维阿韦德（Via Verde）住宅项目是一个可持续住宅项目，位于美国纽约市布朗克斯南部，距离纽约市中心25km，项目用地西邻布鲁克大道，北侧为156大街，东侧是一座公寓楼，南侧为公共运动场地，见图1。

图1 区域位置图

项目于2012年6月竣工，占地面积0.57hm²，一共提供222套住宅，其中151套是为纽约低收入者设计的租赁住宅，71套是为中等收入者设计的商品住宅。维阿韦德住宅是纽约低成本可持续住宅的典范，本项目入围2013年英国皇家建筑师学会莱伯金奖决赛圈，并获得美国建筑师协会2013年度住房奖（Housing Awards）。

该项目采取住宅组团的形式，由一幢20层高层住宅、一幢6~13层跃层公寓以及2~4层联排公寓围绕着一个中心庭院组成。建筑师采用南部设置低层住宅，逐渐过渡到北侧高层的设计策略，租赁住宅部分设置在高层（109套）及中高层（42套）中，商品住宅部分设置在中高层及低层中。另外在首层配置有零售中心、健康中心等完善的社区配套，见图2、图3。

第4篇 国外案例篇

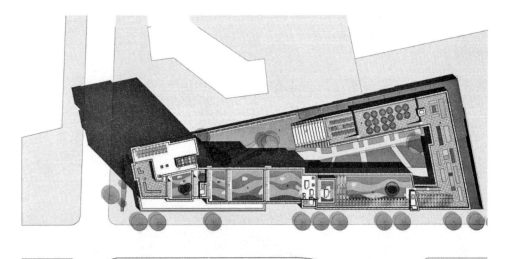

图2 总平面

图3 效果图

2 技术特点

项目用地南北长，东西短，对建筑采光、场地绿化、公共活动场地的设置都非常不利。设计师突破常规，以花园作为整个项目的组织元素，花园从地面的庭院开始，沿着建筑螺旋上升，穿过一系列南向开放式的屋顶露台，创造了一条不断上升的、阶梯式的绿色步行通道，并通过一系列的技术措施为居民打造了一个可持续的住宅项目，见图4。

281

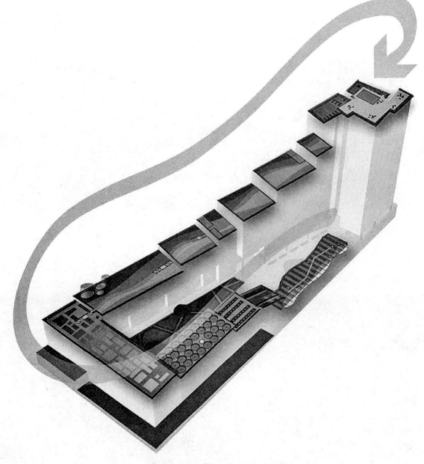

图 4 室外楼梯步行示意图

2.1 光伏屋面

在不同高度的南向屋顶设置太阳能光伏板，使用可再生能源为公共区域的照明供能，见图 5。

2.2 雨水利用

结合屋顶花园进行雨水梯级利用。通过低造价的地下混凝土雨水池和 5 个 180L 的水桶，收集屋面雨水用于植物灌溉，用最经济简单的方式实现水资源的循环利用。

2.3 围护结构

建筑立面采用幕墙体系。幕墙由预制混凝土加木质或金属质饰面板组成，具备良好的热工性能和气密性。外墙增加保温层厚度，大面积使用 Low-E 玻璃，减少室内太阳辐射得热。种植屋面提升了建筑的保温隔热能力。以上措施打造了高性能的建筑围护结构，减少了建筑运行能耗，见图 6。

第4篇　国外案例篇

图5　光伏屋面

图6　立面幕墙

2.4　节水节能

本项目厨房、卫生间的水龙头、马桶、花洒都使用节水型设备；利用屋面收集的雨水浇灌屋顶公共花园的植物。

为了进一步提升能源使用效率，倡导居民使用节能设备，形成可持续的生活方式，在大堂安装显示能耗的设备，并实时监控太阳能板实时输出功率，激励大家为可持续目标共同努力。

3　标准应用情况

Via Verde住区的设计过程突破了不少现行规范。

项目的设计方案突破了两项纽约市现行的住宅设计规范：公寓最小面积不得低于$40m^2$，以及不得整幢楼均为最小面积住宅的规定。为了充分开发纽约市小面积的零散地块，解决住宅用地供应不足的问题，纽约市出台了多个土地精细利用政策，并放宽对住宅最小面积的要求。在这个背景下，本项目的设计师以开放、立体的屋顶空间来适应局促的用地条件，以小户型（一人或两人居住）积极应对老龄化、少子化的人口结构变化，以不增加建筑整体体量的方式提升居住品质和居住效率。

由于项目用地面积有限且形状狭长，无法满足地面机动车车位的设置要求，但用地周边拥有完善、成熟的社区配套资源，因此本项目共享了周边的停车资源。

经过与消防部门沟通，允许疏散楼梯通向开放式的生态屋面，利用主要屋面完成疏散。

这些探索都是通过开发团队与城市管理部门的不懈沟通，通过示范性项目改变僵化的规范条款，从而推动整个住宅产业的适应性发展。

4 经验做法

4.1 环境宜居

由于项目所在地南布朗克斯区的哮喘发病率一直高于美国全国水平，建筑师希望通过提供优质的室外空间，引导居民到户外活动。螺旋上升的屋顶平台最终形成共计 $3777m^2$ 的开放式屋顶绿化，调节了社区微气候。屋顶设置的光伏构架，不仅提供了可再生能源，还为屋面遮阴，提升了环境舒适度，见图 7。

图 7 屋顶绿化

Via Verde 住区周边的公共服务设施完备，为居民的日常生活提供了保障。

十分钟生活圈内，分布有 Sound Health Medical PC、Montefiore 和 Amanda Alfau 三家医院，十五分钟生活圈内共有 8 所医院和卫生机构，涵盖综合医院、儿童医院、医疗中心等多种类型，提供较为充足的医疗资源。

教育资源同样发达，Via Verde 住区属于第七学区，拥有庞大的公立教育系统，在住区十五分钟生活圈内共有 11 所学校，包含幼儿园和中小学学校。

项目用地周边临近地铁和多条公交线路，十分钟生活圈内有两个地铁站和多个公交站点，为居民提供了便利的出行条件。

4.2 健康舒适

建筑立面设置水平挑檐、室外阳台，并且利用形体的凹凸变化为建筑遮阳，减少太阳辐射，改善室内热环境，见图8、图9。

图8 建筑沿街立面

图9 建筑内院立面

阶梯式屋面最大限度地利用日照，为更多户型提供南向采光，见图10。在户型设计上，每套住宅都能保证穿堂风和足够的采光。转角处的户型可以享受到两个朝向的通风和采光优势；中间户型向外凸出，可以在至少两个方向上开设外窗，不但丰富了视野，也有助于利用自然通风，见图11～图13。

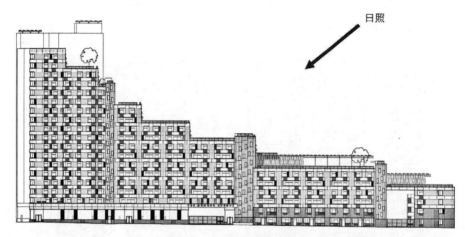

图10　建筑日照示意图

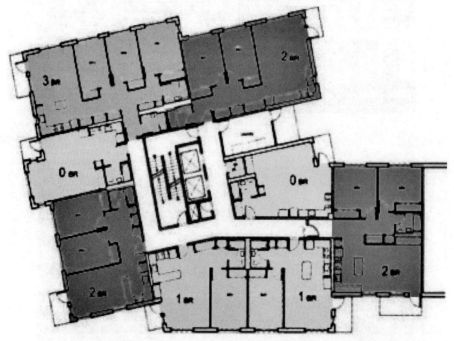

图11　塔楼平面所有户型都有两个方向的视野和采光通风

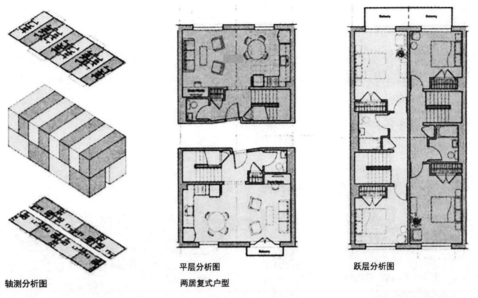

图 12 LOFT 户型交错组合方式保障每一户都能获得两个方向的通风和采光

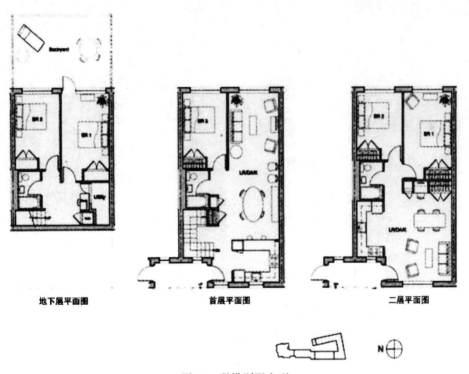

图 13 联排别墅户型

4.3 健康材料

所有户型均做全装修，房间的墙面、地面、天花板和家具采用低挥发物质的建筑材料，如天然竹制地板等。其中 20% 以上的装修材料是由再生材料制成的。

4.4 健康生活

楼梯间具备天然采光和自然通风，拥有良好的视野，外立面使用醒目的彩色外装，楼梯结合阶梯式开放屋面形成连续的步行通道，居民可以从首层花园步行至每一处屋顶公共露台。以上措施鼓励居民使用楼梯和步行通道代替电梯，见图14。

该项目的地面庭院沿建筑螺旋上升，创造了一个个阶梯上升式的交流空间，有助于增强社区归属感、发展潜在的邻里关系，见图15。

图14 室外楼梯

图15 屋顶平台

花园从地面开始，逐步沿一个个南向屋面平台抬升。绿色和开放的空间如同一条盘旋的彩带，从底层的庭院开始上升到朝南的每一座露台上，居民们可以在此放松、运动、种植花草蔬菜和水果，促进健康生活方式的普及，见图16、图17。

图 16　种植屋面 1　　　　　　　　　图 17　种植屋面 2

5　思考与启示

项目用地狭长，按照常规"绿地加塔楼"的设计方式，会产生很多依赖东西向采光且通风比较差的户型，同时缺乏邻里之间的交流空间。小区居民的基本需求得不到满足，反而会让需要帮助的人陷入更大的困境。反过来说，能够享受健康的生活环境，更加方便地亲近自然，会提高居民的心理幸福感，缓解心理压力，增强社区归属感。

建筑师打破常规，突破了封闭交通空间的限制，以开放式的花园作为整个项目的组织元素，通过开放的绿色空间联系社区生活的方方面面。从一层庭院到一个个阶梯式抬升的屋顶花园，为居民提供连续、立体的室外公共场所，进行放松、运动和蔬菜种植等活动，促进社区交流和健康生活方式的普及。与此同时，种植屋面也可以用于收集雨水和保温隔热。而屋顶上的太阳能光伏板则为建筑带来可再生能源。建筑师最终用出色的生态布局克服了场地缺陷，扭转了人们对高密度住宅的不良印象。

作者：赵一楠；洪源（中国建筑科学研究院有限公司）

KSI 住宅体系——日本赤羽台团地项目

1 项目概况

赤羽台团地项目位于日本东京都北区 JR 赤羽车站附近,是日本住宅公团(现 UR 都市机构)于 1962 年建造的公共住房,规模超过 1 万户的大规模"团地",住宅建筑布局以行列式为主。赤羽台团地项目正值日本团地更新与重建项目高速增长时期。赤羽台团地于 2000 年开始改建,为了应对日本当代少子高龄化社会结构的变化,作为示范性项目,在规划与建筑方面均有突破性设计,其中 A 区、B 区、C 区和 D 区分别于 2006 年、2010 年、2016 年竣工(图 1)。

图 1　赤羽台团地项目

由于建设年代较久,新的居住需求不断出现,赤羽台区域面临建筑老化、社区衰败的现象。项目通过楼栋关联多样化的公共服务设施,如学校等教育设施、商业街、邮局、诊疗所和室内活动空间等,促进住区机能的恢复;同时,开放的街区道路又反向促进街区公共服务的发展,以此实现住区机能的正向滚动发展。通过对内部及外部景观的整体组织,将城市绿色休闲空间脉络导入居住空间之中,形成良好的景观轴线与景观节点。另外,保留原有的古树并延续原有街区历史风貌,广泛征求居住者意见,提供能够满足多代人共同需求的丰富开放空间。

2 技术特点

2.1 整体功能重新定位

项目根据愿景导向,规划了生活居住区、公共服务复合功能区、绿色休闲区三块功能区域。其中生活居住区可容纳多代人共同居住与交流;公共服务复合功能区在居住功能的基础上融入保育、文教、高龄设施等,且服务于整个住区;绿色休闲区以规划城市公园为核心,串连现有城市公园,或线性,或区片,并对生活居住区与公共服务复合功能区形成生态包围(图2)。

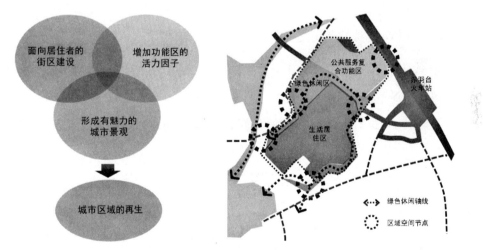

图 2　愿景导向与功能定位

2.2 加强道路开放度

2.2.1 提升路网密度

项目将 3 条城市道路引入片区内部,分割为 A、B、C、D 4 个规模约 100m×100m 的小型地块,打破了大规模地块对交通的制约。

2.2.2 突出社区的主街

地块中央的银杏大道是赤羽台街区重要的休闲交往空间。银杏大道两侧设置低密度的建筑群，通过大型楼梯与架空空间打破大体量与高密度带来的反差（图3）。

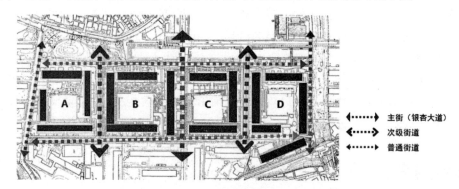

图3 城市道路分隔街区

2.3 私密性与开放性的平衡

2.3.1 围合式建筑布局

东西向住宅的引入有效提升了建筑的容积率，围合式的建筑布局更有利于增强居民的归属感；一层设置架空空间与连廊可以直接穿越建筑，实现在半开放空间中的交流互动，达到私密与开放的动态平衡。

2.3.2 窗口性的地块

D地块承担了更多开放性的角色，包括与城市交通的衔接、公共服务、城市休闲等。主要通过D-1与D-6楼栋的夹角交错布局，使地块空间得以有效利用。

2.4 围合式BLOCK的社区单位

2.4.1 基本构成

围合式BLOCK作为赤羽台团地项目最基本的构成单位，通过设置弱连接的楼栋、中庭绿化空间和立体停车场，强化了地块内部机能（图4）。

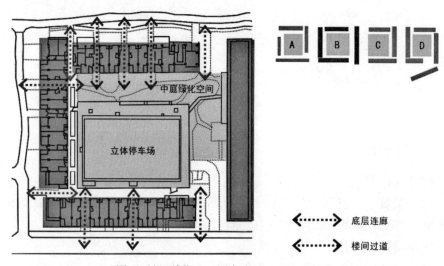

图4 社区单位——围合式BLOCK示意图

（1）弱连接的楼栋

构成围合的建筑主体均为独立的"一"字形楼栋，楼栋间或存在一定间隔，或以连廊相接，围合而又通透，保持一定的开放性。

（2）利用高低差创造中庭绿化空间

在中庭设置阶梯状的绿化空间，作为居民的休憩场所，同时结合立体停车场缓和其突兀感。

（3）地上立体停车场

包括车库屋顶共3层可停放机动车，屋顶结合绿化也可停放自行车等。

2.4.2 半开放的空间

BLOCK内设置半私密和半公共空间，丰富了居民交流活动的空间。

（1）半私密空间

底层架空空间作为楼栋的客厅，给居民提供丰富的交流互动空间。底层入户空间作为室内外分隔，可以作为观赏室外的休闲过渡空间。

（2）半公共空间

中庭绿化空间结合停车、休闲等功能，成为可介入的植物园、阶梯广场等；楼栋间的弱连接空间，如洞口、连廊成为BLOCK中可散步休闲的洄游空间。在居住环境设计方面，采取保持建筑立面景观连续性和保护已有大树的方式打造良好的环境景观。

2.5 独立的安保单元

楼栋设置三道安防线，第一道可供任何人进入，主要是方便快递人员储放快件；第二道设置智能安全门，需住户控制；第三道则为户门，以此方便住户日常出入和安全防护的双重需求。

2.6 社区单元的可复制性

通过A、B、C、D 4个弱围合式BLOCK实现社区单元的基本结构复制，在此基础上对每个BLOCK进行细节调整及楼栋设计，实现多样化设计，避免行列式住宅千楼一面的设计通病。

2.7 功能集约的公共服务设施

项目公共服务设施均设置于社区中央地带（图5）。社区活动中心位于B2栋一层，与室外公共空间共同构成居民日常集会活动的场所。与B2栋垂直、集约设置了生活便利设施与高龄设施，幼儿园与D-6相接。

2.8 建筑的再生

2.8.1 长期优良住宅

项目住宅应用KSI（Kikou Skeleton Infill）分离体系，通过高耐久性主体结构、无次梁大型楼板、户外共用排水管、电气配线与主体结构分离的方式，采用工业化部品，实现住宅户型的可变性、维护更新的便利性（图6）。

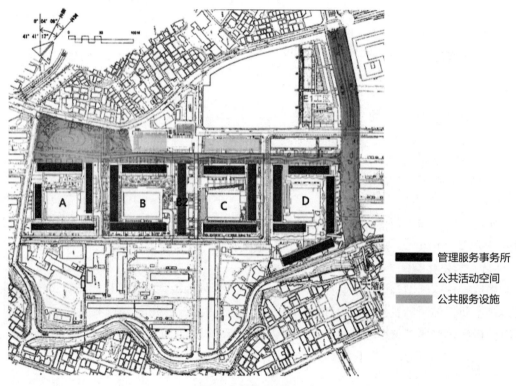

图5 公共服务设施分布

图6 住宅户内示意图

2.8.2 户型设计

（1）规整化大空间

项目楼栋采用规整的框架剪力墙结构，并通过隐蔽结构柱的方式实现户内大空间，便于施工建造和室内空间的分隔变化。

（2）户型可变性

通过在承重墙设置开口部分实现两户合并；以轻质隔墙作为分户墙、户内隔墙，实现一户变两户，充分实现户型的灵活可变性（图7）。

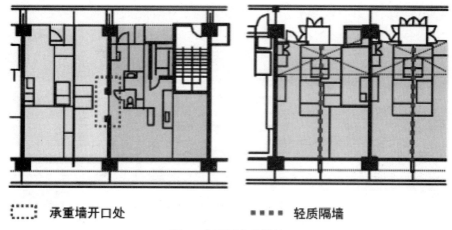

┊┈┈┊ 承重墙开口处　　　■■■■ 轻质隔墙

图 7　户型可变性设计

3　标准应用情况

KSI 型住宅，是日本 UR 都市机构自 1998 年起开始研发的符合可持续发展理念的公共住宅。支撑体 S（Skeleton）由住宅的结构主体、公用设备组成，具有 100 年以上的耐久性，提高了住宅在全生命周期内的资产价值。填充体 I（Infill）由各内装部品和设备组成，具有灵活性和适应性，提高了住宅在全生命期内的使用价值。基于 21 世纪的可持续发展观，KSI 住宅采用绿色营造、生产、再生方式，通过配套的设计思想和技术集成，更加突出支撑体与填充体分离的技术特点，推动工业化住宅与可持续住宅建设同步发展。

3.1　KSI 的长寿化理念

KSI 体系秉承长寿化住宅建设理念（图 8）。第一，实现真正的百年住宅建设。KSI 综合开发出长期耐久性住宅，将日本 50 年的耐久年限全面提升到 100 年。因为建筑生命周期延长，相应的节约建设成本、降低能源消耗、构建可持续发展社会的优势得以更好地展现。第二，延续对可变居住空间的推广。通过促进相关部品产业发展，全面提高产业层次，更好地实现空间灵活性与适应性。第三，创造可持续居住环境，有利于延续城市历史文化、构建街区独特风貌，使居住者在物质（满足居住）和精神（美好回忆）两个方面得到保障。

3.2　KSI 的内装部品体系集成

KSI 体系结合可持续发展理念，在 KEP、NPS、CHS 体系的研究成果之上，对内装部品进行全面升级，更为强调适应性的开发，形成健全的内装部品体系集成（图 9）。KSI 适应性内装部品体系的不断健全，为居住者自主参与设计提供了更为可靠的现实基础，使其可以决定居住单元的内部分隔，甚至是立面造型。居住者可以根据不同的生活方式和爱好进行灵活的空间划分、内装布置，满足多样化的需求，实现个性化的住宅设计。

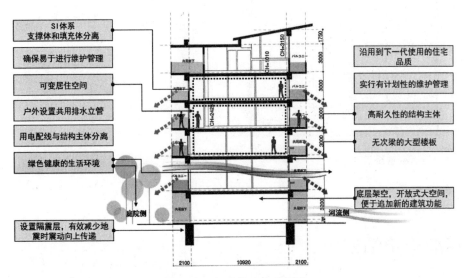

图 8　KSI 长寿化理念和技术

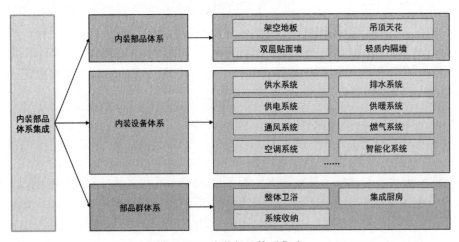

图 9　KSI 内装部品体系集成

4　经验做法

4.1　新体系新技术的出现及应用

20世纪60年代出现的以支撑体和填充体分离的SAR体系在日本得到进一步发展升级，特别是在住宅设计理念、技术研发和部品集成方面均有突破。由BL部品通用体系催生的KEP开放性内装部品体系和NPS新标准体系相继出现，建立了住宅供给和部品生产的开放系统，解决居住多样化需求。之后继续发展CHS体系以及KSI体系，形成综合性与适应性住宅供给系统。进入21世纪以来，日本在KSI住宅体系的基础上进一步完成由设计研发到输出实践的重要转换，住宅整体稳定性进一步提高，保障了住宅品质的持续提升。

4.2 公共服务设施的服务半径与渗透性

公共服务设施集中设置，规模适宜，位置选择考虑所在街区的服务半径，可形成独立的商业街，或设置于楼栋底层部分，增加其在街区内的渗透性。另外，通过设置连廊、过廊或其他可穿越建筑的方式，方便居民步行前往。

4.3 多功能的开放空间

开放空间设计手法灵活，功能丰富，设置集约化的停车空间，利用高低差设置类型丰富的绿色休闲空间、植物园、广场、台地等。另外，通过对树木的保留，加深空间的亲切感和归属感。

4.4 高品质的住宅建筑

以支撑体S和填充体I分离体系为基础，建设耐久性、长寿化的住宅；通过住宅部品化生产，实现住宅从部品开发向部品集成的跨越，各类部品可以在通用化部品体系内实现灵活维护更换。通过SI住宅分离体系和通用化部品化生产，日本住宅建设实现了高品质的飞跃。

5 思考与启示

5.1 以建筑主体和内装部品分离为必要前提

建筑主体和内装部品的分离，是实现可变居住空间的前提，同时也是实现住宅全生命周期最大价值的条件。将SI体系整体性实施于项目建设全过程，从项目开发、建筑规划设计到施工建造的各个环节，坚持采用SI住宅体系，合理确定设计发展方向和技术实施重点，从而真正提高结构主体耐久性和内部空间的灵活适应性，为实现建筑可持续建设提供现实保障。同时，综合性地实现SI技术集成，将与SI体系相关的支撑体体系、填充体体系整合，协调彼此之间的联系，始终保持最佳的同步发展状态。

5.2 以嵌入式部品群的建立为控制实施手段

开发高度整合的部品群，大幅提升部品的附加价值。部品群的建立是一个由小部品或部件集聚为大部品的过程，小部品是标准化控制的对象，部品群则是通过小部品不同的排列组合，以通用单元的形式增加自身的自由度和多样性。部品群建立的目的是通过部件级的标准化，达到部品的多样化，是部品库优化的重要途径。随着时代发展，部品库的规模越来越庞大，需要采取有效的控制手段，控制主要的部品群种类，如整体卫浴、集成厨房、系统收纳等，将这几种大类别的部品群以模块的形式整体嵌入住宅中。部品群简化设计和订购的流程,增加部品的流动性能,提高部品群整体稳定性,更为重要的是为居住者提供丰富的组合选择。

5.3 以建立完善的内装部品集成为发展途径

住宅部品作为工业化应用技术的新载体,彻底改变住宅的面貌,提高住宅的质量。住宅内装部品工业化的基础是在满足居住者不同居住需求的同时,形成新的供给方式。通过最大限度地实现内装部品集成,有效解决住宅工业化中标准化与多样化之间的矛盾,大幅提高工业化成品住宅的整体水平,真正实现住宅商品化。制约部品集成化的因素主要有部品模数制、部品标准化、接口通用化和部品认定保障制度4个方面。有效健全和发展这4个方面,促进住宅部品体系的建立,才能使部品集成的发展更加标准化、通用化、系列化和整体化。

参考文献

[1] 刘东卫. SI住宅与住房建设模式理论·方法·案例[M]. 北京:中国建筑工业出版社,2016.
[2] 井关和朗,胡惠琴. 赤羽台住宅区改造设计[J]. 建筑学报,2012(4):79.
[3] 奥茂谦仁. 日本赤羽台五号楼[J]. 建筑学报,2012(4):76-78.
[4] 秦姗,伍止超,于磊. 日本KEP到KSI内装部品体系的发展研究[J]. 建筑学报,2014(7):17-23.

作者:伍止超;刘东卫;秦姗;刘若凡;官丽鹏(中国建筑标准设计研究院有限公司)

多代同堂的花园住宅——新加坡杜生阁公共住宅项目

1 项目概况

新加坡以其公共住房计划而闻名世界。这些住房（又称组屋）为新加坡超过 80% 的常住人口提供住所。其主管机构建屋发展局（Housing Development Board，HDB）自 1960 年成立以来，不断提高质量标准，引领组屋发展，实现从满足简单日常需求向满足优质生活的更高愿望转变。

2008 年建屋发展局以"建设一个有凝聚力和充满活力的社区；培养共同的身份；鼓励多代同堂和家庭友好的生活；建设更加绿色的人居环境"为要求，探索新一代公共住房的设计可能性。据发言人称，杜生阁公共住宅项目设计完美呼应了他们的要求。

杜生阁公共住宅项目（SkyTerrace @ Dawson）共有 5 座塔楼，高 40～43 层，建筑高度 142.3m。它坐落于新加坡最古老的组屋区之一——皇后镇，是建屋发展局"重塑我们的中心地带"计划改造的重要环节——通过建设高品质的住宅，为老城注入活力，见图 1。

图 1　5 座塔楼坐落在一个 4 层的停车场裙楼顶部

该项目建成于 2015 年，获得 2016 年 RIBA 国际卓越奖、2016 年总统设计奖、2016 年 Architizer A＋评审团奖、2019 年 AIA 国际大奖等奖项。总统设计奖评审团称赞该项目是未来公共住房的典范。它满足了土地日益稀缺的新加坡的高密度要求，同时创造了高质量住宅与住区。在理解和应对公共住房的系统性问题方面，SkyTerrace @ Dawson 为公共住房开发制定了新标准。

2 技术特点

2.1 嵌入城市景观中的总平面布局

项目位于皇后镇道森庄园，北临玛格丽特大道，西临道森路，南侧平行于亚历山大运河公园。场地规划中，塔楼在场地的长轴方向整齐排列，最大限度地增加南北向的光照，并限制西晒。此外，得益于组屋必须开放的规定，景观设计与南侧公园无缝连接，并设置多处户外健身与游乐设施，令人感觉公园是社区的一部分，见图 2。

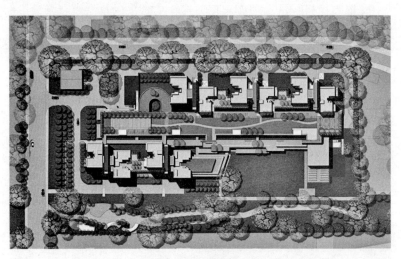

图 2　总平面图

2.2 满足各种家庭需求的户型

每个塔楼均为 2 梯 4 户（3 电梯），5 座塔楼共计 758 户，含 16 种户型，可满足从单身到三代同堂的各种家庭的需要，见图 3。

户型均集约方正，主要居住空间均布置在采光面，整体采光通风优势明显。房间布局紧凑，客餐厅一体化布局，凸显整体空间的完整性，但部分房型餐厅空间独立性不足。每户都设计有无梁天花板，结构构件沿房间四周设置，这提供了灵活性，以方便住户适应其不断变化的生活需求。

如图 4 所示，本项目中大放异彩的是其独创的 LOFT＋STUDIO 配对户型（Paired Units）。

图 3　部分户型图

一室一厅户型 37m²　　三室两厅户型 83m²

两室一厅户型 65m²　　三室两厅户型 99m²

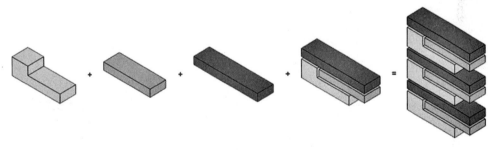

图 4　配对方式示意图

底部如"L"形体的 LOFT 户型（大多为 3~4 个卧室）与其上方矩形的 STUDIO 小户型（大多为 1~2 个卧室）可如俄罗斯方块一般镶嵌配对，见图 4。两种单元均有各自的出入口、阳台、厨房、客厅、睡房和卫生间等，可独立申请使用。两代人也可以组合申请，通过两个单元中间的连通门互通往来，见图 5。该设计确保每个家庭都拥有独立的私人空间，又增加两代人的相处时间和空间。

| "LOFT"底层 | "LOFT"二层可连通旁边的小户型 |

| "LOFT"底层起居室实景 | "LOFT"户型二层实景 |

图5　配对户型平面图与室内实景

2.3　形式、功能与结构一致

各种单元的组合方式形成了设计的形式语言，见图6。俄罗斯方块式立面提供了视觉趣味，更揭示了单元内部的组织逻辑，做到平面、立面与形体的统一，为此还专门设计了一种非常优雅和流畅的预制混凝土结构。

图6　展现功能组织的建筑形式语言

图 6　展现功能组织的建筑形式语言（续）

2.4　空中桥梁

5 座塔楼由 6 个空中绿廊连接，分别位于 13 层、18 层、19 层、28 层、33 层和 34 层。这些连廊不仅是消防避难区，更是高架花园，见图 7。此外，地面上郁郁葱葱的景观一直延伸到梯田式停车场裙楼上，两层的人行天桥为居民提供空中的绿色空间，也方便居民从停车场到电梯大厅。

图 7　建筑透视

2.5 生态设计

本项目通过滴灌、雨水收集、生物滞留池和太阳能系统等的设计技术，展示了其可持续设计的敏感性。

3 标准应用情况

新加坡住宅类型包括组屋（HDB housing）、执行共管公寓（HDB executive condo）、高密度公寓（high-rise condo）、低密度公寓（low-rise condo）、排屋（terrace houses）、独立式别墅等，政府针对不同类别，均设有专门的设计规范。本项目执行组屋的设计与建造规范，以及HDB的各类规定与指引文件。

1）遵守建筑规范。组屋建筑规范在"① 确保建筑、消防和公共安全；② 保持公共住房的特色；③ 确保可施工性、耐用性和可维护性"的目标下，划定设计底线，如"所有房间区域至少有10%的自然采光和通风，所有浴室、储藏室和服务室的通风率至少为5%"等。

除了设计审查，建筑完工后也会进行施工审查，其内容十分细致，以屋顶花园为例，要求"屋顶花园女儿墙/栏杆的高度，从完工地面测量起，不得小于1.20m（从结构水平处测量1.25m，留有0.05m的找平/坠落余量）。需确保安全屏障、花盆、屋顶花园设施、墙壁和设施不会形成通往建筑物边缘的台阶表面。花盆、设施、固定装置、花园家具或任何其他高度超过200mm的台阶表面应位于距屋顶花园边缘至少1.0m的地方"。这些规范确保了组屋的基本品质。

2）遵守文件规定。HDB对诸多内容进行了强制性规定，例如，"在片区层面，每个新的组屋开发项目都必须有其建筑面积4.5倍的周围绿化面积"，直接促成本项目"公园内住宅"的特点。

3）设计指引与倡导。HDB提出城镇设计指南、出版了《公共房屋设计手册》等诸多文件，对场地规划、户型、景观设计等进行全面技术指导。其所提倡的通用设计、鼓励代际联系、亲生物城镇等，均在本案中有所体现。

4）对当地政策的响应。本项目设计响应新加坡的公共住房政策，该政策鼓励家庭与年迈的父母住得很近，从而建立和强化社区概念。

5）本案的独特之处。由于本项目设计的目标是探索新一代的住房标准，其设计中引入一些当时没有的手法与元素，因此建筑师、施工单位不断与HDB的管理团队进行对话，对相关标准进行调整，并探索新的管理方式。本项目中的诸多内容，如多代住宅申请的方式，后来成为政府多代优先计划（MGPS）的内容。

6）绿色建筑评价。SkyTerrace @ Dawson获得建筑管理局颁发的绿色标志白金级认证、公用事业委员会颁发的活跃美丽清洁水域认证以及国家公园委员会颁发的景观卓越评估框架证书。

4 经验做法

4.1 公园内的住宅

建屋发展局认识到绿色植物、生物多样性和环境可持续性在提高居民生活质量方面的关键作用。在本项目中，运河线性公园沿着住区南部边界延伸，郁郁葱葱的景观随着地面引入，以屋顶花园和天空露台等形式延伸到建筑立面，并蔓延回停车场……多种设计手法将"公园住宅"概念提升到新水平。

在以往的组屋中，停车场通常是最丑陋的建筑之一，但本项目却颠覆了这一点。可以尽情玩耍的大块草坪，在传统组屋建筑中也是罕见的，见图 8。

图 8　黄昏时分，家庭成员在草坪上玩耍

4.2 自然、经济与社会连通性

除了与四面绿化的无缝连接，各塔楼之间通过空中连廊连通，停车场顶部屋顶花园更将所有塔楼连接在一起。此外，塔楼也通过桥梁与 85 号街区的便利设施相连，该街区内设超市、托儿中心、老年人中心以及各种餐馆和商店。

此外，社区空间和综合娱乐设施，如园景露台、屋顶和空中花园、圆形剧场、健身区、儿童游乐场，以及运河公园中的社区可食花园，为居民互动提供了更多的机会，促进了社区建设。

4.3 多代同堂的生活

SkyTerrace @ Dawson 最显著的特点是它了解新加坡不断变化的人口结构和生活方式，并为此作出设计响应。所有单间公寓均配备适老化设施和其他安全设施，是为独立的老年人生活定制的，可以独立申请。对想跟父母同住的新婚夫妇，需要父母带娃帮衬的职场夫妇，以及需要随时照应老人身体状况的家庭，也可以组合申请配对户型，通过两个单元中间的连通门互通往来。配对户型实现了大家庭的近距离居住，同时保留了隐私和独立性的居住需求。此外，建屋发展局也提出相应政策上的支持方式。

4.4 通用设计

通用设计中不仅能帮助老年人和残疾人无障碍使用，更能提升所有住户的家居舒适度，营造更轻松、舒适的生活环境。

本项目遵守了建屋发展局对组屋通用设计的规定。如无缝连接街区、落客门廊、第三代健身游乐设施（适合不同年龄段儿童的游乐场和老少皆宜的成人健身站）、连接多层停车场的屋顶花园和住宅区的连接桥、建筑内用于与邻居建立联系或休息的座位、带有盲文标记的电梯按钮、杠杆水龙头和门把手等。

本项目创新并优化了建屋发展局对组屋通用设计的规定，例如本项目中采用的落地窗带来了更多的光线，推动通用设计规定产生了"低高度窗户以增强视野和天然采光"的设计要求。一些人性化的装置与设计细节，催生了"安装在较低高度的翘板开关，更安全的衣物烘干系统，具有较低高度的滑轮系统，更易于使用的内部晾衣架"等内容。

5 思考与启示

新加坡以"花园城市""宜居城市"闻名，组屋作为新加坡住宅的主体，对宜居环境的建设发挥了重要作用。20世纪80年代以来，建屋发展局制定了相关规范并开展专项研究，出版设计指导手册与引导性政策文件，不断提升住宅与社区设计标准，而本项目是建屋发展局为提升居住品质、推广新一代公共住房而进行的"试点项目"。

所有的公共住房都有严格的预算限制，杜生阁公共住宅项目也不例外。但是，它实现了多代人居住的畅想，有着郁郁葱葱的绿化，与城市公园连通，关注细节与使用体验……正是这些设计令这个低造价的政府组屋（HDB housing）呈现出如私人公寓（condo）一般的品质，令杜生阁公共住宅成为新加坡新一代公共住房的原型。

多年来，我们更关注新加坡公共住房在政策、融资方面的成功，较少从设计和居住标准的角度展开分析。杜生阁公共住宅的成功证实了设计精良的"好房子"未必具有高的造价，这对于我国公共住房的开发，以及住宅标准与建筑设计实践的相互促进具有启示意义。

作者：张蔚；郑婕；肖娜；宋子琪；胡英娜；杨思宇（中国建筑设计研究院国家住宅与居住环境工程技术研究中心）

气候适应性住宅——新加坡"天际都市"住宅项目

1 项目概况

SkyVille("天际都市"住宅)项目位于新加坡高密度都市区皇后镇,是新加坡建屋发展局(HDB)为满足低收入和中等收入家庭的住房需求而兴建的公共住房项目。高密度的住宅建设使得可利用的公共空间面积紧缩。设计团队以"模块化、可持续、社区"为主题,把自然还给城市居民,让 SkyVille 组屋住宅在密集的城市环境中为居民提供一方惬意的生活净土,如图 1 所示。同时,该项目在可持续发展方面提出的一系列策略使其获得新加坡最高等级的可持续设计评级 Green Mark 标准的居住类新建建筑的铂金级认证。

2 技术特点

2.1 模块化立体聚落

在方案总体布局设计上,SkyVille 利用单体重复的设计手法实现"居住单体—社区组团—聚落"的多层级空间建构,在大体量结构中创造小型、宜居的社区环境。整个公寓聚落由 3 座高楼组成。每座高楼包含 4 个 10 层高的社区组团(图 1),社区组团之间置入空中花园。每个社区组团包括 40 个居住单体。每个居住单体可容纳东西两户住户。公寓内部采用无柱无梁的室内空间排布,增加平面空间布置的灵活性,减少死角空间浪费,为不同的家庭需求提供更多的选择空间,为多功能、家庭规模变化和未来使用需求预留弹性空间。

此外,单体重复的设计思路为建筑施工设计的全预制提供了可操作性,整个项目中仅使用 5 种窗户类型,采用 10 种预制元件。标准化模块定制及预制构件装配的施工方式能极大地避免浪费并提高施工效率。

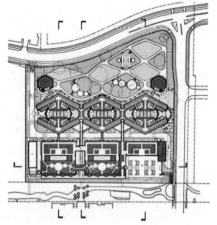

图 1　新加坡 SkyVille 案例

2.2　被动式通风组织

SkyVille 提倡被动式设计，通过对公寓单元的组织布局，形成水平向的风道及竖直向的风谷，最大限度地利用"自然"的制冷和通风源。水平方向上，12 组线性重复的居住单元围合成 3 个中心庭院（图 2），每个居住单元宽度为 11m。建筑大面积朝向为南北方，为新加坡的东北季风和南向的海陆风留出空气流通的风道（图 3）；垂直方向上，在不影响采光的情况下，创造类似峡谷的空间，空气在塔楼中垂直移动，并与中间层空中花园的绿色植物相互作用，通过蒸散作用冷却空气（图 3），调节微环境。

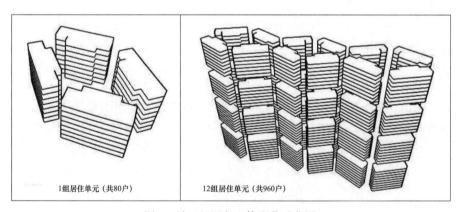

图 2　社区组团与立体聚落示意图

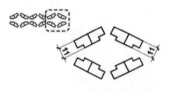

(1) 公寓居住单元组团　　(2) 庭院与居住单元"风道"水平向空气流动示意图　　(3) 居住单元"风谷"垂直向空气流动示意图

图 3　公寓通风组织示意图

每个住户单元的所有房间（包括浴室和厨房）都有窗户，所有窗户均配有悬挑和符合人体工程学尺度的中高顶部悬挂面板（图4），创新的季风窗设计确保窗户在下雨时可以打开，而不会使被风吹的雨水进入家中，并将凉爽的微风送达座椅高度。公共区域（大堂、走廊、楼梯）和公寓均采用自然通风，以减少空调和照明成本。

图4 公寓窗户设计图

2.3 蓝绿社区空间设计

在水处理方案中，SkyVille在底层景观空间设置150m长的生物洼地，洼地中的特定植物可对场地雨水进行过滤和处理，然后将其排入城市排水系统。

在绿化空间设置上，每10层社区中置入一个空中花园（图5），配备草木、木本植物，兼具气候调节与观赏作用。屋顶的公共公园24h开放，顶棚下设置400m慢跑步道。该棚屋顶设有太阳能光伏系统，为公共设施发电。

图5 空中花园

3 标准应用情况

针对新加坡的湿热气候，新加坡建设局（Building and Construction Authority，BCA）于 2005 年开发了用于本土建筑领域绿色认证的 Green Mark 标准。经过十几年的发展，BCA 根据新加坡绿色建筑的理念发展与实践反馈，不断调整修订 Green Mark 标准，目前最新版为 2021 版。该标准的最新版本关注"能源效率""智慧智能""健康与福祉""全生命周期减碳""管理与维护""韧性"，6 大要点也对接联合国可持续发展目标（图 6），充分体现新加坡对于绿色建筑的愿景规划与美好期许。

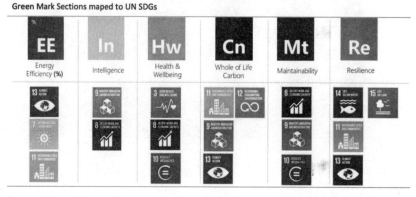

图 6 新加坡 Green Mark 标准 2021 版的 6 个关注要点

SkyVille 的绿色建筑认证也采用了新加坡的 Green Mark 标准。根据 BCA 官方发布的资料显示，SkyVille 获得 Green Mark 标准的居住类新建建筑铂金级认证，主要的性能要点有 6 个（表 1）。通过梳理技术重点与新加坡 Green Mark 标准 2021 版的得分条文对应关系可知，虽然 SkyVill 已建成多年，但其设计理念依旧符合当下新加坡对于绿色建筑的要求。

SkyVille 的 6 个重要性能及对应 Green Mark 标准的得分点 表 1

序号	技术重点	对应 Green Mark 标准 2021 版的得分条文	技术措施的图片展示
1	建筑呈现南北走向，利用外阳台形成遮阴空间，并在不同高度的楼层上布置空中绿化花园	HW2.1 亲近自然 （1）开放的种植露台、庭院和屋顶花园； （2）室内公区设计固定的种植区和水景； （3）主要公区设置自然元素或采用多种天然材料； （4）公区窗外视野内具有自然景观。 HW2.2 生理节律调节 （1）外部视野开阔无遮挡。 HW3.2 公共空间设计 （1）对于使用者，提供心理恢复空间；提供活动、休憩空间和设施	

续表

序号	技术重点	对应 Green Mark 标准 2021 版的得分条文	技术措施的图片展示
2	屋顶花园采用并网单晶光伏（PV）系统，安装的光伏组件容量为125kWp，预计发电量约为137MWh	EE-Pathway2（节能—路径2固定指标认证）提出围护结构传热量、非空调区面积、空调系统效率、照明功率密度、机械通风效率、综合能源管理与控制等关键指标要求，待评建筑需满足各关键指标的相关要求，不满足时可通过场地内的可再生能源应用弥补	
3	生物滞留洼地用于帮助预处理所有硬景观径流	Re1.1 环境和资源保护 a 环境与生态 （1）制定维护场地生物多样性和生态完整性的实施计划。 Re3.1 韧性景观设计 （1）植物种植多样，且50%为东南亚植物； （2）设计"野生园景区"，为本地物种提供栖息地	
4	在每一层的所有公共区域都提供了双滑槽垃圾收集系统（dual waste chutes system），以鼓励各类资源的回收	Re2.2 基于循环经济的垃圾处理 （1）为电子、包装废弃物提供专用回收设施； （2）提供食物废弃物处理系统、废弃物审计、管理等相关活动	
5	公共区域和住宅单元使用节水配件，节水配件均获得"水效率标识计划"的"非常好"认证，预计节水量：52872m³/年	Re1.1 环境和资源保护 b 资源 （1）制定能源、水资源、废弃物的管理措施及改善计划； （2）获得节水建筑认证或使用节水器具	

此外，作为新加坡地区的新一代高层公共住宅项目，SkyVille 还以其包容性、用户友好、绿色健康的设计，获得"BCA的通用设计卓越奖铂金奖（Universal Design Excellence Award: the Platinum award）""CTBUH的2016年亚洲及澳大利亚最佳高层建筑卓越奖（2016 CTBUH Awards: Best Tall Building Asia & Australasia 2016 Award of Excellence）""CTBUH的2016年城市人居卓越奖（2016 CTBUH Awards：Urban Habitat Award 2016 Award of Excellence）"等。上述认证充分显示 SkyVille 是一个融合经济、社会和环境可持续性的高品质住宅。

4 经验做法

4.1 开放连通共享空间设计

SkyVille 共享空间设计的巧妙之处是在高密度背景下社区形态的大体量结构中形成以

"空中街道—空中花园—空中村落"串连的社区共享空间关系,从而创造小型、舒适、宜居的社区环境。SkyVille 的共享空间设计,在水平方向上,建筑主体采用 3 个菱形单元,一个单元被切分成 4 个基础体块,单元与单元之间、体块与体块之间均通过露天的街道相连接(图 7);在垂直方向上,通过以每 10 层植入一个空中花园的方式(图 7),提供公共的外部共享空间,形成一组空中村落,有利于人际交流。交流和共享作为居民日常生活中最重要的一部分,每个居民在从电梯口到家中的路程中俯瞰花园或者问候自己的邻居。此外,SkyVile 社区还在顶楼设置 24h 对外开放的屋顶露台,屋顶设置慢跑步道,为社区居民和外来人口提供娱乐和消遣之处。

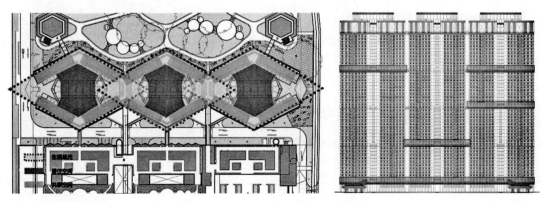

图 7　水平、垂直方向共享空间设计

4.2　多孔舒展的自然通风设计

SkyVille 通过设置不同的开口形成多孔舒展的形体,增强通风,以适应热带地区炎热潮湿的气候。项目从地面到屋顶塔楼群交织错落地植入空中花园,每组花园可以供 80 个家庭共享,整体呈现多孔舒展的形式。交织错落分布的空中花园结合居住单元之间相连接的空中街道,调控社区整体的居住风环境。该项目所有住户均可满足自然通风的需求,相当比例的住户并没有安装空调降温(图 8)。

图 8　自然通风设计

4.3 灵活多元的建筑户型设计

考虑到未来居住的灵活性，SkyVille 建筑户型设计包含不同尺寸的 3 种户型（图 9），整体设置无柱无梁的空间。该项目的平面布局可根据多种家庭类型的不同需求作出相应的调整和转换，布置形式灵活多变，可以适应多种家庭需求和多元的生活方式，诸如家庭办公和阁楼生活的需求等，同时也可以满足未来多样化发展。

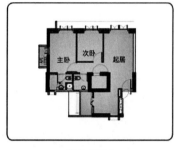

经典户型 1　　　　　　　　经典户型 2　　　　　　　　经典户型 3
户型面积约65m²　　　　　　户型面积约83m²　　　　　　户型面积约104m²

图 9　经典建筑户型

5　思考与启示

SkyVille 位于急速城市化的热带区域亚洲都市新加坡，项目整体由 3 座高楼组成，容纳 960 户住房。建筑师将居民的健康福祉作为设计之本，在有利于邻里生活交流相融的同时，还兼顾居住者对于私密空间的要求。

SkyVille 解决的重点问题是：如何在高密度背景下保障高质量的人居环境，以更好地应对当地炎热、潮湿的气候。因此，建筑师采用"开放连通、多孔舒展、灵活多元"的形体组织逻辑，应用于提升居住品质设计，其中设计的革新点在共享空间设计、自然通风设计、建筑户型设计等方面均有所体现。项目最终荣获新加坡最高级的可持续设计的评级 Green Mark 标准的居住类新建建筑的铂金级认证。在如今城市高密度发展的趋势下，WOHA 团队积极采用设计策略，使建筑与人文、自然之间的交流和融合，落成极具温度的人性空间和社区交流场所，这对于当前高品质住宅的设计实践具有宝贵的参考价值。

参考文献

高明明. WOHA建筑事务所融合人性场所的绿色建筑设计策略[J]. 工业建筑，2019，49（1）：201-205，24.

作者：王静[1,2]；刘艺蓉[1]；张玥明[1]；周天娇[1]（1　华南理工大学建筑学院；2　亚热带建筑与城市科学全国重点实验室）

公平与包容的设计——新加坡滨海北岸住宅项目

1　项目概况

滨海北岸住宅项目1号和2号位于新加坡东北部榜鹅的海滨北岸。由15个居住区组成，共有1694套公寓。图1为项目总平面图。该项目是由新加坡建屋发展局（HDB）开发、设计并建造的政府组屋项目，于2021年投入使用。

项目所在的榜鹅地区是新加坡首个生态城市，同时也是新加坡建屋发展局的"生活实验室"，许多城市住区的新技术和新理念都会率先在这个区域的项目中实行。这个地区也是最早将智能化技术应用到组屋项目中的。

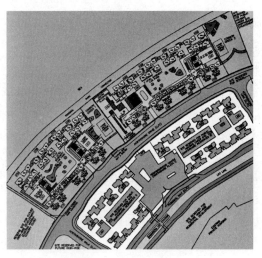

图1　项目总平面图

2　技术特点

2.1　通用设计理念

通用设计的七大原则为：公平设计、使用灵活、简单直观、可感知的信息、容错能力强、低体力消耗、尺寸和空间易于使用和接近。在本项目中，通用设计原则主要体现在以下几个方面：

1）住区临近地铁站。住区楼栋间以二层的连廊相连接，这些连廊不仅将各栋住宅楼连接在一起，同时将住宅楼与项目中的邻里中心配套商业相连接，从地铁站可以通畅无阻地到达住区内任一栋楼或社区邻里中心，极大地方便人们的出行、购物及交往娱乐，见图2。

图2　居民可以通过首层和二层的连廊直接到达邻里中心

2）住区内配建有老年人照料中心、老年日托中心、健身场地、游乐场及托幼中心等配套设施，这些设施围绕住区内的绿地建设，并通过场地内的无障碍人行通道与各栋住宅楼相连接。同时，在住区内首层设置社区会客厅，二层设置景观连桥，部分屋顶做了屋顶花园等可以供人们休息、聚会的场所。住区内有完善的无障碍设计，无论是老人还是小孩都可以顺畅地到达这些公共活动空间进行休息、玩耍、交流，为不同年龄层级的人们提供互动交流的空间。图3为公共休息交流空间。

3）整个项目临近大海，与滨海公园相连接。住区靠近大海一侧设置景观步道和观景台，居民们可以在这里散步、慢跑或骑自行车。观景长廊一直通向远处的大海。为了让更多的居民能够欣赏海景，观景台设置防护栏杆，整个观景长廊可以无障碍通行。图4为通向滨海公园的无障碍步道。

图3 公共休息交流空间　　　　图4 通向滨海公园的无障碍步道

2.2 智能化社区设计

（1）智能化社区环境控制系统

项目配备整套的智能环境控制系统，创建更为舒适、环保节能的居住环境。

公共走廊区域的灯光由传感器控制，能够通过检测人流通行量来控制照明，达到节能的效果。图5为沿公共走廊区域安装的智能控制照明灯。

社区活动中心还配备智能风扇，风扇设置了传感器，通过人流量、环境温湿度来自动调整运行状况，在提高公共区域舒适度的同时降低能耗，见图6。

图5 公共走廊的智能控制照明灯　　　　图6 公共区域的智能风扇

在景观绿化的绿地中设置湿度传感监控系统，通过实时监控来优化给植物浇水灌溉的时间及计划，通过这种节水且节省人力的方式维护绿植及景观。图7为智能灌溉系统示意图。

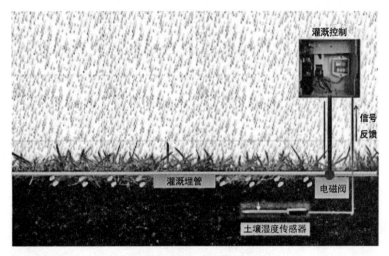

图7　智能灌溉系统示意图

（2）自动化气动垃圾收集系统

住区设置自动化气动垃圾收集系统，在各个楼层安装垃圾投放槽口，地下设置管道，地上设置垃圾收集站，以抽气的方式将垃圾通过地下管道送往垃圾收集站。这种全封闭气动垃圾收集系统能够有效避免垃圾箱散发的臭味，减少垃圾收集过程中的散落外溢，同时还避免蚊虫滋生，改善了居住环境的卫生状况。图8为自动化气动垃圾收集系统示意图。图9为气动垃圾投放槽。

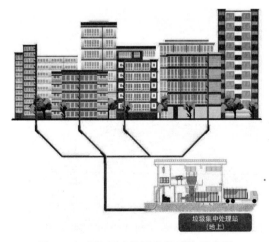

图8　自动化气动垃圾收集系统示意图　　图9　气动垃圾投放槽

（3）智能停车

机动车停车场设置智能停车系统：停车场出入口设有摄像头，可以自动捕捉并识别车牌；每个停车位上方设有指示灯，显示哪些车位是可以使用的。这些信息也会在停车系统的应用程序上显示，同时还可以通过应用程序支付临时停车费。图10为住区内的地下停车场。

图10　住区内的地下停车场

（4）智能家居

住区内每户家庭都设置家用火灾报警装置、智能开关插座及智能电板，可以在手机App中的家庭能源管理系统（HEMS）实时监控家用电器的能耗，接收耗电模式提醒，达到节电的目的。图11为智能开关插座及智能电板布置示意图。

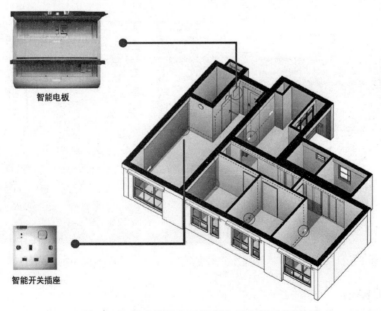

图11　智能开关插座及智能电板布置示意图

2.3 计算机模拟辅助设计

在住区规划的时候，项目采用计算机模拟辅助设计技术，利用计算机软件模拟住区风环境、日照及热辐射等，对街区形态和公共空间进行优化设计，最大限度地提升居住环境的舒适度。图12为风环境模拟分析。图13为住区日照分析，通过对日照光线及阴影区域的分析可以将公共活动空间，如儿童游乐场及健身场地放置于阴影区域，提供舒适凉爽的活动交流环境。图14为太阳辐射强度分析，通过分析确认太阳辐射较强的区域来放置太阳能板或布置绿地，以降低微环境温度。

图12　风环境模拟分析

图13　住区日照分析

高品质住宅标准与案例

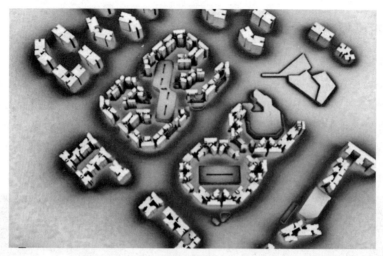

图 14　太阳辐射强度分析

3　标准应用情况

本项目获得新加坡建设局 2022 年颁布的通用设计卓越奖。通用设计奖是新加坡建设局为了在建筑设计中推广通用设计和用户友好型设计而设立的奖项。通用设计比无障碍设计的范围更广，不仅包括无障碍的相关设计要点，同时兼顾提供哺乳室、儿童卫生设施、更符合人体工学的功能等，满足了更广泛人群的使用要求。图 15 为通用设计索引（Udi）指南。图 16 为通用设计中关注的主要人群。

图 15　通用设计索引（Udi）指南

残障人群　　　　　　　　老年人　　　　　　带儿童的家庭　　　　孕妇 / 照顾婴儿的母亲

图 16　通用设计中关注的主要人群

对于通用设计标准，本项目主要应用了以下几点：

1）建筑物的可达性：主要强调进入建筑物的无障碍入口及数量。本项目共设置 3 个带有遮蔽顶棚的无障碍停车落客点，见图 17。

2）连通性：指同一项目内不同建筑间的连通性、项目与周边建筑间的连通性、项目到公共交通设置的连通性以及本项目到周边路口、人行天桥、通向公园的道路等的连通性。图 18 为二层楼栋间的景观连桥。

图 17　住区中有遮蔽顶棚的无障碍停车落客点　　　图 18　二层楼栋间的景观连桥

3）无障碍设施设置情况：如通道宽度、坡道、楼电梯等设施的设置以及休息区是否提供满足不同人群共同使用的座椅、空间等。本项目按照通用设计原则，设置相比普通住宅更宽的走廊、坡道等无障碍通行场所。图 19 为设置遮蔽顶棚及休息座椅的无障碍停车落客点。图 20 为相比普通住宅项目更宽的电梯厅。

4）标识导向系统：在主要出入口显示地理位置定位并能够让使用者通过定位找到需要到达的目的地；标识系统的设计在颜色、形状或图案上都易于识别。图 21 为无障碍停车落客点处的标识导向牌。图 22 为地下车库的分区编码标识。

图19 设置遮蔽顶棚及休息座椅的无障碍停车落客点

图20 相比普通住宅项目更宽的电梯厅

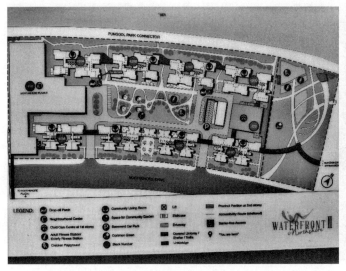

图21 无障碍停车落客点处的标识导向牌

图22 地下车库的分区编码标识

5）配备老年人友好型公寓户型：住区内一室一厅的用于短期租赁的户型是为老年人设计的，都装有扶手，见图23。

6）设置满足不同类型人群的社交娱乐场所：如可无障碍通行的绿地花园；配备供老年人使用的健身器材，可供三代人（儿童、成人及老年人）共同使用的休闲健身场地，见图24。

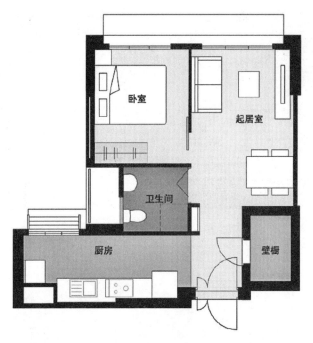

图 23　一室一厅户型公寓

图 24　儿童游乐场和成人、老年人健身区

4　经验做法

以无障碍设计为基础，从通用设计的角度出发，打造全龄友好的居住区，提升居民整体的居住品质。

1）从规划层面考虑从公共交通到住区、从社区配套商业到住区的无障碍通行流线，实现无论是推着婴儿车的人，还是坐着轮椅的人，都能够无障碍地通行和生活，见图 25。

2）创造代际交往的空间。将更多的托幼和养老设施合建，促进不同年龄层级的人互动和联系，见图 26。

图 25　无论是推着婴儿车的人，还是坐着轮椅的人，都能够无障碍地通行和生活

图 26　不同年龄层级的人设施共用

3）鼓励绿色交通方式，完善城市和社区内的步行及自行车道，为人们提供安全、快捷、舒适的通行系统。如图 27 所示，新加坡有一个步行和骑行的设计指南，对于步行和骑行设计有系统完善的介绍，为设计提供详尽的指导。

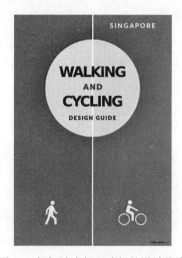

图 27　新加坡步行和骑行的设计指南

5 思考与启示

《中华人民共和国无障碍环境建设法》于 2023 年 6 月 28 日正式颁布，为我国无障碍环境的建设提供了国家层面的法律依据，将会有力地促进无障碍环境建设的高质量发展。而基于无障碍设计的通用设计，不仅能够满足无障碍、适老化的要求，还能满足更多人群的使用需求，从设计方面体现更深层次"以人为本"的人文关怀，是未来设计的一个发展方向，也是发展趋势。

目前，通用设计在建筑设计领域还有许多有待研究的方向，例如，如何从城市层面规划和协调，使通用设计具备系统性和整体性，避免建成的设施失去作用；如何解决老弱病残等弱势人群的避难、疏散问题；如何在更多的国家标准和规范中体现通用设计原则等。希望通过此类对于国外优秀案例的研究，为我国高品质住宅的设计提供一些有价值的参考和设计思路。

参考文献

［1］Building and Construction Authority. Guide to Universal Design index UDI 2022[S]. Singapore: Building and Construction Authority, 2022.
［2］焦舰. 无障碍设计与通用设计［J］. 建设科技，2019，387.

作者：许瑛（中国建筑标准设计研究院有限公司）

高品质的生活——英国城市大道 250 号高层住宅项目

1 项目概况

城市大道 250 号项目（250 City Road）位于英国伦敦伊斯灵顿一块三角形的场地上，是一个地标性的商业地产开发项目，占地面积 130600m²，由两座住宅高层塔楼及其沿街裙房（称为瓦伦西亚塔 valencia tower 部分）与 4 栋由多层住宅围合而成的院落（称为锡耶纳住区 siena house）两部分组成，共 930 套公寓，见图 1。该项目旨在创造一个舒适健康的环境，其在地产自身增值和优质物业服务等方面对我国住宅品质提升具有启示。

图 1 城市大道 250 号项目夜景

2 技术特点

2.1 与城市环境融合

本项目成功地结合复杂的多层住宅与高层塔楼，通过巧妙的形体设计对街景和城市空间作出回应——两座优雅的塔楼分别为36层和42层，采用阶梯式下降的方式与建筑融为一体，见图2、图3。

图2 项目形体

图3 项目总平面

项目还通过其他方式与周围的多层建筑环境完美契合。具体来说，瓦伦西亚塔部分底部裙房遵循"由内而外"的设计原则，地面层设置商店、咖啡馆等功能，在外配合景观设施，将场地与周围环境相结合；高层公寓则遵循"由外而内"设计，外立面采用全玻璃幕墙，并由结构框架将每个住宅的外部连接起来，最大限度地保留日光和景观范围，内部则通过平面布局确保住户隐私。这种方式提升了住宅高层的观景体验，从第10层楼开始，伦敦景色都可以被住户尽收眼底，见图4。

(a) 裙房底层的广场设计

(b) 高层顶部的立面设计

图4 瓦伦西亚塔设计中与周围环境的结合手法

锡耶纳住区以及两大部分之间则更多地致力于营造内部舒适的景观环境，见图5。

图 5　锡耶纳住区内部的环境设计

2.2　生态措施

设计的另一个重点在于能源。建筑配备热电联产装置，可以连接到住区电网、光伏板、绿色屋顶和雨水收集系统。光伏板可以提供可再生能源，绿色屋顶将有利于生物多样性，雨水可被收集并用于灌溉。

2.3　大、小户型的"共生关系"

受土地所有权和土地出让规模的影响，高层住宅的户型随楼层的变化而不同。由于高度与风景对高层住宅单价的影响较大，本项目中户型面积亦随着层高而增长，造成住宅面积越大、售出单价越高的现象，这样的面积与价格的组合方式形成一种"共生关系"。这种共生不仅是小户型与大户型的共生，也是不同收入人群的交流共生，见图 6。

图 6　本项目中一居室、两居室和三居室公寓户型种类丰富，可满足不同人群的需求

2.4 自行车文化融入住区设计

项目只有 200 个停车位，却设有 1486 个自行车停车位（每套公寓 1.5 个），并在双子摩天大楼下方提供专用的自行车升降机以满足带车入户。此外，从地面到地下自行车存放区也设有专用的自行车电梯，存放区旁边设维护车间，可对自行车进行清洁和维护。

3 标准应用情况

1）建筑规范与设计指南：本项目遵循《英国建筑规范》等适用规范，并通过任命建筑检查员，确保项目符合建筑法规。此外，本项目还遵循《生命周期住宅设计指南》《伦敦住宅设计指南》等设计指引。《伦敦住宅设计指南》为保障伦敦住宅品质建立了基准。它围绕 6 个主题，内容涵盖"以适当密度提供住房，比例匀称的街道的重要性，当地交通、服务和便利设施的便利性，空间的大小和灵活性，采光和获得充足的私人开放空间"等，从多个方面确保住宅品质。

2）本项目的特殊之处：福斯特建筑事务所的双塔设计超越了伦敦交通局关于高质量和自行车友好型基础设施的准则。根据原标准，这个项目预计将提供 1223 个空间，但本项目设计了 1486 个。经过多番讨论后，市议会要求将自行车停车位从 1223 个增加到 1486 个，即每间卧室一个停车位。这个结果与新的计算标准最终反映在 2016 年的《伦敦房屋设计标准》之中。

4 经验做法

4.1 人性化的服务内容

人性化的礼宾服务大大提升了住户的居住体验，同时提高了客户的品牌忠诚度。获得良好体验的客户在回购时对价格的敏感度降低，还可通过口耳相传的宣传方式为品牌吸引更多的客户。本项目中的礼宾台每周 7d、每天 24h 随时为居民或家人提供帮助，有任何特殊要求的客人，包括餐厅预订、叫出租车和送货等，均可在任何时间提出，见图 7、图 8。

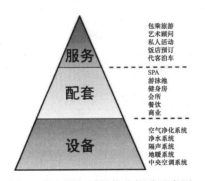

图 7 住宅服务质量优化提升示意图

图 8 礼宾台

4.2 以健康生活为主题的配套设施

250 City Road 拥有高端且完善的生活配套措施，其中设有健身房、露天花园、游泳池、SPA、桑拿室、蒸汽浴室、24h 的礼宾服务中心以及住户专用的休息区，主题以健康生活为主。配套空间从地下搬到地上。商务休息室拥有居民所需要的一切，健身空间享有城市全景、20m 长的三泳道泳池，提供理想的休息和放松场所。自然光与城市景色提高了配套空间的品质，也呼应了健康生活的主题。同时，因为配套设施占据最底层的空间，公寓通常被安排在 5 层以上，与嘈杂的地面交通隔离，居住品质的提升也使售价水涨船高，见图 9。

4.3 高品质的生活设备

高层住宅内部的装修和电器重视产品品质与使用感受。从暖通、厨卫、起居室、墙面地板装修等多个方面进行精心设计。装修与电器设备需要综合考虑三个方面：设计、质量与功能。精美的设计与经久耐用的品质相结合，保证住户的日常生活，独具特色的功能则带给客户非凡的体验，从而提高住宅产品的附加值，见图 9。

图 9 健康生活配套设施与内部装修

4.4 舒适的人居环境

这里有大约 2 英亩（1 英亩 = 0.004km^2）的公园绿地，种满了树木，水景和花坛密布。中央广场零星设有咖啡馆和餐馆，环绕着这片生态绿地。起伏的景观中有很多地方可以休息，两端都有公共艺术装置，此外还提供一些更小、更私密的休憩空间。

天花板高度的微调、落地窗的使用和开放式起居室设计，为室内提供"呼吸"空间。设计师通过将复杂的功能融入设计的各个方面，让大空间住宅内部陈设焕然一新。此外，还将高规格集成设备很好地隐藏起来，见图10。

图10 室内设计

5 思考与启示

不同于我国致力于通过设备打造舒适的物理环境的思路，国外房地产市场更倾向于提供高品质的物业服务，如私人管家等来提升居住品质，同时为产业增值。

伴随当前生活水平的日益提升，住户对服务的要求越来越高，因此服务质量对住宅体验的满意度影响很大。提高服务质量成为提升住宅吸引力的重要内容。此外，高质量的服务需要与高品质的生活设备及配套服务设施相结合，才能更好地实现住区增值，本项目中的"健康生活"主题设施已成为市场主流之一。

此外，本项目结合当地房地产价格规律，通过设计方式——平面上是户型的配置，立面上是提高高层住户的景观视野，景观上是打造舒适环境，实现了产业增值。当然，住区的增值不仅体现在经济和服务方面，还体现在低能耗、绿色及可持续等方面，例如自行车文化的引入为本项目带来特色与增值潜力。

作者：张蔚；郑婕；杨思宇；韩吉喆；肖娜；贾子玉（中国建筑设计研究院国家住宅与居住环境工程技术研究中心）

零碳生态社区——英国贝丁顿住宅项目

1 项目概况

贝丁顿住宅项目（BedZED）是英国最大的以可持续发展为导向的综合用途社区。BedZED 包含住宅和办公区，其设计理念是建造一个"零能耗发展社区"，向人们展示一种在城市环境中实现可持续居住的解决方案，以及减少能源、水和汽车使用率的设计方法。

BedZED 生态社区总面积达 1.7hm²，拥有 2500m² 的生活和工作空间以及花园，占地面积 1640m²。它是最大的生态社区之一，拥有 100 间公寓、办公室、餐厅和咖啡馆、屋顶花园和体育中心，见图 1。

图 1　区域鸟瞰

2 技术特点

2.1 自给自足的碳中和社区

该项目旨在创造一个可以自给自足的碳中和社区。项目中采用太阳能、生物质等综合供能方法，以及建筑隔热、热回收风罩、天然采光等被动式设计，与周边普通小区相比，可节约 81% 的供热能耗以及 45% 的电力消耗。

通过建筑物之间的连桥，整个区域形成一个集成的工作与生活社区，适用于现有的高密度住宅区，有助于减少交通需求和拥堵。该区域巧妙地利用连桥增加交汇空间，促进社会凝聚力。这种集成空间使邻里之间能够建立友谊，孩子们也可以在这些共享社区空间中欢乐玩耍。相比英国一般的住宅区，贝丁顿社区的居民平均认识 20 个以上的邻居。此外，这个集成式社区模式提供了居民共享设施，例如外卖和拼车，以及与传统办公区不同的选择，创造一个兼具职业与居家功能的零碳排放甚至负碳排放的社区，见图 2、图 3。

图 2　建筑透视图

图 3　建筑间连桥透视图

2.2　功能混合

该项目共有 99 套混合使用权住宅，包括 50% 的待售住房、25% 的核心工人共享所有权住房和 25% 的出租社会住房。住区以高密度布局，每公顷 100 户住宅（不含运动场），以提供连贯的社区空间和高效的交通，减少对绿地的占用，并满足太阳能使用要求。公共空间包括步行的"生活街道"、小村庄广场、运动场、社区中心以及居民可租用的用于种植的小块园地，见图4。

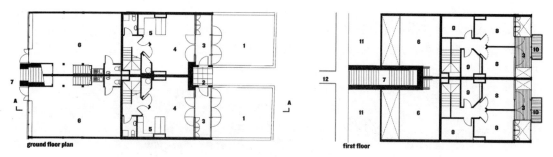

图4 部分平面图

2.3 特殊的结构与技术运用

设计师采用预制装配的方式来建造零碳小屋。该社区采用紧凑的建筑形态，以减少建筑的散热面积。建筑的屋顶、外墙和楼板都采用300mm厚的超级绝热外层。窗户选择内充氩气的三层玻璃，窗框采用木材以减少热传导。此外，门窗的设计具有良好的气密性，混凝土结构也有助于保持良好的保温性能。退台的建筑形态减少相互遮挡，以最大限度地利用太阳热能。每户朝南的玻璃温室是一个重要的温度调节器：在冬天，双层玻璃温室吸收太阳辐射热量来提高室内温度；而在夏天，打开温室可以将其转变为开放阳台，促进建筑散热。此外，利用建筑内部灯具、人体活动和生活用热水产生的热量，可以满足建筑内部采暖所需。除了零采暖设计，BedZED还采用自然通风系统来减少通风能耗。特殊设计的"风帽"可以随风向转动，利用风压为建筑提供新鲜空气，并排出室内污浊空气。"风帽"中的热交换模块利用废气中的热量来预热室外的冷空气，最多可以减少70%的通风热损失，见图5。

图5 屋顶"风帽"设计

3 标准应用情况

1）建筑规范：该项目始于1998年，得到伦敦萨顿区所有者和地方规划局的支持，旨在建立全国第一个可持续混合用途的示范性开发项目。

2）当地政策：BedZED生态社区是英国首个生态社区，通过税收减免、补贴和贷款等激励措施，推动社区采用可再生能源系统，如太阳能、风能和地热能，实现零碳目标。社区对环境法规的发展具有影响力，包括碳排放限制、废物管理要求和水资源保护措施等。社区需遵守这些法规，确保减少碳排放、保护环境和可持续利用资源。社区与当地政府合作是推动可持续发展的关键因素，政府鼓励社区居民参与绿色倡议和项目，并提供支持和资源。居民的参与和合作将加强社区与政府之间的合作关系，共同推动零碳生态社区的建设。

3）绿色建筑评价：BedZED开发了一种技术来评估和匹配可再生能源与能源需求，即"能源分级"（energy grading）技术，列出可利用的能源清单，并根据其与最终需求的匹配程度进行排序，包括考虑能源利用的可实施性，目的在于尽可能选取最匹配需求的能源形式，实现包括能源利用效率、成本效益、可操作性、环境影响等在内的最佳平衡。

4 经验做法

4.1 绿色交通计划

BedZED拥有良好的公交网络，有2个火车站、2条公共汽车线。项目提倡步行、骑自行车、使用公共交通和"行人优先"政策。社区为居民提供拼车服务和充足且安全的自行车停车空间。BedZED的目标是在未来10年内，私家车使用的化石燃料消耗减少50%。同时，该项目是英国第一个包含汽车俱乐部"ZEDcars"的低速汽车开发项目。

4.2 资源循环

BedZED注重水资源管理、建材和废物回收利用以及食物资源的可持续利用。在水资源方面，BedZED采取的节水措施包括使用节水器具、雨水收集系统和污水处理系统。建筑物采用可再利用的当地建材并通过分类回收系统处理生活垃圾。BedZED鼓励居民培养良好的购物和烹饪习惯，推崇本地农产品，并提供种植园地供居民自行种植时令蔬菜以减少食物浪费，见图6。

图 6　屋顶种植与种植园地

4.3　热电联产工厂

BedZED 所有的热能和电能均由该社区的热电联产工厂 CHP（Combined Heat and Power）提供。CHP 的燃料为附近地区的树木修剪废料，是非化石燃料。CHP 的燃烧炉是一种特殊的燃烧器，木屑在全封闭的系统中碳化，发出热量并产生电能。燃烧过程中不产生二氧化碳。CHP 生产的热水通过保温管道输送到每户核心位置的热水罐中，在寒冷季节可起到暖气的作用。

4.4　清洁能源

社区共采取两种清洁能源方案。首先，采用 CHP 技术的木材消耗，木材来源于临近生态公园中的速生林，预计每年需要 1100t。其次，通过太阳能来满足交通工具的能源需求。多户居民可以共同使用一辆汽车，该汽车使用电力作为能源。小区内的太阳能光伏板产生的电量可供 40 辆汽车使用。

4.5　健康环境

健康的生活环境包含充足的日照、良好的通风、健全的健身设施和密切的邻里关系等部分。住宅区域所有居室都朝南，且大部分住户拥有空中花园。同时，住宅设置通风设备，以保证新鲜空气的获取，并保持合适的湿度。在社区内设计了运动设施如足球场、会所等，人们可以就近锻炼。除此之外，居民可以在社区广场、汽车共享社、有机咖啡屋或运动场见面、交谈、活动。

5　思考与启示

BedZED 生态社区以提升住宅品质为核心，通过一系列综合措施为居民创造舒适、健康和可持续的居住环境。

首先，社区注重能源效率，通过高效的建筑设计和能源管理系统，实现能源的最大化利用和减少浪费。其次，室内环境质量是一个关注重点，通过良好的通风系统确保新鲜空气的供应和空气循环，减少污染物积聚，保障居民的健康和舒适。此外，BedZED 生态社区提供了丰富的社区设施和绿化空间，如公园、运动场所、社交空间和花园等，为居民提供休闲娱乐、社交互动和与自然互动的机会，增强了社区的凝聚力和居住体验。鼓励可持续交通方式也是提升住宅品质的重要措施，包括步行道路、自行车道和便捷的公共交通系统，使居民能够方便、快捷的出行，减少交通拥堵和环境污染，同时促进身体健康。

综合而言，BedZED生态社区作为零碳生态社区理念的开创者及实践先驱，在零碳能源供应、被动式设计、节能与降低碳排放、资源节约及循环利用等方面，都提出了在当时具有先进性，且在现今仍不断发展并被广泛传播的理念及技术成果，对我国住区可持续建设以及相关标准的制定具有积极的参考意义。

作者：张蔚；郑婕；焦燕；胡英娜；杜甜甜；韩喆（中国建筑设计研究院国家住宅与居住环境工程技术研究中心）